Advertising

광고
크리에이티브
101

크리에이티브 전략과 실행의 모든 것

이 저서는 2023년도 가천대학교 교내연구비 지원에 의한 결과임.(GCU-202400090001)

머리말

"좋은 광고는 소비자의 머릿속에 남지만
위대한 광고는 소비자의 마음속에 새겨진다."

광고는 단순히 메시지를 전달하는 것을 넘어 소비자의 마음을 움직이고 행동을 유도하는 강력한 커뮤니케이션 도구이다. 시대가 변할수록 광고의 형태와 매체는 다양하게 진화하고 있지만, 결국 광고의 핵심은 사람들에게 의미 있는 경험을 제공하고 브랜드를 기억하게 만드는 것이다. 그리고 이러한 광고 메커니즘의 중심에 크리에이티브(creative)가 있다.

이 책 『광고 크리에이티브 101』은 광고 크리에이티브에서 가장 기본이 되면서도 반드시 알아야 할 핵심적인 개념과 전략을 추려 구성했다. 크리에이티브의 세계는 방대하고 다층적이지만, 모든 창의적인 아이디어와 성공적인 광고 캠페인은 기본 원칙을 이해하는 것에서 출발한다.

이론적 기초 위에 실무적 이해를 높이기 위해 글로벌 브랜드의 성공적인 캠페인뿐만 아니라 국내 시장에서 주목받은 광고 사례들도 다루어 실질적인 인사이트를 제공하고자 했다. 광고는 실제 상황 속에서 구현될 때 비로소 그 의미와 효과가 드러나는 실천 중심의 커뮤니케이션 분야이기 때문이다. 이러한 다각적 접근을 통해 독자들이 다양한 시장과 문화 속에서 크리에이티브가 어떻게 적용되는지를 폭넓게 이해할 수 있을 것이다.

이 책은 실용성과 접근성을 동시에 고려하여 광고를 처음 접하는 학생부터 실무에서 더 깊이 있는 통찰을 원하는 전문가까지 누구나 쉽게 이해하고 활용할 수 있도록 구성되었다. 광고 크리에이티브의 기본 원칙에서부터 다양한 광고 전략 모델, 크리에이티브 프로세스 그리고 실제 사례 분석까지 폭넓게 다루며, 특히 현재 우리가 직면한 디지털 환경 속에서 효과적인 광고 크리에이티브가 갖추어야 할 요소도 탐색한다.

광고는 과학이자 예술이며, 논리와 감성이 만나는 영역이다. 이 책을 통해 광고 크리에이티브의 본질을 탐구하는 여정에 함께하길 기대하며, 이 책이 여러분의 창의적인 도전에 작은 영감이 되기를 희망한다.

2024년 12월

이장석

○ 머리말 _ 3

1. 창의성에 대한 정의 _ 11
2. 광고인들의 창의성에 대한 견해 _ 15
3. 창의성의 역할 _ 27
4. 창의성의 평가 요인 _ 34

1. 아이디어의 개념 _ 43
2. 빅 아이디어 _ 47
3. 주요 아이디어 발상법 _ 48
4. 비주얼 아이디어 발상법 _ 84

차례

1. 광고 전략의 정의 _ 99
2. 광고 전략의 핵심 구성 요소 _ 103
3. 광고 전략 모델 _ 121
4. 3H 콘텐츠 전략 _ 137

1. 크리에이티브 전략의 정의 _ 147
2. 프레이저의 일곱 가지 크리에이티브 전략 _ 149

1. 카피 라이팅의 개념과 중요성 _ 185
2. 광고 카피의 구성 요소 _ 192
3. 효과적인 카피 작성 시 고려사항 _ 201
4. 성공적인 광고 카피 사례 _ 210

차례 7

1. TV 크리에이티브 _ 229
2. 인쇄물 크리에이티브 _ 235
3. 소셜 미디어 크리에이티브 _ 246
4. 옥외광고 크리에이티브 _ 252
5. 앰비언트 미디어 크리에이티브 _ 259
6. 인터랙티브 미디어 크리에이티브 _ 271

1. 이성 소구 _ 279
2. 감성 소구 _ 300

○ 참고문헌 _ 327
○ 찾아보기 _ 329

Chapter 01

광고 창의성

Chapter 01 광고 창의성

학습 목표

- 창의성이 광고에서 어떻게 정의되며 일반적인 창의성과 어떤 차이가 있는지 설명할 수 있다.
- 광고계 거장들과 실무 광고인들의 견해를 통해 광고 창의성의 본질과 중요성을 이해할 수 있다.
- 창의성이 소비자의 관심을 끌고 브랜드와 제품을 효과적으로 연결하며 차별화된 메시지를 전달하는 역할을 분석할 수 있다.
- 광고의 창의성을 평가하는 주요 기준을 학습하고 실제 광고 사례에 적용할 수 있다.

1. 창의성에 대한 정의

창의성(creativity)은 일반적으로 '주어진 문제 상황에 대해 다양하면서도 새롭고, 적절하며, 가치 있는 것을 창출하는 능력'으로 정의된다. 즉, 창의성이란 기존의 틀을 넘어 독창적인 사고를 통해 문제를 해결하거나 새로운 가치를 창출하는 과정과 그 결과물을 의미한다. 이는 단순히 새로운 아이디어를 떠올리는 것이 아니라 실질적인 변화와 혁신을 이끌어 낼 수 있는 능력을 포함한다.

그러나 창의성을 기르거나 유지하는 것은 쉽지 않은 일이다. 20세기를 대표하는 화가 파블로 피카소(Pablo Picasso)는 "모든 어린이는 예술가이다. 문제는 어떻게 하면 이들이 커서도 예술가로 남을 수 있게 하느냐다(Every child is an artist. The problem is how to remain an artist once he grows up)."라는 말을 남겼다. 이는 어린이들에게 본능적으로 존재하는 창의성과 상상력의 중요성을 강조하면서도, 동시에 우리 모두가 직면하는 현실적 문제를 제기한다.

실제로 어린아이들은 고정관념 없이 세상을 탐구하며 자유롭게 사고하지만 나이가 들면서 사회적 규범이나 교육 제도, 외부 압력 등으로 인해 창의성이 점차 약화되거나 억눌리는 경우가 많다. 결국 창의성의 가장 큰 적은 창의성을 잃어버린 사람들의 고정관념과 편견일지도 모른다.

웅진씽크빅의 광고는 이러한 현상을 잘 보여 주는 사례이다. 광고에서는 '눈이 녹으면 무엇이 될까?'라는 질문을 던졌고, 대부분의

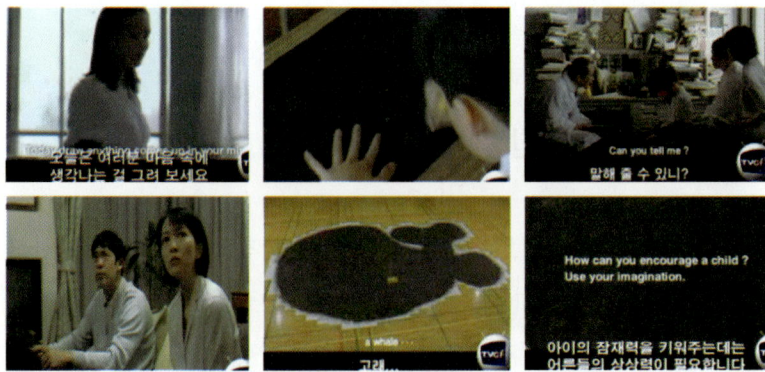

▶▶ 그림 1-1. 창의성을 강조하는 일본 어린이 재단의 공익광고

어른이 '물이 된다.'라고 답한 것과는 달리 한 어린이는 '눈이 녹으면 봄이 된다'라는 순수한 답변을 들려주었다. 이 대비를 통해 어린아이들이 기존의 논리에 얽매이지 않고 보다 유연하고 확장된 사고를 통해 세상을 바라보고 있음을 알 수 있다.

우리는 일상 속에서 창의성을 잃어 가는 과정을 종종 경험하곤 한다. 특히 매너리즘(mannerism)[1]이나 기존의 관습에 얽매이게 될 때 창의성은 점점 희미해진다. 마케팅과 광고 업계에서 새롭고 신선한 아이디어를 찾기 위해 광고 공모전을 개최하거나 학생들에게 창작 기회를 제공하는 경우도 이러한 문제 인식 때문이다.

그러나 다행스럽게도 창의성은 단순히 타고나는 것이 아니라 경험과 학습을 통해 개발될 수 있는 역량이라는 점을 보여 주는 사례도 존재한다. 창의성이나 혁신과 관련해 가장 쉽게 떠올릴 수 있는 인물 중 한 명은 애플(Apple)의 전 CEO, 스티브 잡스(Steve Jobs)이다. 그는 스탠퍼드 대학교 졸업식 연설에서 '점들을 연결하라(Connecting the dots).'라는 메시지를 통해 창의성이 단순한 영감이 아니라 과거의 경험과 배움을 연결하는 과정에서 탄생하는 것임을 강조했다. 그는 대학 자퇴 후 우연히 수강한 서체(typography) 수업이 이후 매킨토시에 훌륭한 폰트를 적용하는 데 영향을 주었으며, 고통스러웠던 애플로부터의 해고 경험이 결국 넥스트(NeXT)라는 컴퓨터 회사[2]를 창립하는 계기가 되었다고 회고했다. 그는 미래를 예

---

1 미술사에서 사용되는 용어로 '특정 기법이나 형식이 반복적으로 사용되면서 습관화되어 독창성과 신선함을 잃어 버리는 현상'을 의미한다.
2 넥스트에 사용된 그래픽 기술은 애니메이션 스튜디오 픽사(Pixar)의 핵심 기술이 되었다.

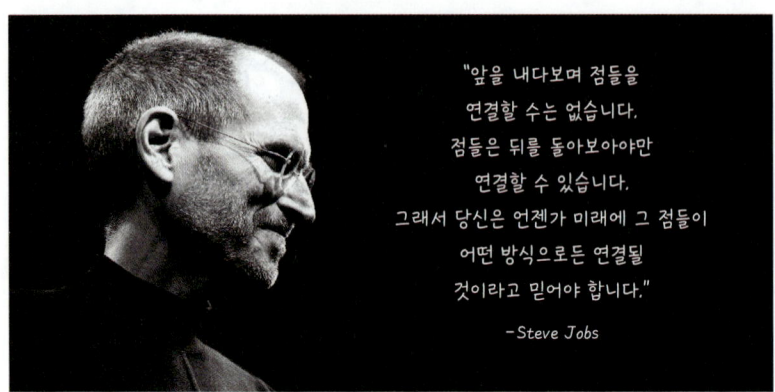

> 그림 1-2. 전 애플 CEO였던 스티브 잡스의 연설 중 일부

측하는 것은 어렵지만 과거를 돌아보며 점들을 연결하는 과정을 신뢰하는 것이 중요하다고 조언했다.

이와 유사하게 피카소의 창의성 또한 기존 요소들의 융합과 재해석에서 탄생했다. 1907년, 그가 발표한 〈아비뇽의 처녀들〉은 미술사에 일대 파란을 일으켰다. 이 작품은 전통적인 원근법과 명암법을 탈피하고 기하학적 형태를 강조한 최초의 회화로 평가된다. 특히 1906년 프랑스 화가 앙리 마티스와의 만남에서 아프리카 조각상을 접한 것이 그의 창작 과정에 강한 영향을 미쳤다. 그는 이를 바탕으로 야수파(野獸派)[3]적 요소와 아프리카 조각의 특징을 결합한 독창적인 화풍을 개발할 수 있었다.[4]

---

[3] 20세기 초반 프랑스에서 등장한 미술 사조로 강렬한 색채와 거친 붓질을 특징으로 한다. 프랑스어로 '사나운 야수'를 뜻하는 '포비즘(fauvism)'이라는 이름으로도 불린다.

[4] 교육부 공식 블로그. 천재들의 창의력을 훔치는 손쉬운 방법. URL: https://if-blog.tistory.com/531

〈아비뇽의 처녀들〉

▶▶ 그림 1-3. 피카소와 그의 작품

이처럼 두 사례에서 볼 수 있듯이 '하늘 아래 완전히 새로운 것은 없다.'[5]는 명제는 창의성의 적용에도 여전히 유효하다. 창의성이란 무에서 유를 창조하는 것이 아니라 기존의 경험과 아이디어를 결합하여 새로운 가치를 만들어 내는 과정이며, 다양한 요소를 연결하고 재해석하는 사고의 방식에서 형성된다.

2. 광고인들의 창의성에 대한 견해

광고 분야에서 창의성은 소비자의 관심을 끌고 브랜드와 감정적, 논리적으로 연결되는 독창적 콘텐츠를 창출하는 데 핵심적인 역할을 한다. 이는 단순히 예술적 표현이나 재미를 넘어 전략적으로 설계된 메시지를 통해 브랜드의 가치를 효과적으로 전달하고, 궁극적

---

5 구약성서 전도서 1장 9절 '이미 있던 것이 후에 다시 있겠고 이미 한 일을 후에 다시 할지라. 해 아래에는 새것이 없나니'에서 인용

으로는 소비자 행동을 유도하는 데 목적을 둔다. 따라서 광고에서의 창의성은 창의성 그 자체가 목적이 아니라 명확한 커뮤니케이션 목표를 달성하기 위한 수단으로 기능해야 한다.

이러한 창의성의 본질과 중요성은 광고계의 거장들이 남긴 어록과 그들이 제작한 대표 캠페인에서도 잘 드러난다. 실제로 광고 역사를 빛낸 크리에이터들의 철학과 작품을 살펴보면, 창의성이 어떻게 전략적 사고와 결합하여 강력한 광고 메시지로 발현되는지 명확하게 확인할 수 있다.

1) 열정의 대명사, 레오 버넷

- "단순하게 만들어라. 기억에 남도록 만들어라. 보고 싶은 마음이 들도록 만들어라. 읽기 재밌게 만들어라."
- "온갖 삶에 대한 호기심이 위대하면서도 창의적인 사람들의 비밀이다."
- "성공할 만한 모든 제품에는 제조업체가 깊이 느끼는 존재 이유와 구매 이유가 숨어 있으며, 이를 포착하고 전달하면 정직

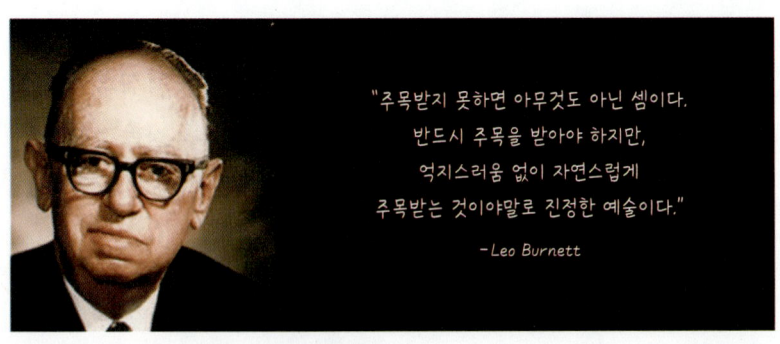

≫ 그림 1-4. 레오 버넷과 그의 철학

하고 믿을 수 있기 때문에 가능한 한 모든 광고 중에서 가장 좋은 광고가 될 수 있다. 비결은 흥미롭게 만드는 것이다."
- "한 브랜드가 인간의 가치를 간직한다면 소비자들은 그 브랜드에 대한 신봉자가 될 것이다."

레오 버넷(Leo Burnett)은 단순하고 직관적인 광고로 전 세계적인 명성을 얻은 광고계의 전설이다. 그는 광고에서 자연스럽게 관심을 끄는 기술의 가치를 깊이 인식하고 있었다. 버넷은 "주목받지 못하면 아무것도 얻을 수 없다."라고 말하며, 광고가 효과적이려면 소비자의 눈길을 끌어야 한다고 역설한 바 있다. 다만 단순히 시선을 끄는 것이 목표가 아니라 자연스럽고 정당한 방식으로 관심을 유도하는 것이 진정한 예술임을 강조하기도 했다. 이는 과장된 표현이나 자극적인 요소, 억지스러운 연출 없이도 브랜드와 메시지를 돋보이게 해야 한다는 그의 광고 철학을 여실히 보여 준다.

특히 그는 '제품에 내재된 드라마(inherent drama)의 발견'이라는 철학을 기반으로 제품의 독특한 개성을 찾아내어 인간적인 이미지로 표현하는 것을 목표로 했다(김병희 외, 2022). 이러한 철학이 구현된 개념이 바로 '커먼 터치(common touch)'이다. 버넷은 광고가 지나치게 이성적이거나 복잡한 메시지를 전달하는 것이 아니라 사람들이 본능적으로 반응하고 공감할 수 있는 직관적인 요소를 담아야 한다고 주장했다. 그는 광고 속에서 소비자가 브랜드를 단순한 제품이 아닌 친숙하고 인간적인 존재로 인식하도록 유도했다.

레오 버넷은 캐릭터를 창조하는 데에도 탁월한 능력을 가진 광고인이었다. 1939년, 켈로그(Kellogg)는 소비자들에게 보다 효과적으로 브랜드를 각인시키기 위해 광고 전략을 강화하고자 했다. 당시

> 그림 1-5. 켈로그의 '토니'와 필립 모리스의 '말보로 맨'

시리얼 시장은 점점 성장하고 있었지만 대부분의 제품 포장은 단순한 상품 정보만을 제공하는 수준에 머물러 있었다.

이에 레오 버넷은 단순한 정보 전달에서 벗어나 시각적 요소를 활용한 접근법을 제안했다. 그 결과 탄생한 것이 시리얼 박스에 등장한 호랑이 캐릭터 '토니(Tony the Tiger)'였다. 토니는 강하고 활기찬 이미지를 통해 어린이들에게 에너지를 주는 아침 식사의 상징으로 자리 잡았으며, 동시에 부모들에게는 건강하고 신뢰할 수 있는 제품이라는 인식을 심어 주는 역할을 했다.

버넷의 또 다른 역작은 1954년 필립 모리스(Philip Morris)사와 협력한 말보로(Marlboro) 리포지셔닝 프로젝트였다. 당시 필터 담배는 건강을 고려한 제품으로 인식되었고 특히 말보로는 '5월처럼 부드럽게(Mild as May)'라는 소프트한 이미지의 광고를 내세우며 여성 소비자들을 주 타깃으로 삼았지만 성과는 기대에 미치지 못했다.

이 문제를 해결하기 위해 레오 버넷은 기존 이미지를 완전히 뒤바꾸는 혁신적인 접근을 시도했다. 바로 강렬하고 남성적인 '말보로 맨(Marlboro Man)'이라는 카우보이 캐릭터를 창조한 것이다. 광활한 자연 속에서 말을 타고 거친 삶을 살아가는 카우보이의 모습은 강인하고 자유로운 남성성을 상징하며 기존의 여성적인 브랜드 이미지를 완전히 탈바꿈시켰다. 이 전략을 통해 말보로는 단순한 담배 브랜드를 넘어 강한 개척 정신과 자유를 상징하는 강렬한 아이콘으로 변모했다. 결과는 대성공이었다. 말보로 맨 캠페인은 폭발적인 성공을 거두며 단 1년 만에 말보로를 담배업계 1위 브랜드로 끌어올렸고, 매출이 무려 3,000% 이상 증가하는 결과를 가져왔다.

말보로 맨의 상징적인 영향력은 수치를 통해서도 확인할 수 있다. 미국에서 발간된 『101명의 가장 영향력 있는 가상 인물(The 101 Most Influential People Who Never Lived)』에서는 역사적으로 강한 영향을 끼친 가상의 인물 중 말보로 맨을 1위로 선정했다. 이는 조지 오웰(George Orwell)의 소설 『1984』에 등장하는 독재자 '빅 브라더(Big Brother, 2위)'나 전 세계적으로 널리 알려진 상징인 '산타클로스(Santa Claus, 4위)'보다 높은 순위로 그 상징성과 파급력을 단적으로 보여 준다.

말보로 맨은 단순한 광고 캐릭터를 넘어 브랜드를 강렬한 이미지로 각인시킨 대표적인 사례로 남아 있다. 이러한 성과는 레오 버넷이 강조했던 '제품에 내재된 드라마의 발견'과 '커먼 터치' 철학이 얼마나 강력한 광고 전략이 될 수 있는지를 명확하게 증명한다. 토니 더 타이거와 말보로 맨이라는 두 캐릭터를 통해 우리는 창의성이 단순한 아이디어의 나열이 아니라 브랜드의 본질을 파악하고, 이를 소비자가 공감할 수 있는 상징으로 구현해 내는 전략적 사고 과정임을 확인할 수 있다.

2) 현대 광고계의 거장, 데이비드 오길비

- "팔리지 않으면 크리에이티브가 아니다."
- "소비자는 바보가 아니다. 소비자는 당신의 부인이다."
- "모든 광고는 판매와 관련된 모든 것을 말해야 한다. 카피와 모든 단어는 반드시 계산되어야 한다. 또 성실하지 않으면 오랫동안 성공할 수 없다. 사람들은 어설픈 광대에게서 물건을 사지 않는다."
- "만약 소비자들을 즐겁게 하는 데만 광고비를 쓴다면 원하는 만큼의 제품을 팔 수 없을 것이다. 사람들은 지난밤에 광고주가 텔레비전에서 건넨 농담을 들었다고 새로 나온 세제를 사지는 않는다. 소비자는 제품의 혜택을 약속해 주어야만 구매한다."
- "연구를 무시하는 태도는 전쟁터에서 적의 신호를 해독하지 않는 장군만큼이나 위험한 것이다."

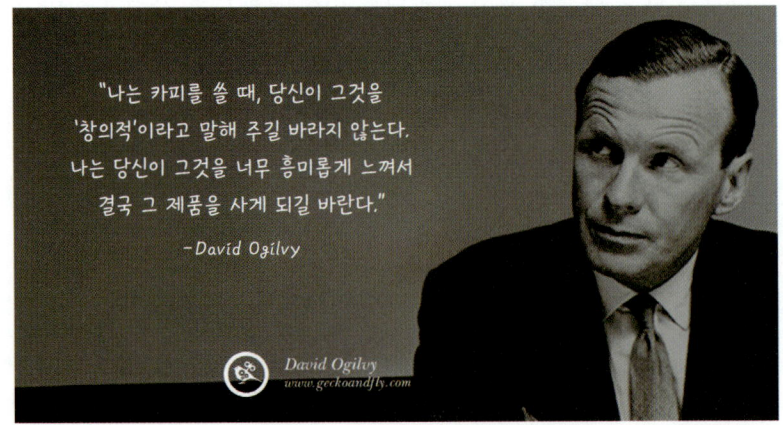

그림 1-6. 데이비드 오길비

데이비드 오길비(David Ogilvy)는 현대 광고의 기초를 정립한 인물로 '현대 광고의 아버지'라 불린다. 그는 단순한 브랜드 홍보를 넘어 소비자 심리를 분석하고 논리적 설득을 바탕으로 한 광고 제작을 추구하며, 광고를 과학적이고 전략적인 분야로 승격시킨 인물이다.

데이비드 오길비는 광고인이 되기 전, 조사 연구원으로 일한 경험이 있었다. 이 때문에 그는 광고에서 조사의 중요성을 누구보다 깊이 인식하고 있었으며, 감각적인 창의성에 의존하는 것이 아니라 데이터와 분석을 기반으로 한 광고 기법을 개발해 나갔다. 그는 광고업계 최초로 조사 기법과 '빅 아이디어(Big Idea)' 개념을 도입하며 광고가 감성이 아닌 전략적 설득의 과정이어야 한다는 철학을 확립하기에 이른다.

그의 광고 철학은 실무에서도 그대로 적용되었다. 오길비는 소비자가 무엇을 원하는지 파악하는 것이 광고의 핵심이며 감각적인 요소보다 명확한 메시지와 논리적 근거가 뒷받침되어야 한다고 지적한 바 있다. 이러한 접근 방식은 당시 광고업계에 혁신을 불러일으켰고 오늘날에도 중요한 원칙으로 자리 잡고 있다. 그의 저서 『오길비의 광고(Ogilvy on Advertising)』와 『어느 광고인의 고백(Confessions of an Advertising Man)』은 광고업계의 바이블로 평가받는다. 이 책들은 효과적인 광고 제작 원칙과 성공적인 브랜드 전략을 제시하며 실무에 적용할 수 있는 실용적인 지침을 담고 있다.

데이비드 오길비의 화려한 이력은 '해서웨이 셔츠를 입은 사나이(The Man in the Hathaway Shirt)' 광고에서 시작되었다. 이 광고는 단순한 창의적 발상에서 나온 것이 아니라 철저한 소비자 분석을 바탕으로 기획된 전략적 광고였다.

그는 광고 제작에 앞서 당시 소비자들이 제품을 선택할 때 무엇을

▶ 그림 1-7. 데이비드 오길비가 제작한 광고 캠페인

중요하게 여기는지 철저히 조사했다. 조사 결과, 고급 셔츠 시장에서는 단순한 품질보다 브랜드의 이미지를 강화하는 것이 더 효과적이라는 결론을 도출할 수 있었다. 이를 바탕으로 그는 제품의 기능을 강조하는 대신 스토리와 개성을 부여하는 차별화된 접근법을 선택하게 된다. 또한 광고에서 모델의 한쪽 눈에 검정 안대를 씌운 이유 역시 철저한 조사 결과에서 비롯된 것이었다. 그는 소비자의 시선을 끄는 강렬한 시각적 요소가 필요하다는 점을 파악했고 미스터리한 분위기를 연출하는 것이 브랜드 고급화 전략에 효과적이라는 분석을 바탕으로 안대 활용을 시도했다.

캠페인 진행 결과, 해서웨이 셔츠 광고는 출시 일주일 만에 제품 재고가 바닥날 정도로 성공을 거두었다. 더욱 놀라운 것은 제품명이나 슬로건조차 언급하지 않고 단순히 '안대를 쓴 남자'만 등장하는 광고만으로도 소비자들이 이 광고가 해서웨이 셔츠의 광고임을 알아볼 정도로 강력한 브랜드 인식을 구축해 냈다는 점이다. 이러한 성공에 힘입어 이후 수많은 브랜드가 이를 모방하는 광고를 제작하게 된다.

또 다른 대표적인 사례는 롤스 로이스(Rolls-Royce) 광고 캠페인이다. 롤스 로이스로부터 광고를 의뢰받은 그는 브랜드의 기술적 우수성을 효과적으로 전달하기 위해 철저한 사전 조사를 진행했다. 단순한 홍보 문구가 아니라 소비자에게 신뢰를 줄 수 있는 사실을 찾아내기 위해 롤스 로이스의 엔지니어링 보고서를 면밀히 분석할 필요가 있었다.

이 과정에서 오길비는 차량 내부의 소음이 거의 없다는 점이 롤스 로이스의 차별화된 가치라는 사실에 주목하게 된다. 이를 바탕으로 '시속 60마일에서 들리는 가장 큰 소음은 전자시계의 똑딱거림이다(At 60 miles an hour, the loudest noise in this new Rolls-Royce comes from the electric clock)'라는 카피를 만들어 냈다. 이 카피는 롤스 로이스의 정숙성과 정밀성을 직관적으로 전달하면서도 소비자의 상상력을 자극하는 강력한 메시지로 작용했다.

데이비드 오길비는 10단어 이상의 긴 헤드라인을 선호했으며 사실을 기반으로 한 헤드라인이 길수록 광고 효과가 높아진다고 강조했다. 이 광고에서도 그는 단순한 형용사나 감성적인 표현을 배제하고 객관적인 사실을 바탕으로 한 강렬한 문장을 통해 소비자의 신뢰를 얻는 전략을 사용했다. 결과적으로 이 광고는 자동차 광고 역사상 가장 영향력 있는 카피 중 하나로 평가받고 있으며 오길비 자신도 자신의 최고 작품으로 꼽았다. 이 광고는 단순한 홍보를 넘어 고급 브랜드 광고의 교과서적인 사례로 남았으며 이후 많은 럭셔리 브랜드가 이 전략을 참고하는 계기가 되었다.

3) 광고계의 피카소, 윌리엄 번벅

- "크리에이티브가 비즈니스 성공의 핵심이다."
- "광고는 기본적으로 설득이며, 설득이란 과학이 아닌 아트다."
- "아이디어는 사랑 같아서 분석해 나가면 남아나는 게 없다."
- "사람의 마음을 흔드는 것은 당신이 무엇을 말하는가가 아니라 그것을 어떻게 말하느냐이다."
- "규칙은 예술가가 타파해야 할 대상이다. 기억에 남을 작품은 절대 공식에서 나오지 않는다."

윌리엄 번벅(William Bernbach)은 광고를 단순한 상업적 도구에서 벗어나 예술의 경지로 끌어올린 인물로 평가받고 있다. 그는 창의성과 직관적인 아이디어를 바탕으로 광고를 보다 감성적이고 인간적인 방식으로 표현해 나갔으며, 광고업을 하나의 전문직으로 자리 잡게 한 선구자적 존재였다.

그림 1-8. 윌리엄 번벅

윌리엄 번벅의 광고 철학은 '어떻게 말할 것인가'에 대한 깊은 고민에서 시작된다. 데이비드 오길비가 광고에서 '무엇을 말할 것인가(What to say, 메시지의 내용)'에 초점을 맞추었다면, 번벅은 '어떻게 말할 것인가(How to say, 창작 방식과 전달 방식)'를 더욱 중시했다. 그는 광고의 창작 솜씨(execution)가 메시지의 내용 이상으로 중요한 요소라고 보았으며, 동일한 메시지라도 어떻게 표현하느냐에 따라 소비자의 인식과 반응이 크게 달라질 수 있다고 확신하고 있었다.

이러한 철학을 바탕으로 번벅은 전형적인 광고 문법을 탈피하고 감성적이고 직관적인 표현 방식을 도입하며 광고의 패러다임을 바꿔 나갔다. 특히 단순히 제품의 장점을 나열하는 방식에서 벗어나 소비자가 광고를 경험하고 공감할 수 있도록 창의적인 스토리텔링과 강렬한 비주얼을 구사했다.

그의 대표적인 캠페인으로는 '작은 차의 미학'을 강조한 'Think Small(작게 생각하세요).'이 있다. 1950~1960년대 미국 자동차 시장은 크고 화려한 대형 승용차가 주류를 이루던 시대였다. 그러나 윌리엄 번벅은 폭스바겐 비틀(Beetle)[6]의 작은 크기가 단점이 아니라

그림 1-9. 윌리엄 번벅이 제작한 광고 캠페인

오히려 실용성과 경제성을 강조하는 차별화된 장점이 될 수 있다고 보았다.

　그는 기존의 자동차 광고처럼 차량을 화면 가득 채우거나 화려한 배경을 넣지 않고 비틀의 이미지를 광고의 좌상단에 작게 배치했다. 그리고 그 아래에 'Think Small.'이라는 간결한 헤드카피를 배치함으로써 소비자들이 자연스럽게 비틀이 대형차와 대비되는 독창적인 매력을 가진 차량임을 직관적으로 인식할 수 있도록 만들었다. 또한 단순히 크기가 작은 차로 홍보하는 것이 아니라 연비 절감과 함께 유지비 절약, 주차 용이성 등 작은 차만이 가질 수 있는 실용적 가치를 부각시켰다. 이러한 참신한 구성과 역발상 메시지는 소비자들에게 신선하게 어필되었다. 결국 'Think Small.' 캠페인은 현대 광고 역사에서 가장 상징적인 사례 중 하나로 자리 잡게 된다.

　또 다른 대표 캠페인은 에이비스(Avis)의 사례이다. 윌리엄 번벅은 광고에서 소비자들의 신뢰를 얻는 핵심은 진정성에 있다고 보았다. 이에 따라 렌터카 업계 2위였던 에이비스의 광고 전략도 기존과는 완전히 다른 방향으로 설정했다.

　당시 에이비스의 경쟁사 허츠(Hertz)는 시장 점유율 1위를 차지하고 있었으며 소비자들은 에이비스를 '2위 브랜드'로 인식하고 있었다. 윌리엄 번벅은 이 현실을 감추기보다 오히려 이를 정면으로 인정하고 '우리는 2위입니다. 그래서 더 열심히 할 수밖에 없습니다(Avis is only No.2 in rent a cars. So we try harder).'라는 메시지를 내세웠다.

　이 캠페인은 단순히 '최고'라는 메시지를 반복하는 것이 아니라 부족한 점을 솔직하게 인정하면서도 소비자들에게 더 나은 서비스

---

6 국내에서는 '딱정벌레차'로 알려져 있다.

를 제공하기 위해 노력하는 브랜드의 모습을 강조했다. 그 결과, 에이비스는 단 4년 만에 시장 점유율을 11%에서 35%까지 끌어올리는 놀라운 성과를 기록하며 브랜드의 신뢰도를 높이는 데 성공했다.

이처럼 윌리엄 번벅의 두 캠페인은 모두 기존의 광고 관습을 뒤엎는 혁신적 접근법을 보여 준다. 폭스바겐 비틀 캠페인에서는 약점을 장점으로 전환하는 역발상의 힘을, 에이비스 캠페인에서는 솔직함과 진정성이 가져다주는 신뢰의 가치를 입증해 냈다. 결국 그의 광고 철학인 '어떻게 말할 것인가'에 대한 깊은 고민이 단순한 제품 홍보를 넘어 브랜드의 정체성을 새롭게 정의하고 소비자와의 감정적 유대를 형성하는 강력한 도구가 될 수 있음을 증명한 셈이다.

3. 창의성의 역할

창의성은 단순한 아이디어를 넘어 광고가 소비자의 마음을 사로잡고 브랜드의 가치를 극대화하는 데 필수적인 요소이다. 광고에서 창의성이 어떻게 활용되느냐에 따라 브랜드의 인지도나 소비자와의 관계 그리고 시장에서의 차별성이 결정된다. 이러한 맥락에서 창의성은 다음과 같은 역할을 한다.

첫째, 소비자의 주의를 끌어낸다. 창의성은 전형적인 광고와 차별화된 아이디어를 통해 소비자의 눈길을 사로잡는다. 독창적이거나 예상치 못한 표현 방식은 소비자에게 강렬한 첫인상을 남기며, 정보가 넘쳐 나는 환경에서도 주목받을 수 있도록 만든다.

미국 패스트푸드 체인 써브웨이(SUBWAY)는 소비자의 주의를 끌기 위해 기발한 옥외광고 전략을 선보였다. 광고판에는 'SEX'라

> 그림 1-10. 소비자의 주의를 끄는 서브웨이 광고

도발적인 단어가 큼직하게 적혀 있었지만 실제로는 성적인 내용을 홍보하려는 의도는 전혀 없었다. 오히려 작은 글씨로 '이제 우리의 광고에 주목했으니 서브웨이에서 식사하세요(NOW THAT WE HAVE YOUR ATTENTION, EAT AT SUBWAY)'라는 문구를 덧붙여 호기심을 유발하는 유머러스한 접근 방식을 취한 것이다. 이는 정보 과잉 시대에 소비자의 주의를 끌기 위한 '주의력 경제(attention economy)' 원칙에 기반하고 있다. 주목 경제 혹은 관심 경제로도 불리는 이 개념은 인간의 주의력을 희소한 자원으로 간주하고 이를 중심으로 다양한 경제 현상과 정보 관리 문제를 설명하는 경제학적 접근법이다.

둘째, 브랜드 기억과 인지도를 강화시킨다. 창의성이 반영된 독특한 시각적·감성적 요소는 소비자 기억 속에 오랫동안 각인된다. 이는 브랜드 인지도를 향상시키고 제품이나 서비스가 필요할 때 소비자가 브랜드를 가장 먼저 떠올릴 수 있도록 유도한다. 브랜드 인지도는 소비자가 브랜드의 이름, 로고, 제품, 서비스 등을 얼마나 쉽게 기억하고 인식하는지를 평가하는 개념으로 이는 마케팅과 브랜드

▶ 그림 1-11. 브랜드 기억과 인지도를 높이는 페덱스 광고

전략에서 중요한 지표로 작용한다.

페덱스(FedEx)[7]는 브랜드의 핵심 가치인 빠르고 간편한 국제 배송 서비스를 시각적으로 강조한 창의적인 광고 캠페인을 오랫동안 진행해 왔다. 광고에서는 건물 벽면에 세계 지도를 그려 놓고 서로 다른 창문을 통해 패키지를 전달하는 장면을 연출했다. 이를 통해 페덱스의 글로벌 배송 네트워크가 마치 이웃 간의 소포 전달처럼 가깝고 편리하다는 메시지를 전달한다. 세계 각지의 물리적 거리감을 없애고 페덱스를 이용하면 마치 바로 옆집에 물건을 보내는 것처럼 빠르고 손쉽게 국제 배송이 가능하다는 브랜드 가치를 강조하고 있다.

셋째, 소비자와의 정서적 연결을 구축한다. 창의성은 단순한 정보 전달을 넘어 소비자의 감정적인 반응을 유도하고 브랜드와의 정서적 유대감을 형성하는 데 기여할 수 있다. 감동적인 이야기나 유머, 공감 요소 등을 활용한 창의적인 접근은 브랜드 충성도를 높이는 중요한 역할을 한다.

---

7 미국의 최대 택배 업체로 페더럴 익스프레스(Federal Express)의 약자이다.

>> 그림 1-12. 코카콜라 광고

　이러한 정서적 연결의 대표적인 사례로 코카콜라를 들 수 있다. 코카콜라는 일상의 작은 순간을 특별하게 만드는 브랜드로 자리 잡고 있다. 특히 'Taste the Feeling(그 맛, 그 느낌)' 캠페인은 단순히 코카콜라의 맛을 체험하라는 의미를 넘어 코카콜라를 마시는 순간에 느끼는 행복과 즐거움, 소통의 감정까지 함께 경험하라는 메시지를 담고 있다. 이 캠페인은 단순히 제품의 맛을 강조하는 것이 아니라 코카콜라를 마시는 순간의 감정과 경험을 강조하며 소비자들이 직접 그 느낌을 체험하도록 유도한다. 결과적으로 소비자들은 코카콜라를 단순한 음료가 아닌 특별한 순간을 함께하는 동반자로 인식하게 된다.
　넷째, 바이럴(viral)[8] 효과를 일으키고 확산 가능성을 높인다. 홍

---

8 바이러스가 퍼지듯 광고성 정보가 입소문 형식으로 퍼지는 기법이다.

미롭고 독창적인 창의적 요소는 소비자들 사이에서 자연스럽게 공유되며, 소셜 미디어를 통해 확산될 가능성이 크다. 이는 브랜드 메시지의 도달 범위를 넓히고 추가적인 비용 없이도 캠페인의 효과를 극대화하는 데 기여한다.

바이럴 효과를 성공적으로 활용한 사례로 미국의 온라인 여행업체 익스피디아(Expedia)를 들 수 있다. 이 회사는 국제항공운송협회(IATA)의 공항 코드를 창의적으로 활용한 광고를 제작했다. 'GRY SKY(회색 하늘)'라는 단어를 공항 코드 조합으로 표현하고 '나쁜 날씨와 작별하세요(WAVE GOODBYE TO BAD WEATHER)'라는 메시지를 더했다. 이 아이디어는 우중충한 날씨를 벗어나 더 좋은 기후의 여행지로 떠나자는 메시지를 직관적이면서도 창의적으로 전달한다. 특히 비행 수하물 태그와 여권 스탬프 디자인을 활용해 여행에 대한 현실적 욕구를 자극했다.

더욱 화제가 된 사례는 이케아(IKEA)의 혁신적인 인쇄 광고이다. 이 광고의 놀라운 점은 실제 임신 테스트 기능을 광고지에 내장했다

▶ 그림 1-13. 바이럴 효과를 높인 광고

는 것이다. '이 광고에 소변을 보면 당신의 인생이 바뀔 수도 있습니다(Peeing on this ad may change your life)'라는 도발적인 헤드라인부터 시선을 끈다. 만약 임신이 확인되면 광고 속 유아용 침대 가격이 할인가로 자동 변경되는 시스템까지 갖췄다.

이처럼 기능성과 상호작용성을 결합한 접근은 단순한 정보 전달을 넘어 소비자에게 개인화된 경험을 제공한다. 무엇보다 이러한 파격적이고 실험적인 아이디어는 자연스럽게 화제가 되어 소셜 미디어를 통해 빠르게 확산되며, 브랜드 인지도 상승에 크게 기여했다.

다섯째, 브랜드와 제품의 차별화를 돕는다. 창의성은 브랜드를 경쟁 제품과 차별화하는 데 효과적인 요소이다. 독특한 스토리텔링을 비롯해 메시지나 비주얼을 통해 브랜드만의 고유한 가치와 정체성을 소비자에게 각인시킬 수 있다.

이러한 차별화의 훌륭한 사례가 츄파춥스(Chupa Chups)의 무설

그림 1-14. 차별화를 강조한 츄파춥스 광고

탕 캔디 광고이다. 이 광고는 평범할 수 있는 제품 특성을 매우 창의적인 방식으로 표현했다. 바닥에 떨어진 사탕을 개미들이 무심히 지나치는 장면을 통해 일반적으로 단 음식을 향해 몰려드는 개미들의 습성과 대조를 이뤘다. 이 간단한 시각적 메타포는 해당 사탕에 설탕이 포함되어 있지 않다는 점을 직관적으로 전달한다. 광고 하단의 '무설탕입니다(It's sugar-free)'라는 간결한 문구와 함께 유머러스하면서도 명확하게 제품의 핵심 차별점을 부각시켰다.

여섯째, 소비자의 행동을 유도한다. 광고의 궁극적인 목표는 소비자가 행동을 취하도록 설득하는 것이다. 창의성은 흥미로운 메시지와 감각적인 표현을 활용해 소비자가 구매를 고려하거나 브랜드에 대한 호감을 증가시키는 행동을 유도한다. 이는 브랜드 체험이나 제품 사용, 긍정적인 입소문 등으로 이어질 수 있다.

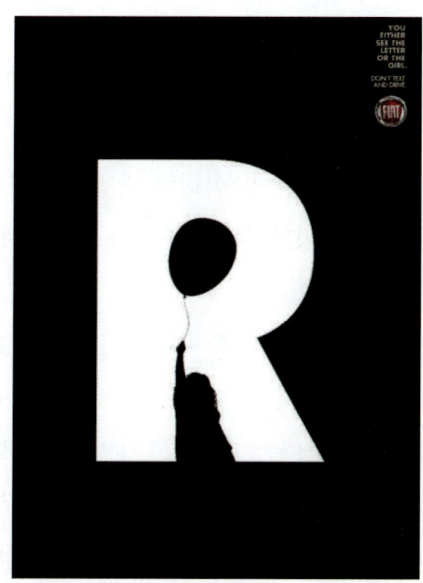

▶▶ 그림 1-15. 행동을 유도하는 피아트 광고

행동 유도의 독창적 접근을 보여 준 사례는 이탈리아 자동차 제조사 피아트(FIAT)의 공익 캠페인이다. 이 브랜드는 운전 중 문자 사용의 위험성을 강조하기 위해 시각적 착시 효과를 활용했다. 흰색 알파벳 철자 'R' 안에 풍선을 든 소녀의 실루엣을 배치하여 글자와 소녀 중 하나만 보이도록 설계했다. 이를 통해 운전 중 주의가 분산될 경우 중요한 것을 놓칠 수 있음을 시각적으로 보여 줬다. '당신은 글자와 소녀 중 하나만 볼 수 있습니다(YOU EITHER SEE THE LETTER OR THE GIRL)'라는 카피는 주의 분산이 사고로 이어질 수 있음을 강조함으로써 소비자들로 하여금 안전운전에 대한 경각심을 갖도록 유도했다.

4. 창의성의 평가 요인

광고의 창의성은 단순히 독창적인 아이디어에 그치는 것이 아니라 소비자의 관심을 끌고 브랜드와 제품을 효과적으로 연결하며 강한 인상을 남길 수 있어야 한다. 이러한 관점에서 다양한 광고 대행사와 연구자는 창의성을 평가하는 기준들을 개발해 왔다.

1) 영앤루비컴의 다섯 가지 평가 기준(SCORE)

미국 뉴욕에 본사를 둔 글로벌 광고기업 영앤루비컴(Young & Rubicam)은 광고의 창의성을 단순한 기발함으로 인식하지 않는다. 대신 이들은 창의성을 소비자와 브랜드 간 효과적인 연결을 형성하는 능력으로 정의하고 있다. 이를 바탕으로 광고의 창의성과 효과를 평가할 수 있는 다섯 가지 핵심 요소를 제시했으며, 이 기준은 'SCORE'라는 약어로 요약된다.

(1) 단순성(Simplicity)

광고는 제한된 시간 내에 소비자의 주의를 끌고 핵심 메시지를 전달해야 한다. 복잡하고 이해하기 어려운 광고보다는 명확하고 간결한 메시지가 더 강력한 인상을 남기기 마련이다. 따라서 브랜드와 제품의 핵심 가치를 쉽게 전달하기 위한 단순성은 다음과 같은 항목들을 고려해야 한다.

- 메시지가 명확하고 쉽게 전달되고 있는가?
- 불필요한 요소를 제거하고 핵심 메시지를 직관적으로 표현하는가?

(2) 신뢰성(Credibility)

소비자는 광고에서 전달하는 정보가 사실인지, 그리고 신뢰할 수 있는 내용인지를 직관적으로 판단한다. 만약 광고의 메시지가 신뢰성을 갖추지 못한다면 브랜드에 대한 신뢰도 역시 낮아질 수 있다. 따라서 광고는 제품의 실제 속성을 반영하면서도 소비자의 경험과 일치하는 신뢰할 만한 메시지를 담아야 한다.

- 광고의 메시지가 현실적이고 신뢰할 만한가?
- 과장된 표현 없이 소비자가 믿을 수 있는 정보를 제공하는가?

(3) 독창성(Originality)

광고의 독창성은 기존 광고와의 명확한 차별성에서 나온다. 기존에 반복적으로 사용되어 온 진부한 표현이나 흔히 볼 수 있는 광고기법을 그대로 답습하는 것이 아니라, 새롭고 참신한 접근 방식을 통해 소비자의 주목을 끌고 기억 속에 오래 남는 메시지를 전달하는 것이 핵심이다.

- 기존 광고와 차별화된 신선한 아이디어와 독특한 접근법을 사용했는가?
- 단순한 클리셰(cliche, 진부한 표현)에서 벗어나 새로운 방식으로 메시지를 전달하는가?

(4) 관련성(Relevance)

광고의 핵심 목표는 소비자가 브랜드를 자신의 실제 생활과 자연스럽게 연결할 수 있도록 만드는 것이다. 아무리 창의적이고 독창적인 광고라고 하더라도 제품의 본질적 특성과 동떨어져 있다면 그 효과는 현저히 떨어질 수밖에 없다. 결국 소비자의 실질적인 니즈와 기대를 충실히 반영하고, 브랜드가 추구하는 핵심 가치와 긴밀하게 연결된 메시지를 제공하는 것이 중요하다.

- 광고 메시지가 브랜드 및 제품의 속성과 밀접하게 연결되는가?
- 소비자의 니즈와 기대를 반영하여 공감대를 형성하는가?

(5) 공감성(Empathy)

공감성은 소비자가 광고 메시지에 감정적으로 몰입하고 반응할 수 있는 정도를 의미한다. 강한 공감을 불러일으키는 광고는 브랜드에 대한 긍정적인 감정을 형성하고 소비자의 기억 속에 오랫동안 남게 한다. 특히 스토리텔링을 효과적으로 활용한 감성적인 광고나 소비자의 경험과 밀접하게 연관된 광고는 높은 공감성을 가질 가능성이 크다.

- 소비자가 광고에 감정적으로 반응하고 몰입할 수 있는가?
- 광고가 소비자의 경험과 연결되어 감정적인 반응을 이끌어 내는가?

2) DDB의 세 가지 평가 기준(ROI)

DDB(Doyle Dane Bernbach)는 광고의 창의성이 단순한 기발함이 아니라 소비자의 주목을 끌고 브랜드와 깊이 연결될 수 있는 요소를 포함해야 한다고 보았다. 이에 따라 상관성, 독창성, 충격성이라는 세 가지 핵심 요소를 중심으로 창의적 광고를 평가하는 ROI(Relevance, Originality, Impact) 모델을 개발했다(김병희 외, 2022). 이 모델은 광고가 새롭고 독창적일 뿐만 아니라 소비자의 감정과 경험에 맞닿아 있어야 하며, 강렬한 인상을 남길 수 있어야 한다는 점을 강조한다.

(1) 상관성(Relevance)

광고는 단순히 독창적인 아이디어만으로는 성공을 보장받을 수 없다. 아무리 혁신적이고 창의적인 광고라 하더라도 소비자와의 연결고리를 찾지 못한다면 효과적으로 작동하지 않는다. 결국 브랜드의 가치와 제품의 속성이 광고 메시지와 유기적으로 연결되어야 하며, 소비자가 자신의 경험과 감정을 투영할 수 있어야 한다.

- 광고가 소비자의 감정과 경험에 연결되는가?
- 브랜드의 핵심 메시지가 광고 속에서 일관되게 전달되는가?
- 광고가 소비자의 니즈와 기대를 반영하여 공감을 이끌어 내는가?

(2) 독창성(Originality)

독창성은 광고의 가장 기본적인 창의성 요소이다. 소비자는 매일 수많은 광고를 접하기 때문에 기존 광고와 유사한 표현 방식이나 상투적인 메시지는 쉽게 묻히고 기억에서 사라진다. 따라서 기존의 틀을 깨고 새로운 방식으로 제품과 브랜드를 표현하는 것이 핵심이며 이를 통해 광고는 소비자들에게 신선한 자극을 제공할 수 있다.

- 이전에 본 적 없는 새로운 방식으로 광고를 표현했는가?
- 기존의 상투적인 광고 기법에서 벗어나 차별화된 크리에이티브를 적용했는가?
- 광고를 통해 소비자가 신선한 자극을 받으며 기억할 만한 요소를 제공하는가?

(3) 충격성(Impact)

충격성은 광고가 소비자에게 얼마나 강렬한 영향을 미치는지를 측정하는 요소이다. 광고는 짧은 시간 안에 소비자의 주목을 받아야 하며, 단순히 정보를 전달하는 것이 아니라 감정적 반응을 유도해야 한다. 이를 위해 유머나 감동, 놀라움, 반전 등을 활용하여 소비자의 기억 속에 오랫동안 남을 수 있도록 설계하는 것이 중요하다.

- 광고가 소비자의 관심을 즉각적으로 끌어당기는가?
- 한 번 보면 쉽게 잊히지 않고 강한 인상을 남기는가?
- 감정적 반응(놀라움, 감동, 유머 등)을 이끌어 내는가?

이처럼 영앤루비컴의 SCORE와 DDB의 ROI라는 두 평가 기준은 단순히 이론적 프레임워크에 그치지 않고 실제 광고 제작 과정에서 창의성을 체계적으로 점검하고 개선할 수 있는 실용적 도구로 활용되고 있다. 따라서 효과적인 광고 크리에이티브를 개발하기 위해서는 이러한 평가 기준들을 충분히 이해하고 적용하는 것이 필요하다.

Chapter 02
빅 아이디어

Chapter 02 빅 아이디어

학습 목표

- 아이디어의 개념과 특성을 명확히 정의하고 창의적 아이디어가 문제 해결과 혁신에 미치는 영향을 분석한다.
- 빅 아이디어가 브랜드 전략에서 어떤 역할을 하는지 이해하고 성공적인 광고 캠페인의 핵심 요소로서 어떻게 활용되는지 분석한다.
- 빅 아이디어를 통해 브랜드 인지도 강화, 차별화 전략 수립, 장기적인 캠페인 구축 방법을 학습한다.
- 창의적인 아이디어를 도출하는 대표적인 기법인 브레인스토밍, 브레인라이팅, 스캠퍼, 제임스 웹 영의 5단계 아이디어 발상법, 비주얼 아이디어 발상법 등의 발상 기법의 원리를 이해하고 활용할 수 있다.
- 각각의 발상법이 가지는 장점과 한계를 비교하여 상황에 맞는 적절한 기법을 선택할 수 있다.

1. 아이디어의 개념

1) 아이디어의 정의

아이디어(idea)는 '문제를 해결하거나 새로운 가능성을 탐구하기 위해 인간의 사고와 상상력을 통해 도출된 개념이나 생각'을 말한다. 이는 단순한 영감에서부터 복잡한 창의적 해결책까지 다양한 범위를 포괄하며, 특정한 목적을 가지고 발전시킬 수 있는 사고의 기본 단위로 간주된다.

이와 달리 광고에서 아이디어란 특정 제품이나 서비스, 브랜드를 소비자에게 효과적으로 전달하고 설득하기 위해 창의적이고 전략적으로 고안된 메시지나 콘셉트라 할 수 있다. 무엇보다 광고 캠페인의 핵심 요소로서 소비자와의 정서적, 논리적 연결을 형성하고 브랜드 가치를 전달하는 역할을 한다. 일반적인 아이디어가 문제 해결과 혁신을 목표로 하는 반면, 광고 아이디어는 소비자와의 관계를 강화하며 브랜드의 메시지를 소비자의 마음속에 각인시키는 데 중점을 둔다. 따라서 성공적인 광고 아이디어는 창의성과 전략이 조화를 이루어 타깃 소비자의 관심과 공감을 효과적으로 이끌어 낼 수 있어야 한다.

2) 아이디어의 주요 특징

(1) 창의성

아이디어의 핵심은 무엇보다 창의성에 있다. 기존의 정보나 경험을 새로운 방식으로 재조합하여 독창적인 관점을 제시하는 것이야말로 문제 해결과 혁신적인 결과 도출의 기반이 되기 때문이다. 특히 광고 아이디어에서도 창의성은 중요한 요소로 작용한다. 동일한 메시지라도 독창적이고 참신한 방식으로 표현될 때 소비자의 관심을 끌고 기억에 오래 남을 수 있다. 이를 위해서는 시각적 요소나 스토리텔링, 감성적 접근 등을 활용하여 효과적으로 메시지를 전달하는 것이 무엇보다 중요하다.

(2) 명확한 목적성과 실행 가능성

좋은 아이디어는 반드시 명확한 목적을 지녀야 한다. 만약 특정 문제를 해결하거나 구체적인 목표를 달성하기 위해 설계되지 않은 아이디어라면 실행 가능성이 떨어지고 실질적인 변화를 이끌어 내기 어렵기 때문이다. 특히 광고 아이디어는 브랜드 인지도를 높이거나 판매 증대, 고객 충성도 확보 등의 구체적인 마케팅 목표를 실현하기 위한 도구로 기능해야 한다. 동시에 현실적인 조건(예산, 기술적 요건, 실행 일정 등)을 고려하여 실현 가능해야 하며, 실행 단계에서의 구체적인 로드맵과 전략적 계획이 필수적이다.

(3) 소비자 중심성

아이디어는 고정된 형태로 존재하는 것이 아니라 소비자의 요구와 시장의 변화에 맞춰 끊임없이 발전할 수 있는 유연성을 갖춰야 한다. 특히 광고 아이디어는 소비자의 입장에서 문제를 진단하고 적절한 해결책을 제시해야 하며, 소비자와의 정서적, 실질적 공감을 이끌어 내는 것이 중요하다. 이를 통해 브랜드 신뢰도를 높이고 충성도를 강화할 수 있다.

(4) 메시지의 명확성

광고 아이디어는 제품이나 서비스의 메시지를 명확히 전달하는 데 초점을 두어야 한다. 즉, 소비자가 광고를 접했을 때 제품의 차별성과 가치를 직관적으로 받아들일 수 있도록 구성되어야 한다는 것이다. 반대로 메시지가 지나치게 복잡하거나 모호할 경우 소비자의 관심을 끌기 어렵다. 따라서 광고는 핵심 주제를 일관되게 유지하면서 타깃 소비자가 쉽게 이해할 수 있도록 설계되어야 한다.

(5) 다양성과 다채널 적합성

아이디어는 동일한 문제에 대해 다양한 접근 방식을 제공할 수 있어야 한다. 광고 아이디어 또한 단일 채널이 아닌 다양한 플랫폼에서 활용될 수 있도록 설계되는 것이 바람직하다. 예를 들어, TV를 비롯해 인쇄 매체, 디지털 매체, 소셜 미디어 등 여러 매체에서 효과적으로 적용될 수 있어야 한다. 이때 각 채널의 특성에 맞게 메시지를 최적화하는 것이 중요하며, 한 가지 아이디어를 여러 방식으로 변형하여 일관된 브랜드 메시지를 유지하면서도 각 플랫폼에 최적화된 형태로 전달하는 전략이 필요하다.

(6) 영향력과 목표 달성을 위한 도구

강력한 아이디어는 단순한 아이디어 차원에서 끝나지 않고 사회적·경제적·문화적 변화를 이끌어 낼 수 있는 영향력을 지녀야 한다. 광고 아이디어의 경우, 브랜드의 목표를 실현하는 데 기여하는 것이 핵심이며, 브랜드 인지도 향상이나 구매 유도, 브랜드 충성도 구축 등의 구체적인 성과를 창출할 수 있어야 한다. 따라서 광고 아이디어는 단순히 창의적인 표현을 넘어서 전략적 방향과 목표를 기반으로 개발되어야 하며, 이를 바탕으로 명확한 성과를 도출할 수 있어야 하는 것이다.

2. 빅 아이디어

1) 빅 아이디어의 정의

빅 아이디어(Big Idea)는 광고와 마케팅에서 브랜드 또는 캠페인의 핵심 메시지를 창의적이고 강렬하게 표현한 아이디어 중의 아이디어라고 할 수 있다. 이는 브랜드의 철학이나 제품의 본질, 소비자의 관심사를 효과적으로 결합하여 대중의 관심을 끌고 브랜드와 소비자 간의 강한 정서적 연결을 형성하는 데 중점을 둔다. 더 나아가 빅 아이디어는 브랜드 정체성을 정의하고 장기적인 캠페인 전략의 기반이 되는 핵심 개념이기도 하다.

2) 빅 아이디어의 중요성

빅 아이디어는 단순한 광고 콘셉트가 아니라 브랜드가 소비자들에게 전달하고자 하는 핵심 가치와 철학을 일관되게 표현하는 강력한 전략적 도구이다. 구체적으로 빅 아이디어는 다음과 같은 역할을 통해 중요성을 지닌다.

첫째, 브랜드 인지도 강화를 위한 핵심 요소로 작용한다. 빅 아이디어는 브랜드의 메시지를 소비자들에게 명확하고 일관되게 전달하여, 브랜드가 단순히 기억되는 것을 넘어 소비자의 경험 속에서 강력한 이미지를 구축하도록 돕는다.

둘째, 경쟁에서의 차별성을 강화하는 역할을 한다. 시장에는 수많은 브랜드가 존재하며, 소비자들은 유사한 제품과 서비스를 선택하는 데 있어 브랜드 간 차별성을 중요하게 고려한다. 이러한 상황에서 빅 아이디어는 브랜드가 경쟁 브랜드와의 차별성을 명확하게 설정하고 특정한 가치를 강조함으로써 시장에서 두드러질 수 있도록 기여한다.

셋째, 장기적인 캠페인 전략을 지원하는 기반을 제공한다. 즉, 빅 아이디어는 단발적인 마케팅 메시지가 아니라 브랜드와 소비자 간의 지속적인 관계를 형성할 수 있는 중심축이 된다는 것이다. 이는 브랜드가 단기적인 광고 효과에 의존하는 것이 아니라 장기적인 관점에서 소비자들에게 신뢰를 쌓고 지속적인 브랜드 충성도를 구축하는 데 기여할 수 있게 된다. 특히 디지털 미디어 환경에서는 브랜드의 메시지가 다양한 플랫폼에서 소비자와 상호작용하며 발전해야 하는데, 일관된 빅 아이디어가 이를 가능하게 한다.

3. 주요 아이디어 발상법

아이디어 발상법은 창의적이고 혁신적인 아이디어를 도출하기 위한 체계적이고 전략적인 사고 기법이다. 이는 개인이나 팀이 기존의 사고방식에서 벗어나 다양한 관점에서 사고를 확장하며, 새로운 아이디어를 발견하고 실행 가능한 해결책으로 발전시키는 과정을 의미한다. 따라서 이러한 발상법을 활용하면 복잡한 문제를 창의적으로 해결하거나 새로운 기회를 효과적으로 모색할 수 있게 된다.

아이디어 발상법은 단순히 창의적인 아이디어를 제시하는 것에 그치는 것이 아니라 이를 실행 가능한 전략으로 구체화하는 데 중요한 역할을 한다. 즉, 새로운 가능성을 탐색하는 과정에서 조직과 개인이 경쟁 우위를 확보할 수 있도록 돕고 지속 가능한 혁신을 창출할 수 있는 기반을 제공한다. 동시에 급변하는 환경 속에서 다양한 도전 과제에 대응할 수 있도록 지원하는 강력한 도구로 활용되기도 한다.

아이디어 발상법에는 다양한 기법이 존재하지만 이 책에서는 대표적인 방법으로 브레인스토밍, 브레인라이팅, 스캠퍼, 제임스 웹 영의 5단계 발상 기법을 다루었다. 이 기법들은 각각의 특성과 장점을 바탕으로 창의적 사고를 촉진하고 실질적인 해결책을 도출하는 데 유용한 접근 방식을 제공한다.

1) 브레인스토밍

(1) 특징 및 목적

브레인스토밍(brainstorming)은 집단 창의성을 극대화하는 아이디어 발상 기법이다. 1953년 알렉스 오스본(Alex Osborn)과 동료들이 개발한 이 기법은 여러 사람이 자유롭게 의견을 제안하며 창의적인 해결책을 도출하는 것을 목표로 한다. 특히 개방적인 환경에서 다양한 아이디어를 생성하고 발전시키는 데 중점을 두며, 기존의 사고방식을 넘어 새로운 관점을 발견하는 데 효과적이다.

이 기법의 핵심은 아이디어의 질보다 양을 우선하는 데 있다(류진한, 2023). 명칭에서 알 수 있듯 브레인스토밍은 마치 폭풍처럼 아이디어가 쏟아지고 확장되는 과정이다. 따라서 참가자들은 특정한 틀이나 제약 없이 자유롭게 발상하며, 이를 통해 기존의 고정관념에서 벗어나 독창적인 해결책을 도출할 수 있게 된다.

브레인스토밍 과정에서는 무엇보다 아이디어를 평가하거나 비판하지 않고 최대한 많은 의견을 수집하는 것이 중요하다. 이후에는

>> 그림 2-1. 브레인스토밍 모습

제시된 아이디어를 조합하고 수정·보완하는 과정을 거쳐 보다 구체적이고 실행 가능한 형태로 발전시킨다.

결국 브레인스토밍은 단순히 아이디어의 나열이 아니라 다양한 가능성을 탐색하고 창의적 사고를 촉진하는 과정이다. 이를 통해 조직이나 팀은 문제 해결을 위한 폭넓은 접근 방식을 확보할 수 있으며, 최종적으로 유용한 전략적 아이디어를 선별해 발전시킬 수 있게 된다. 이러한 이유로 광고나 마케팅, 디자인, 기획 등 창의성이 중요한 분야에서 널리 활용되고 있으며, 협업을 통해 혁신적인 결과를 도출하는 데 효과적인 방법이기도 하다.

(2) 진행 과정

앞서 언급했던 브레인스토밍은 구체적인 문제 해결을 위한 체계적인 과정을 포함한다. 효과적인 브레인스토밍을 위한 진행 과정은 다음과 같다.

① 문제 정의 및 목표 설정

　브레인스토밍의 첫 단계는 해결해야 할 문제나 과제를 명확하게 정의하는 것이다. 문제는 구체적이고 명확해야 하며, 참가자들이 쉽게 이해하고 집중할 수 있도록 설정해야 한다. 예를 들어, 단순히 '신제품 개발'보다는 'MZ 소비자를 타깃으로 한 새로운 음료 마케팅 아이디어 개발'처럼 보다 구체적인 방향을 제시하는 것이 바람직하다.

　또한 참가자들이 논의에 몰입할 수 있도록 문제의 배경 정보 및 해결해야 할 방향을 함께 제공해야 한다. 필요에 따라 시장 데이터, 소비자 조사 결과, 경쟁사 분석 자료 등을 활용하면 더욱 효과적이다.

② 규칙 설정 및 공유

　자유로운 아이디어 도출을 위해 브레인스토밍 세션 전에 몇 가지 기본 규칙을 설정하고 공유하는 것이 중요하다. 이를 통해 참가자들이 심리적 부담 없이 적극적으로 아이디어를 제안할 수 있도록 유도할 수 있기 때문이다. 주요 규칙은 다음과 같다.

- **비판 금지**: 모든 아이디어는 긍정적으로 수용되며 즉각적인 평가나 비판을 하지 않는다. 이는 참가자들이 주저 없이 창의적인 아이디어를 제안할 수 있도록 돕는다.
- **자유로운 발언 보장**: 실현 가능성과 무관하게 모든 아이디어는 환영된다. 급진적이거나 황당하게 보일 수 있는 생각도 배제하지 않으며, 이 과정이 창의적 발상에 기여한다.
- **양의 강조**: 아이디어의 품질보다 수량을 늘리는 것이 우선 목표이다. '양질전화(量質轉化)의 법칙'[1]이 적용되므로 가능한 한 많은 아이디어를 생성하는 것이 핵심이다.

- **아이디어 결합과 발전 장려**: 다른 사람이 제안한 아이디어를 조합하거나 발전시키는 것이 권장된다. 이는 집단 창의성을 높이는 데 중요한 역할을 한다.

③ 아이디어 제안

아이디어 제안 방식에는 다음과 같은 방법이 있다. 이 과정에서 제안된 아이디어는 모두 기록되며, 세부적인 논의 없이 우선 수집하는 것이 원칙이다.

- **순차적 방식**: 모든 참가자가 정해진 순서에 따라 한 가지씩 아이디어를 제시하는 방법이다. 특정 인물의 발언이 주도하거나 분위기를 압도하는 상황을 예방할 수 있다는 장점이 있다.
- **자유 발언 방식**: 참가자들이 자유롭게 원하는 순서로 아이디어를 제안하는 방식이다. 유연한 분위기 속에서 보다 자연스러운 아이디어 확장이 이루어진다.
- **브레인라이팅(brainwriting) 활용**: 말로 아이디어를 제시하는 것이 부담스러운 상황에서는 브레인라이팅 기법을 활용할 수 있다. 참가자들은 아이디어를 글로 작성하며 보다 편안한 환경에서 창의적 사고를 이어 갈 수 있다. 이 기법은 브레인스토밍 이후 별도로 자세히 다룬다.

---

1 '양질전화의 법칙'이라고도 불린다. 양질전화 법칙에 따르면, 양의 점진적인 변화가 축적되면 일정한 임계점을 넘어서면서 질적인 비약적 변화가 발생하고, 이러한 질적 변화는 다시 새로운 양적 변화를 유도한다. 즉, 양적 변화의 지속적인 축적이 일정 수준에 도달하면 질적 도약을 이루고, 이로 인해 다시 양적 변화가 시작되는 순환 과정이 이루어진다.

④ 아이디어 확장 및 조합

브레인스토밍의 핵심은 참가자들이 서로의 아이디어를 결합하고 발전시키면서 보다 창의적인 해결책을 찾아가는 데 있다. 이 단계에서는 다음과 같은 접근법을 활용해 개별적인 아이디어를 보다 실행 가능한 형태로 구체화할 수 있다.

- **아이디어 보완**: 제시된 아이디어를 기반으로 개선점을 찾거나 보다 구체적인 형태로 발전시킬 수 있는 방향을 탐색한다.
- **아이디어 조합**: 서로 다른 두 개 이상의 아이디어를 결합해 새로운 해결책으로 연결한다.
- **확장적 사고 유도**: 기존 아이디어를 변형하거나 확대·축소하는 방식으로 사고의 범위를 넓혀 다양한 해결 방안을 도출할 수 있도록 한다.

⑤ 아이디어 정리 및 평가

브레인스토밍 세션이 끝난 후에는 생성된 아이디어를 정리하고 체계적으로 분류하는 과정이 필요하다.

- **아이디어 분류 및 우선순위 설정**: 생성된 아이디어를 카테고리별로 정리하고 유사한 아이디어들을 그룹화한다. 필요에 따라 창의성이나 실행 가능성, 시장성 등의 기준을 설정하여 우선순위를 지정할 수 있다.
- **실행 가능성 평가**: 실현 가능성이 높은 아이디어를 중심으로 구체적인 실행 방안을 논의한다. 이를 위해 투표 방식, 실행 가능성 분석, 비용-효과 분석 등의 평가 기법을 활용할 수 있다.

- **최종 아이디어 선정**: 가장 효과적이고 실현 가능성이 높은 아이디어를 선정하고 구체적인 실행 계획을 수립한다. 필요에 따라서는 추가적인 검토 및 개선 작업을 거쳐 최종적인 해결책을 도출할 수도 있다.

(3) 장점

브레인스토밍 기법은 다양한 상황에서 활용될 수 있으며 다음과 같은 강점을 가진다.

첫째, 집단 창의성을 촉진한다. 여러 사람이 함께 아이디어를 내는 과정에서 개별적인 사고방식의 한계를 극복하고 보다 창의적이고 혁신적인 해결책을 도출할 가능성이 높아진다.

둘째, 아이디어의 양을 극대화할 수 있다. 초기 단계에서는 아이디어의 질보다는 양을 중요하게 여기므로 다양한 해결책을 모색하는 데 유리한 환경을 제공한다.

셋째, 아이디어의 확장성이 높다. 개별적인 발상이 아니라 집단 내에서 아이디어가 상호작용하며 발전하기 때문에 한 사람의 아이디어가 다른 사람에 의해 더 창의적으로 발전될 가능성이 크다.

넷째, 참여자들의 동기 부여를 높인다. 자유롭고 개방적인 분위기에서 진행되므로 참가자들은 자신의 의견이 존중받는다는 느낌을 받으며, 팀워크가 강화되는 효과도 기대할 수 있다.

(4) 단점

브레인스토밍은 강력한 창의적 사고 기법이지만 몇 가지 한계점도 존재한다.

첫째, 집단사고(groupthink)의 위험이 있다. 일부 강한 성격을 가진 참가자가 논의를 주도하게 되면 다른 참가자들이 수동적으로 따라가면서 창의적인 아이디어가 제한될 가능성이 있다.

둘째, 비판이 배제됨에 따라 현실성이 부족할 수 있다. 브레인스토밍은 아이디어 도출 단계에서 비판을 허용하지 않는 것이 원칙이지만, 이로 인해 비현실적이거나 실행 불가능한 아이디어가 다수 도출될 수 있다.

셋째, 시간이 많이 소요될 수 있다. 다양한 아이디어를 수집하는 과정에서 논의가 길어질 수 있으며, 효율적인 진행이 이루어지지 않을 경우 비효율적인 회의로 끝날 가능성도 있다.

넷째, 내성적인 참가자의 의견이 반영되기 어려울 수 있다. 적극적으로 의견을 제시하는 사람이 있는 반면, 내성적인 참가자는 자신의 아이디어를 말하기 어려워하는 경우가 많아 아이디어의 다양성이 제한될 수 있다. 이를 보완하기 위해 브레인라이팅과 같은 대체 기법을 활용할 수도 있다.

2) 브레인라이팅 기법

(1) 특징 및 목적

브레인라이팅(brainwriting)은 참가자들이 직접 말로 아이디어를 공유하는 대신 아이디어를 글로 적어 공유하고 발전시키는 창의적 발상 기법이다. 이는 1968년 독일의 베른트 로르바흐(Bernd Rohrbach) 교수가 브레인스토밍의 단점을 보완하기 위해 고안하였다. 기존의 브레인스토밍과 유사한 방식으로 진행되지만, 발표나 토론 없이 조용한 환경에서 진행된다는 점에서 차이가 있다. 브레인라이팅이 '침묵의 브레인스토밍'이라고 불리는 이유이다.

또한 일반적인 브레인스토밍에서는 일부 적극적인 참가자들이 논의를 주도하는 경향이 강해 내성적인 사람들의 아이디어가 충분히 반영되지 않거나 한정된 아이디어가 반복되는 문제가 발생할 수 있다. 반면, 브레인라이팅은 모든 참가자가 개별적으로 아이디어를 작성하고 이를 교환하며 발전시키는 방식을 통해 보다 다양한 관점의 창의적 아이디어를 도출할 수 있도록 한다.

결국 이 기법의 목적은 자유롭고 공정한 아이디어 발상 환경을 조성하고 집단 창의성을 극대화하는 데 있다. 특히 아이디어를 텍스트로 기록하는 과정에서 참가자들은 기존의 아이디어를 차분히 검토하고 깊이 있는 사고를 할 수 있으며, 이를 토대로 점진적으로 발전된 아이디어를 제시할 수 있다. 따라서 브레인라이팅은 개인의 창의성을 존중하면서도 집단의 사고를 결합해 더욱 혁신적인 해결책을 도출하는 데 효과적이라 할 수 있다.

(2) 진행 과정

브레인라이팅은 일반적으로 문제 정의 및 설명 → 개별 아이디어 작성 → 아이디어 공유 및 확장 → 반복 과정 → 아이디어 평가 및 선정의 순서로 진행된다.

① 문제 정의 및 설명

진행자는 참가자들에게 해결해야 할 문제나 주제를 명확히 정의하고 배경 정보 및 목표를 설명한다. 이 과정에서 참가자들이 문제를 깊이 이해할 수 있도록 구체적인 질문이나 사례를 제공하는 것이 중요하다. 예를 들어, '새로운 친환경 화장품 브랜드의 광고 캠페인을 개발하라'라는 주제를 제시할 경우, 현재 시장의 트렌드를 비롯해 소비자의 관심 요소나 경쟁사의 광고 전략 등을 미리 설명하면 참가자들이 보다 구체적인 아이디어를 떠올릴 수 있게 된다.

② 개별 아이디어 작성

참가자들은 정해진 시간 내에 자신의 아이디어를 종이에 적는다. 일반적으로 '6-3-5 기법'이 많이 활용되는데, 이는 6명의 참가자가 3개의 아이디어를 5분 동안 작성하는 방식이다. 이때 아이디어는 짧고 간결하게 작성할 수도 있으며, 특정한 틀 없이 자유롭게 서술할 수도 있다.

③ 아이디어 공유 및 확장

참가자들은 자신의 아이디어를 다른 참가자에게 전달하고, 전달받은 아이디어를 보고 이를 발전시키거나 새로운 아이디어를 추가한다. 이를 통해 한 사람의 아이디어가 여러 사람의 사고를 거쳐 더욱 발전된 형태로 변화할 수 있다. 교환 방식은 원형 방식(서로 아이디어를 돌려 가며 교환) 또는 무작위 방식(랜덤하게 아이디어를 섞어서 공유) 등의 형태로 진행될 수 있다.

④ 반복 과정

아이디어 공유와 발전 과정을 여러 차례 반복하면서 점점 더 완성도 높은 아이디어를 도출한다. 특정한 아이디어가 여러 사람의 발전 과정을 거치면서 보다 구체적이고 실행 가능한 형태로 정리될 수 있다.

⑤ 아이디어 평가 및 선정

마지막으로 모든 아이디어를 검토한 후, 가장 창의적이고 실현 가능성이 높은 아이디어를 선정한다. 평가 기준은 혁신성, 실용성, 실행 가능성, 시장 반응 예측 등의 요소를 포함할 수 있다. 필요하다면 참가자들의 투표나 전문가 평가를 통해 최종 아이디어를 결정할 수도 있다.

(3) 장점

브레인라이팅 기법은 전통적인 브레인스토밍과 비교했을 때 여러 가지 이점을 제공한다.

첫째, 집단사고(groupthink)를 방지할 수 있다. 브레인스토밍의 경우, 한두 명의 강한 의견이 그룹의 전체 방향을 결정하는 경우가 많아 창의적인 의견이 충분히 반영되지 못할 수 있다. 하지만 브레인라이팅은 개별적으로 아이디어를 작성하는 방식이기 때문에 모든 참가자가 자신의 생각을 자유롭게 표현할 수 있어 집단사고의 위험을 줄이고 보다 다양한 아이디어를 확보할 수 있다.

둘째, 내성적인 사람들도 적극적으로 참여할 수 있다. 일반적인 토론에서는 내성적인 사람들이 의견을 발표하는 데 부담을 느끼는 경우가 많지만, 브레인라이팅은 서면으로 아이디어를 제출하는 방식이기 때문에 누구나 동등하게 참여할 수 있는 기회를 보장받는다.

셋째, 아이디어의 수량과 다양성이 증가한다. 브레인스토밍에서는 시간이 지남에 따라 논의가 특정 방향으로 고착되는 경향이 있지만, 브레인라이팅은 참가자들이 독립적으로 사고하면서 다양한 시각에서 접근할 수 있어 더 많은 아이디어가 생성되고 창의적인 해결책이 나올 가능성이 높아진다.

넷째, 시간 대비 효율성이 높다. 브레인스토밍에서는 한 사람이 말을 하는 동안 다른 사람은 기다려야 한다. 하지만 브레인라이팅은 참가자들이 동시에 아이디어를 작성할 수 있기 때문에 짧은 시간 안에 더 많은 아이디어를 도출할 수 있다.

(4) 단점

브레인라이팅 기법은 여러 장점이 있지만 몇 가지 한계점도 존재한다.

첫째, 아이디어 상호작용의 부족으로 즉흥적인 창의성이 제한될 수 있다. 브레인스토밍에서는 참가자들이 서로의 아이디어에 즉각적으로 반응하면서 창의적인 영감을 받을 수 있지만, 브레인라이팅은 서면으로만 진행되기 때문에 토론 과정에서 발생하는 즉각적인 피드백이나 협업 효과가 상대적으로 적을 수 있다.

둘째, 개인의 창의성에 따라 결과가 좌우된다. 브레인라이팅은 개별적으로 아이디어를 생성하는 방식이므로 참가자들의 창의성이 충분하지 않을 경우 아이디어의 질이 떨어질 수 있다. 또한 참가자들이 서로의 아이디어를 발전시키는 과정에서도 창의적인 확장이 이루어지지 않는다면 반복적인 아이디어만 나오게 될 수도 있다.

셋째, 아이디어 정리 및 평가 과정이 필요하다. 브레인라이팅을 통해 많은 아이디어가 생성될 수 있지만 그중 실질적으로 실행 가능한 것을 가려 내고 정리하는 과정이 추가로 필요하다. 더욱이, 많은 양의 서면 자료가 생성되므로 이를 체계적으로 분류하고 분석하는 데 상당한 시간과 노력이 소요될 수 있다. 따라서 효과적인 아이디어를 선별·분류·분석하기 위한 구조적인 평가 방법이 병행되어야 한다.

3) 스캠퍼 기법

(1) 특징 및 목적

스캠퍼(SCAMPER) 기법은 기존의 아이디어, 제품, 서비스 등을 변형하여 새로운 아이디어를 창출하는 창의적 사고 기법이다. SCAMPER는 Substitute(대체), Combine(결합), Adjust/Adapt(조절/적용), Modify/Magnify/Minify(수정/확대/축소), Put to another use(다른 용도로 활용), Eliminate(제거), Reverse/Rearrange(반전/재배열)의 일곱 가지 사고 방법을 활용하여 새로운 아이디어를 도출하도록 돕는다. 특히 이 기법은 단순히 무에서 유를 창조하는 것이 아니라 기존의 개념을 변형하고 재조합하여 혁신적인 해결책을 개발하는 데 초점을 맞춘다.

스캠퍼 기법의 주요 목적은 창의적인 문제 해결과 혁신적인 아이디어 개발에 있다. 이를 통해 제품 개선, 프로세스 혁신, 마케팅 전략 개발 등 다양한 분야에서 활용할 수 있으며, 기존의 한계를 뛰어넘는 창의적 사고를 가능하게 한다. 특히 기업이나 조직이 새로운 제품을 개발하거나 기존 서비스를 차별화할 때 유용한 방법론으로 많이 사용된다.

(2) 진행 과정

스캠퍼 기법은 기존 아이디어를 일곱 가지 사고 방식으로 변형해 보면서 새로운 해결책을 탐색하는 과정으로 진행된다. 이 과정은 특정한 순서대로 진행될 필요는 없으며, 각각의 사고 방식을 독립적으로 적용하거나 조합하여 사용할 수 있다. 이를 통해 다양한 아이디어를 유연하게 개발할 수 있다.

① Substitute

대체(Substitute)는 기존 요소를 다른 것으로 교체하여 새로운 기능이나 가치를 창출하는 기법이다. 특정 제품이나 재료, 공정, 디자인 요소 또는 마케팅 방식을 변경함으로써 차별화된 제품이나 서비스를 개발하는 데 유용한 방식이라고 할 수 있다. 대체 전략은 제품 개발뿐만 아니라 서비스, 광고, 브랜드 전략 등 다양한 영역에서 활용되며, 시장의 변화에 유연하게 대응하는 데 중요한 역할을 한다.

예를 들어, 커피에 사용되는 기존 우유를 식물성 대체 우유(예: 아몬드 밀크, 오트 밀크, 코코넛 밀크 등)로 변경하여 새로운 제품을 개발할 수 있다. 이는 단순한 원료 변경이 아니라 락토프리(Lactose-free)[2]나 친환경, 비건(Vegan)[3] 소비자층을 타깃으로 하는 차별화된 시장 전략으로의 전환을 의미한다. 더불어 건강을 고려하는 소비자들에게는 유당불내증 문제를 해결하고 지속 가능한 농업을 지원하는 브랜드 이미지를 강화하는 기회가 된다.

한편, 환경 보호를 위해 기존의 플라스틱 빨대를 종이 빨대나 생분해성 소재로 대체하는 사례도 대체의 한 유형이다. 플라스틱이 환경 오염의 주요 원인으로 지적됨에 따라 스타벅스나 맥도날드와 같은 글로벌 기업들은 친환경 정책의 일환으로 종이 빨대를 도입하고 있다.

이러한 대체 기법을 위해 다음과 같은 질문으로 아이디어를 확장할 수 있다.

---

[2] 락토프리는 우유 속의 유당을 제거한 제품이다. 유당을 분해하는 소화효소인 락타아제가 부족하여 유당이 소화되지 않는 질환인 유당불내증을 겪는 사람도 마실 수 있는 기능성 우유이다.

[3] 동물성 식품을 먹지 않고 채식을 하는 사람이나 그러한 식습관을 뜻한다. 채식주의자(vegetarian)와 사람을 뜻하는 접미사(an)을 합쳐 만든 용어이다.

- 개선하기 위해 무엇을 대체할 수 있는가?
- 장소, 시간, 재료 또는 사람을 어떻게 대체할 수 있는가?
- 한 부품을 다른 부품으로 대체하거나 부품을 변경할 수 있는가?
- 규칙을 변경할 수 있는가?
- 다른 성분이나 재료를 사용할 수 있는가?
- 이 아이디어를 다른 프로젝트에 사용할 수 있는가?

구체적인 광고 사례를 살펴보면, 에너지 드링크 레드불(Red Bull)의 광고는 음료 캔을 배터리 이미지로 대체하여 '에너지를 충전한다'는 제품의 기능을 직관적으로 강조한다. 이를 통해 레드불이 단순한 음료가 아니라 신체와 정신의 에너지를 공급하는 강력한 원천임을 효과적으로 전달하고 있다.

티 브랜드 커티스(Curtis)는 광고에서 주전자의 재료를 도자기나 스테인리스가 아닌 오렌지 껍질로 표현했다. 이러한 연출은 제품이 신선한 천연 재료로 만들어졌다는 점을 강조하며 오렌지 향과 따뜻한 차가 어우러지는 감각적 경험을 부각시킨다.

또 다른 사례로 딸기를 혀의 텍스처와 결합한 이미지를 활용한 광고는 '달콤함'과 '미각'을 강렬하게 시각화한다. 이는 과일의 신선함

그림 2-2. 대체를 이용한 다양한 광고

과 풍부한 맛이 소비자의 감각에 직접적으로 연결된다는 메시지를 전달하며, 식음료 브랜드가 감각적 만족을 제공한다는 인식을 강화한다.

② Combine

결합(Combine)은 두 가지 이상의 요소를 결합하여 새로운 아이디어를 창출하는 기법으로 기존 제품이나 개념을 조합하여 혁신적인 솔루션을 개발하는 데 활용된다. 단순한 기능 추가가 아니라 서로 다른 기술이나 서비스 또는 개념을 융합하여 시너지를 창출하는 데 목적이 있다. 따라서 결합 전략은 제품 개발이나 마케팅, 광고 및 디자인 등 다양한 분야에서 적용될 수 있으며, 소비자들에게 새로운 가치를 제공하는 데 중요한 역할을 한다.

대표적인 사례로 스마트폰을 들 수 있다. 초기 휴대전화는 단순히 음성 통화 기능만을 제공했지만, 이후 카메라를 비롯해 음악 재생, 인터넷 브라우징, 내비게이션 등의 기능이 결합되면서 하나의 다기능 기기로 발전했다. 그 결과 사용자는 여러 개의 기기를 따로 휴대할 필요 없이 하나의 스마트폰으로 다양한 작업을 수행할 수 있게 되었다.

또 다른 사례로는 복합기(멀티펑션 프린터)가 있다. 프린터와 스캐너, 복사기, 팩스 기능을 하나의 장치로 통합한 복합기는 사무 공간에서 필수적인 장비가 되었다. 이 결합을 통해 공간 활용도를 높이고 장비 비용을 절감하며 업무 효율성을 향상시킬 수 있었다. 즉, 복합기는 여러 기능을 하나의 제품에 통합함으로써 사용자 편의성을 극대화한 사례라 할 수 있다.

스마트워치와 건강 모니터링 기능의 결합 역시 주목할 만하다. 전통적인 시계 기능에 심박수 측정, 운동량 추적, 수면 패턴 분석 등의 건강 모니터링 기능을 추가함으로써 단순한 시간을 확인하는 도구에서 개인 건강 관리 기기로 진화했다. 이는 건강과 웨어러블 기술이 결합하여 새로운 시장을 창출한 사례로, 현대 소비자들의 라이프스타일 변화와 맞물려 더욱 빠르게 성장하고 있다.

이러한 결합 아이디어를 확장하기 위해 다음과 같은 질문을 고려할 수 있다.

- 어떤 아이디어, 재료, 기능, 프로세스, 사람, 제품 또는 구성 요소를 결합할 수 있는가?
- 이것 또는 저것을 다른 개체와 결합하거나 병합할 수 있는가?
- 사용 횟수를 최대화하기 위해 무엇을 결합할 수 있는가?
- 생산 비용을 낮추기 위해 무엇을 결합할 수 있는가?
- 어떤 재료를 조합할 수 있는가?

광고 분야에서 결합 사례를 살펴보면, 재즈 & 블루스 음악 이벤트를 홍보한 한 광고는 드럼과 음식을 결합한 독창적인 비주얼을 활용했다. 여기서 원형의 접시는 드럼을 연상시키며 브레드스틱(breadstick)은 드럼 스틱처럼 배치되어 있다. 이를 통해 '음악과 음식이 조화를 이루는 경험'을 직관적으로 전달한다. 결과적으로 재즈 음악의 즉흥성과 감각적인 요소가 레스토랑의 음식과 자연스럽게 연결되며, 음악 애호가와 미식가 모두에게 매력적인 콘셉트를 제시한다.

또 다른 사례에서는 피자를 기타의 바디 형태로 형상화해 '음식과 음악이 하나가 되는 순간'을 시각적으로 표현하였다. 광고 문구 '음

3. 주요 아이디어 발상법   65

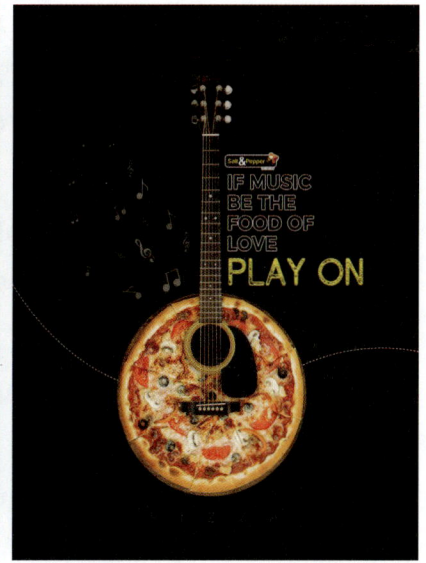

▶ 그림 2-3. 결합을 이용한 광고

악이 사랑의 양식이라면, 계속 연주하라(If music be the food of love, play on)'는 셰익스피어의 희곡 「십이야(Twelfth Night)」에 등장하는 대사를 인용한 것으로 음악과 음식이 인간의 감성을 풍요롭게 한다는 메시지를 전달한다. 특히 기타의 울림과 피자의 따뜻한 식감이 결합된 이미지는 감각적 즐거움을 극대화하며, 레스토랑의 정체성과 분위기를 효과적으로 부각시킨다.

③ Adjust/Adapt

기존의 제품이나 서비스, 아이디어를 새로운 환경이나 목적에 맞게 조정하거나 적용하는 조절/적용(Adjust/Adapty) 기법은 변화하는 소비자 니즈와 시장 환경에 유연하게 대응하는 데 활용된다. 이는 단순한 기능 변경이 아니라 기존의 것을 새로운 용도나 상황에 맞게 변형하여 더욱 효과적으로 활용하는 것이 핵심이다. 조절/적용 전략은 광고 크리에이티브, 제품 디자인, 마케팅 캠페인 등 다양한 분야에서 적용될 수 있으며, 브랜드가 혁신을 통해 경쟁력을 유지하는 데 중요한 역할을 한다.

기존 기술을 조절하여 새로운 분야에 적용한 대표적인 사례로 항공기 좌석 설계를 자동차 시트에 적용한 사례를 들 수 있다. 항공기의 좌석 설계는 장시간 앉아 있어도 편안함을 유지할 수 있도록 인체공학적으로 설계되어 있다. 자동차 산업에서는 이러한 항공 좌석의 설계를 조절하여 고급 차량에 적용함으로써 장거리 운전에서도 편안함을 극대화하는 시트를 개발했다. 이러한 적용은 기술 간 융합을 통해 사용자 경험을 향상시킨다는 점에서 주목할 만하다.

패션 산업에서는 기능성 소재의 경계를 허무는 시도가 이어지고 있다. 스포츠 웨어에 주로 쓰이던 땀 흡수와 체온 조절 기능을 갖춘 원단이 일상복이나 비즈니스 캐주얼 의류에도 적용되면서 편안함과 실용성을 동시에 갖춘 제품들이 등장했다. 과거에는 운동선수만을 위한 기술로 여겨졌던 이 소재가 이제는 일반 소비자의 일상 속으로 확장되며, 스타일과 쾌적함을 모두 만족시키는 착용 경험을 제공한다.

한편, 게임과 엔터테인먼트 영역에 머물던 VR(Virtual Reality, 가상현실) 기술은 심리 치료 분야로 적용 범위를 넓혀 가고 있다. 공황장애나 PTSD(외상 후 스트레스 장애)를 겪는 환자들을 위한 치료법에 VR이 접목되면서 가상의 안전한 환경에서 점진적으로 불안을 극복하도록 돕는 프로그램이 개발되었다. 기술의 새로운 쓰임을 통해 환자의 삶의 질을 높이는 방향으로 진화하고 있는 셈이다.

조절/적용 아이디어를 확장하기 위한 질문은 다음과 같다.

3. 주요 아이디어 발상법   67

- 기존 제품이나 아이디어를 다른 용도로 적용할 수 있는가?
- 특정 시장이나 타깃 소비자층에 맞게 조절할 수 있는가?
- 환경이나 시대적 변화에 따라 제품을 변형할 수 있는가?
- 광고 크리에이티브를 다른 문화권이나 매체에 맞게 적용할 수 있는가?
- 브랜드 아이덴티티를 유지하면서도 현대적 감각을 더할 방법이 있는가?
- 기존 기능을 일부 변경하여 새로운 시장을 개척할 수 있는가?

실제 광고 사례를 살펴보면, 스웨덴 수제 신발 브랜드 스코마케리 프라마트(Skomakeri Framat)는 광고를 통해 신발과 개인의 정체성을

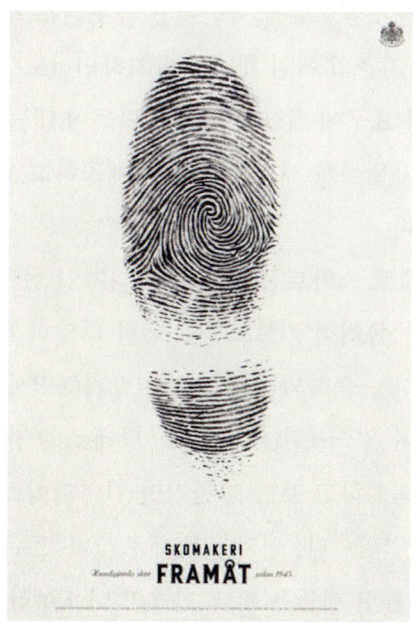

≫ 그림 2-4. 조절/적용을 활용한 수제화 광고

연결하는 강렬한 비주얼을 활용했다. 광고 이미지에서는 신발의 발자국 대신 지문의 패턴을 적용하여 맞춤 제작이라는 브랜드의 핵심 가치를 강조하고 있다. 이 광고에는 지문의 디테일한 패턴을 발자국 모양으로 재구성하여 브랜드의 핵심 가치(맞춤 제작, 개성, 장인 정신)를 시각적으로 전달하는 방식이 적용되었다. 특히 신발 광고에서 흔히 볼 수 있는 제품 사진을 제거하고 오직 시각적 상징만으로 메시지를 전달함으로써 브랜드의 차별화된 접근 방식과 개성을 더욱 부각시키고 있다.

④ Modify/Magnify/Minify

기존의 제품이나 서비스, 아이디어를 변화시켜 새로운 가치를 창출하는 수정(Modify), 확대(Magnify), 축소(Minify) 기법은 특정 요소를 변경하거나 강조함으로써 혁신적인 솔루션을 개발하는 데 활용된다. 이 전략은 기존의 핵심 개념을 유지하면서도 세부적인 부분을 변형하여 시장의 요구에 적합한 제품을 만들어 내는 것이 핵심이다. 이를 통해 소비자들에게 새로운 경험을 제공하고 브랜드의 차별성을 강화할 수 있다.

대표적인 사례로 스마트폰의 미니멀 디자인 변형을 들 수 있다. 초기 스마트폰은 물리적 키보드를 포함한 다양한 버튼을 탑재하고 있었으나 점점 더 단순화되는 방향으로 발전하면서 현재는 거의 모든 버튼이 제거된 올스크린(All-Screen) 형태로 수정되었다. 이는 사용자 경험을 극대화하고 보다 직관적인 인터페이스를 제공하기 위한 수정 전략의 일환이다. 이와는 반대로, 스마트폰에서 화면 크기를 대폭 키운 태블릿 제품은 확대 전략의 대표적인 사례이다. 스마트폰과 동일한 기술을 활용하면서도 화면 크기를 확장하여 멀티태

스킹과 콘텐츠 소비에 특화된 새로운 시장을 창출했다.

패스트푸드 업계 역시 축소 전략을 통해 소비자의 다양해진 식사 니즈에 유연하게 대응하고 있다. 맥도날드의 '스낵랩(Snack Wrap)' 처럼 일반 버거보다 작은 크기로 구성된 메뉴는 간편한 식사를 선호하는 소비자를 겨냥한 기획이다. 기존의 한 끼 식사 개념을 넘어 간식 형태로 소비자 이용 범위를 넓히면서 새로운 수요를 창출하는 계기가 되었다.

패션 업계에서는 확대(Magnify) 전략이 디자인 감각을 확장하는 방식으로 활용되곤 한다. 오버사이즈 패션은 전통적인 의류의 형태를 과감히 키워, 보다 독창적인 스타일을 연출하는 흐름으로 발전해왔다. 이는 기존의 정형화된 실루엣에서 벗어나 자유로운 움직임과 패션 아이덴티티를 강화하는 요소로 활용되면서 하나의 트렌드로 자리 잡았다.

이처럼 수정, 확대, 축소 전략은 제품과 서비스의 기존 강점을 유지하면서도 새로운 소비자 경험을 창출하는 데 중요한 역할을 한다. 수정/확대/축소 아이디어를 확장하기 위한 질문은 다음과 같다.

- 기존 제품을 어떻게 수정하여 새로운 기능이나 가치를 창출할 수 있는가?
- 특정 기능을 강조하여(확대) 더 강력한 브랜드 이미지를 구축할 수 있는가?
- 크기를 줄이거나(축소) 단순화하여 휴대성과 접근성을 높일 수 있는가?
- 사용자의 필요에 맞춰 제품의 일부를 변경하면 어떤 새로운 가치를 제공할 수 있는가?

- 디자인 요소를 조정함으로써 브랜드의 차별성을 강화할 수 있는가?

광고 사례를 살펴보면, 덴마크 맥주회사 칼스버그(Carlsberg)는 문구의 일부를 의도적으로 가리는 방식으로 이중적인 메시지를 전달했다. 광고에는 원래 'Dating two girls is NOT a good idea(두 명의 여자를 동시에 만나는 것은 좋은 생각이 아니다).'라는 문장이 등장하지만, 맥주병의 녹색 유리를 통해 'NOT' 부분이 가려지면서 'Dating two girls is a good idea(두 명의 여자를 동시에 만나는 것은 좋은 생각이다).'처럼 보이도록 설계되었다. 이는 칼스버그 맥주가 평범한 경험을 색다르게 만들어 줄 수 있음을 전달하고 있다. 즉, 평범한 연애는 일반적인 맥주와 같지만 칼스버그를 선택하면 특별한 경험을 할 수 있다는 의미를 담고 있다.

또 다른 광고에서는 시각적 장치를 통해 메시지의 의미를 반전시킨다. 원래 문장은 'The kids are your problem(아이들은 당신의 문제입니다).'이지만, 철자 'y'가 3M의 테이프에 의해 가려지면서 'The

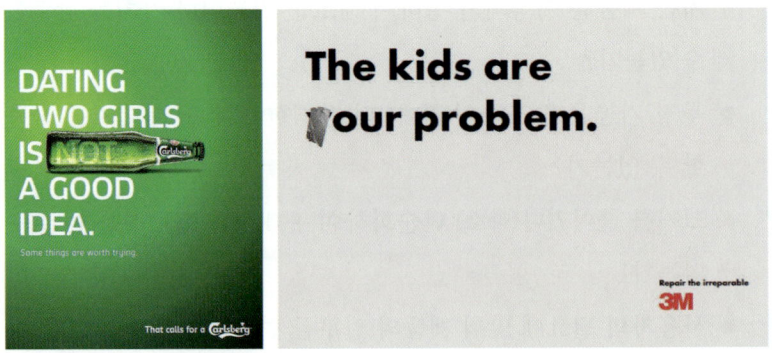

▶▶ 그림 2-5. 수정을 활용한 광고

kids are our problem(아이들은 우리의 문제입니다).'로 의미가 전환된다. 이러한 크리에이티브 기법은 작은 변화만으로도 메시지의 강력한 반전을 만들어 낼 수 있음을 보여 준다. 결과적으로 3M이 단순한 접착제가 아니라 일상의 어려운 문제까지 해결할 수 있는 제품이라는 점을 강조하며 브랜드의 가치를 효과적으로 전달한다.

⑤ Put to another use

다른 용도로 활용(Put to another Use)은 기존의 제품이나 서비스, 기술 또는 아이디어를 원래 의도된 용도와는 다른 방식으로 활용하는 기법이다. 이 전략은 기존 제품의 활용 가능성을 확장하고 예상치 못한 혁신을 창출하는 데 기여한다. 따라서 기업은 제품의 새로운 사용법을 제안하거나 소비자 스스로가 새로운 용도를 발견하도록 유도함으로써 시장을 확대할 수 있다.

대표적인 사례로 프라이탁(FREITAG)의 업사이클링(upcycling)[4] 가방이 있다. 프라이탁은 원래 화물 운송용 트럭 방수천(tarpaulin)이나 폐차용 안전벨트, 자전거 타이어 튜브 등을 활용하여 가방을 제작하는 브랜드이다. 기존에 버려지던 산업 폐기물을 새로운 패션 아이템으로 재탄생시키면서 친환경성과 독창성을 강조하는 브랜드로 자리 잡았다. 단순한 재활용을 넘어 소비자들이 개성과 지속 가능성

---

4 '새활용'으로도 불리는 업사이클링은 부산물이나 폐자재 등 버려지는 물건을 새롭게 디자인하여 예술적·환경적 가치가 높은 제품으로 재탄생시키는 재활용 방식이다. 이 개념은 디자이너 리너 필츠(Reiner Pilz)가 처음 언급한 것으로, '업그레이드(Upgrade)'와 '재활용(Recycling)'을 결합한 용어에서 유래했다. 단순히 폐기물을 재사용하는 차원을 넘어 가치를 더해 새로운 제품으로 변형하는 것이 핵심이다.

▶ 그림 2-6. 다른 용도로 활용이 적용된 광고

을 동시에 추구할 수 있도록 유도한 점이 특징이다. 이는 기존의 산업 폐기물을 완전히 다른 용도의 고급 패션 제품으로 전환한 사례라고 할 수 있다.

또 다른 사례는 암앤해머(Arm & Hammer) 베이킹소다의 다목적 활용이다. 원래 암앤해머의 베이킹소다는 제과용으로 사용되던 제품이지만 브랜드는 이를 다양한 용도로 활용할 수 있도록 마케팅 전략을 확장했다. 베이킹소다는 냉장고 탈취제를 비롯해 청소 세정제, 세탁 보조제, 심지어 개인 위생 관리(예: 치약 대용) 등 다양한 방식으로 사용할 수 있다는 점을 강조하며 소비자들에게 새로운 활용법을 제안했다. 이를 통해 암앤해머는 단순한 베이킹 재료에서 벗어나 다목적 생활 필수품이라는 인식을 소비자들에게 심어 주었으며 제품의 활용도를 극대화하는 데 성공했다.

이처럼 기존 제품이나 소재를 새로운 방식으로 활용하는 전략은 비용 절감과 혁신을 동시에 달성할 수 있는 강력한 방법이다. 따라서 아이디어를 확장하기 위해서는 다음의 질문을 고려할 수 있다.

- 기존 제품이나 기술을 새로운 산업이나 분야에서 활용할 수 있는가?

- 현재 사용하지 않는 자원이나 부산물을 활용하여 새로운 제품을 만들 수 있는가?
- 제품의 기능을 확장하여 기존과 다른 방식으로 사용할 수 있도록 개선할 수 있는가?
- 소비자가 제품을 다른 용도로 활용하도록 유도하는 마케팅 전략을 개발할 수 있는가?
- 특정 기술을 다른 산업에 접목하여 새로운 가치를 창출할 수 있는가?

⑥ Eliminate

제거(Eliminate)는 기존 제품이나 서비스, 과정에서 불필요한 요소를 제거하여 단순화하고 새로운 가치를 창출하는 기법이다. 이 전략은 소비자 경험을 최적화하고 불필요한 비용을 절감하며 브랜드 차별화를 이루는 데 효과적이다. 불필요한 기능이나 디자인 요소, 과정 등을 제거함으로써 소비자가 핵심 가치를 더욱 직관적으로 인식할 수 있도록 한다는 점에서 주목할 만하다.

대표적인 사례로 유선 헤드폰에서 무선 이어폰으로의 진화를 들 수 있다. 과거에는 대부분의 헤드폰과 이어폰이 유선 연결 방식을 사용했지만 블루투스 기술의 발전과 함께 유선 연결을 제거한 무선 이어폰이 등장했다. 그 결과 사용자의 이동성을 극대화하고 선이 엉키는 불편함을 해소하는 등 보다 편리한 사용자 경험을 제공하게 되었다. 더욱이 무선 이어폰은 충전 케이스와 함께 제공되어 배터리 지속 시간 문제까지 해결하며 기존의 단점을 제거하는 방식으로 새로운 가치를 창출했다.

또한 택시 호출 방식의 변화도 눈에 띄는 사례이다. 기존에는 길에서 직접 택시를 잡거나 콜센터에 전화를 걸어 예약하는 방식이 일반적이었다. 하지만 승차 거부 문제와 예측하기 어려운 대기 시간 등의 불편함을 해소하기 위해 복잡한 콜센터 시스템을 제거하고 모바일 애플리케이션 기반의 실시간 호출 방식을 도입한 새로운 서비스들이 등장했다. 그 결과 우버(Uber)나 카카오택시 같은 서비스가 승객과 택시 기사를 실시간으로 연결하는 플랫폼을 제공하며 번거로운 예약 과정을 없애고 사용자 경험을 혁신할 수 있었다.

패션 업계에서도 라벨 제거 트렌드가 확산되고 있다. 일부 브랜드들은 제품의 겉면에 부착하던 브랜드 로고와 태그를 제거하고 보다 심플한 디자인을 강조하는 전략을 사용한다. 이는 소비자들이 브랜드보다 제품 자체의 품질과 디자인에 집중하도록 유도하는 방식으로 미니멀리즘 트렌드와 맞물려 인기를 끌고 있다. 또한 일부 의류 브랜드는 환경 보호를 위해 불필요한 태그(tag)와 라벨을 제거하는 지속 가능성 전략을 도입하고 있으며, 디지털 QR 코드나 앱을 활용하여 제품 정보를 제공하는 방식으로 대체하고 있다.

이처럼 제거 전략은 단순히 요소를 줄이는 것이 아니라 소비자 경험을 향상시키고 브랜드 차별화를 이끄는 중요한 전략적 선택이 될 수 있다. 제거/축소 아이디어를 확장하기 위한 질문은 다음과 같다.

- 제품이나 서비스에서 불필요한 기능이나 요소를 제거할 수 있는가?
- 생산 과정에서 낭비되는 자원이나 비용을 줄일 수 있는 방법이 있는가?
- 소비자 경험을 단순화하기 위해 어떤 요소를 축소할 수 있는가?
- 브랜드 아이덴티티를 더욱 명확하게 하기 위해 복잡한 디자인

요소를 제거할 수 있는가?
- 불필요한 절차나 단계 없이 더 직관적인 사용자 경험을 제공할 수 있는가?

광고 분야에서의 사례를 살펴보면, 한국방송광고진흥공사(KOBACO)는 '제거' 전략을 활용해 전력 절약의 중요성을 강조하는 공익광고를 제작했다. 광고는 전기 콘센트의 한쪽 접속부를 제거하고 그 자리에 식물이 자라나는 이미지를 통해 메시지를 직관적으로 전달한다. 즉, 불필요한 전력 사용을 줄이면 자연이 회복된다는 내용을 시각적으로 표현한 것이다. 전력 절약이 곧 녹색 에너지를 창출하는 행위임을 강조하며 단순한 비용 절감을 넘어 환경 보호로 이어진다는 사실을 설득력 있게 전달한다.

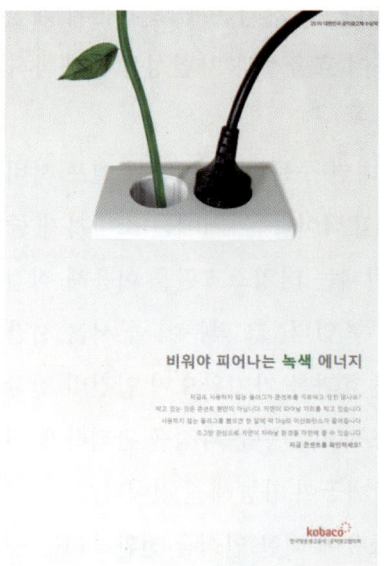 

그림 2-7. 제거를 이용한 광고

또 다른 광고는 흡연이 사람의 신체를 점점 파괴한다는 점을 보여주기 위해 얼굴의 일부를 제거하고 연기로 흐려지게 표현했다. 담배 연기가 단순한 시각적 연출이 아니라 흡연자의 얼굴을 서서히 사라지게 만드는 형상으로 표현됨으로써 흡연이 점진적으로 건강을 해치고 생명을 단축한다는 강한 경고 메시지를 전달한다. 즉, 흡연을 지속할수록 자신의 일부가 사라진다는 개념을 시각적으로 형상화하여 금연의 필요성을 강조하고 있다.

⑦ Reverse/Rearrange

반전(Reverse)과 재배열(Rearrange) 전략은 기존의 제품이나 서비스, 프로세스 혹은 마케팅 방식의 흐름을 바꾸거나 순서를 재조정하여 새로운 가치를 창출하는 전략이다. 무엇보다 기존의 방식에서 벗어나 소비자 경험을 새롭게 정의하는 것이 핵심이며 예상치 못한 변화로 신선한 인식을 제공할 수 있다. 이 전략은 주로 기존의 패턴을 뒤집거나 프로세스를 최적화하여 효율성과 차별성을 극대화하는 데 활용된다.

패스트푸드 업계에서는 기존의 대면 주문 방식을 바꿔 셀프 서비스 키오스크를 도입하는 방식이 대표적이다. 과거에는 소비자가 줄을 서서 직원을 통해 주문했지만 이제는 터치스크린을 이용해 직접 메뉴를 선택하고 결제까지 완료할 수 있다. 그 덕분에 줄 서는 시간을 줄이고 주문의 정확도를 높이는 효과를 가져왔으며 인건비 절감에도 기여했다. 결국 소비자가 주도적으로 주문 과정을 관리하게 되면서 브랜드는 보다 원활한 서비스 제공이 가능해진 것이다.

한편, 자동차 업계에서는 차량 소유에 대한 인식을 전환하려는 움직임이 이어지고 있다. 과거에는 소비자가 차량을 일시에 구매하는 방식이 일반적이었으나 최근에는 구독(subscription) 모델의 도입으로 이용 방식에 변화가 나타나고 있다. 자동차 브랜드들은 월정액을 지불하면 일정 기간 차량을 사용할 수 있도록 하고, 여기에 보험이나 정기 교체, 유지 보수 서비스까지 포함한 패키지를 제공해 새로운 소비 패턴을 만들어 가고 있다. 이러한 소유 개념의 전환은 소비자의 부담을 줄이는 동시에 브랜드에 대한 장기적 충성도를 높이는 수단으로 활용된다.

이러한 반전과 재배열 전략은 기존의 방식에서 벗어나 새로운 소비자 경험을 제공하고 시장에서 차별화된 가치를 창출하는 데 중요한 역할을 한다. 주목할 점은 단순히 변화를 위한 변화가 아니라 소비자의 편의성과 브랜드의 지속 가능성을 높이는 방식으로 재구성될 때 효과적이라는 것이다. 반전/재배열 아이디어를 확장하기 위한 질문으로 다음의 사항을 고려할 수 있다.

- 제품이나 서비스 또는 과정에서 기존과 반대로 실행할 수 있는 요소는 무엇인가?
- 순서를 바꿔 더 나은 고객 경험을 제공할 수 있는가?
- 기존의 유통 방식이나 마케팅 전략을 재배열하여 새로운 가치를 창출할 수 있는가?
- 디자인 요소를 반전시켜 더 창의적인 시각적 효과를 낼 수 있는가?
- 사용자 경험을 개선하기 위해 기존 흐름을 재구성할 수 있는가?

스페인의 아동학대 방지단체 아나재단(ANAR Foundation)이 제작한 이 광고는 렌티큘러(lenticular)[5] 기술을 이용해 보행자의 신장 차

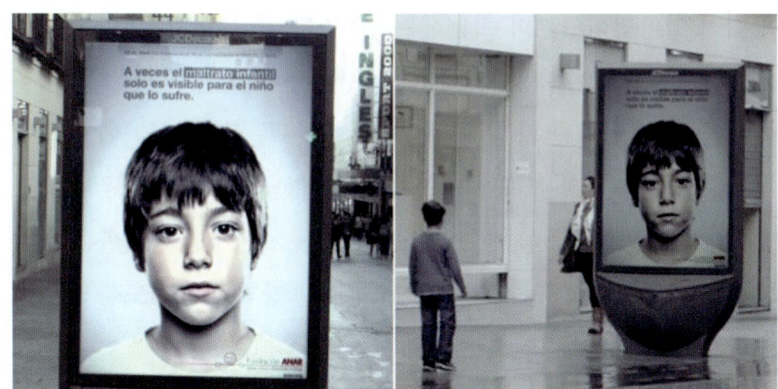

> 그림 2-8. 반전/재배열 기법을 활용한 아동학대 방지 공익광고

이에 따라 서로 다른 메시지를 전달하도록 설계되었다. 흥미로운 점은 프린팅 기술을 기반으로 (성인일 가능성이 높은) 학대 가해자가 보는 화면에는 일반적인 공익 메시지만 보이지만, (학대 피해자일 가능성이 높은) 아동의 시야에서는 '누군가 당신을 다치게 한다면 도움을 요청하라'라는 문구와 긴급전화번호가 나타나도록 구성되어 있다는 점이다. 즉, 광고의 핵심 메시지가 보호 대상인 아동에게만 전달되도록 정보 구조를 창의적으로 재설계한 사례라 할 수 있다. 이는 동일한 정보를 일괄적으로 제공하는 방식에서 벗어나 수용자의 신체적 특성인 신장을 기준으로 메시지를 차별화함으로써 전달 효과를 극대화한 전략인 것이다.

---

5 사전적으로 '수정체' 또는 '양면 볼록렌즈'를 의미하며, 일반적으로는 가늘고 긴 원통형 볼록 렌즈를 배열하여 시각적 효과를 극대화하는 기술을 뜻한다. 이를 활용하면 보는 각도에 따라 서로 다른 이미지가 보이도록 설계할 수 있어 입체감, 움직임, 변환 효과 등을 연출하는 데 사용된다.

(3) 장점

스캠퍼 기법은 기존의 틀을 깨고 혁신적인 아이디어를 도출하는 데 효과적인 방법으로 평가받는다.

첫째, 체계적인 사고 구조를 제공한다. 스캠퍼의 일곱 가지 질문 프레임워크는 창의적인 사고를 촉진할 수 있도록 정리된 가이드라인 역할을 하므로 아이디어 발상이 막힐 때 유용하게 활용할 수 있다.

둘째, 적용 범위가 넓다. 스캠퍼 기법은 신제품 개발이나 서비스 개선, 마케팅 전략 기획 등 다양한 분야에서 활용할 수 있으며, 개인뿐만 아니라 팀, 조직 모두가 쉽게 적용할 수 있는 방식이다.

셋째, 기존의 자원을 활용할 수 있다. 스캠퍼는 새로운 아이디어를 만들어 내는 것이 아니라 기존 요소를 변형하는 방식이기 때문에 큰 비용을 들이지 않고도 혁신을 시도할 수 있는 장점이 있다.

넷째, 아이디어 발상의 유연성을 높인다. 일곱 가지 접근 방식을 조합하여 여러 각도에서 사고할 수 있어 단순한 개선 아이디어부터 급진적인 혁신까지 다양한 아이디어를 도출할 수 있다.

(4) 단점

스캠퍼 기법은 창의적인 사고를 촉진하는 강력한 도구이지만 몇 가지 한계점도 존재한다.

첫째, 완전히 새로운 아이디어 창출에는 한계가 있다. 스캠퍼는 기존 아이디어를 변형하는 방식이기 때문에 전혀 새로운 개념을 개발하는 데는 다소 제한적일 수 있다. 따라서 혁신적인 발상이 필요할 때는 브레인스토밍 등의 다른 기법과 함께 활용하는 것이 효과적일 수 있다.

둘째, 모든 질문이 모든 문제에 적합한 것은 아니다. 일곱 가지 사고 방식이 모든 제품이나 서비스에 동일하게 적용될 수 있는 것은 아니므로 상황에 따라 특정 요소는 불필요할 수도 있다.

셋째, 아이디어의 실현 가능성을 검토하는 과정이 필요하다. 스캠퍼 기법을 활용하면 다양한 아이디어를 생성할 수 있지만 실행 가능한 아이디어를 걸러 내고 구체적인 전략으로 발전시키는 후속 과정이 필수적이다. 단순히 많은 아이디어를 도출하는 것에만 집중할 경우 현실적으로 적용하기 어려운 아이디어가 많아질 수 있다는 점도 고려해야 한다.

4) 제임스 웹 영의 5단계 아이디어 발상법

제임스 웹 영(James Webb Young)은 아이디어가 우연히 떠오르는 것이 아니라 체계적인 과정을 통해 창출될 수 있다고 보았다. 그는 자신의 저서 『아이디어 생산 기법(A Technique for Producing Ideas)』에서 아이디어를 효과적으로 도출하는 방법을 다섯 단계로 정리하였다. 이러한 과정은 광고뿐만 아니라 기획, 디자인, 마케팅, 연구 개발 등 다양한 분야에서 창의적인 문제 해결을 위해 활용될 수 있다.

(1) 섭취(ingestion): 폭 넓은 자료 수집

아이디어 발상의 첫 단계는 다양한 정보를 수집하는 과정이다. 이때 수집하는 정보는 크게 해결하고자 하는 문제와 직접적으로 관련된 '특정 자료(specific materials)'와 창의적 사고를 확장하는 데 도움을 주는 '일반 자료(general materials)' 두 가지로 구분된다. 특정 자료는 광고의 경우 제품의 특징을 비롯해 소비자 조사, 시장 동향, 경쟁사 분석 등과 같은 직접적인 데이터를 말한다. 반면, 일반 자료는 문제와 직접적으로 연관되지 않지만 창의적인 발상에 영향을 미치는 폭넓은 배경 지식을 포함한다. 문학이나 예술, 역사, 심리학, 과학 등 다양한 분야에서 얻는 정보가 이에 해당한다.

이 단계에서 중요한 것은 가능한 한 다양한 정보를 수집하는 것이다. 아이디어는 결국 기존 정보들의 새로운 결합에서 나오므로 광범위한 지식을 습득할수록 더 창의적인 아이디어가 나올 가능성이 커지기 때문이다. 따라서 평소에도 다양한 분야에 관심을 갖고 정보를 축적하는 습관을 기르는 것이 중요하다.

(2) 소화(digestion): 자료의 분석과 조합

두 번째 소화 단계에서는 앞서 수집한 자료를 단순히 저장하는 것이 아니라 이를 심층적으로 분석하고 정리하는 과정이 필요하다. 정보들 간의 관계를 탐색하고 유사점과 차이점을 비교하며 새로운 연결 고리를 찾는 것이 이 단계의 핵심이다.

아이디어는 기존에 존재하는 개념들을 조합하는 과정에서 탄생하는 경우가 많다. 따라서 수집한 자료들을 단순히 나열하는 것이 아니라 새로운 방식으로 조합하고 연결하는 사고 과정이 필요하다. 예를 들어, 광고 크리에이티브를 개발하는 과정에서 소비자의 심리적 동기를 탐색하거나 다른 산업에서 성공한 사례를 광고 전략에 적용해 볼 수도 있다.

이 단계에서는 논리적인 분석과 창의적인 사고가 동시에 요구된다. 처음에는 기존의 틀을 따르더라도 점차 새로운 연결을 시도하면서 독창적인 관점을 형성해야 한다. 이러한 사고 훈련을 통해 자료는 단순한 정보의 집합이 아니라 아이디어로 발전할 수 있는 기반이 된다.

(3) 부화(incubation): 무의식 속에서 숙성

세 번째 단계에서는 아이디어를 억지로 끌어내기보다 문제를 잠시 잊고 무의식 속에서 자연스럽게 숙성되는 과정을 거치는 것이 바람직하다. 이는 창의적 사고 과정에서 중요한 단계로 심리학에서 말하는 '인지적 부화(cognitive incubation)' 개념과도 유사하다.

이 단계에서는 직접적으로 문제 해결을 시도하는 것이 아니라 의도적으로 다른 활동을 통해 사고를 환기하는 것이 효과적이다. 예를 들어, 산책을 하거나 음악을 듣고, 전혀 다른 주제의 책을 읽는 등의 활동이 무의식의 작용을 촉진할 수 있다. 이렇게 수집된 정보가 무의식 속에서 재조합되면서 새로운 통찰로 이어지는 경우가 많다.

실제로 많은 창의적 아이디어가 바로 이러한 과정에서 떠오른다. 샤워를 하거나 잠들기 직전에 아이디어가 문득 생각나는 것도 무의식적 사고의 결과로 볼 수 있다. 따라서 문제에 집착하기보다 적절한 휴식과 심리적 여유를 통해 아이디어가 자연스럽게 떠오를 수 있는 환경을 조성하는 것이 중요하다.

(4) 점화(illumination): 아이디어의 탄생

네 번째 단계에서는 숙성된 정보들이 결합하면서 새로운 아이디어가 갑작스럽게 떠오른다. 이는 흔히 '유레카(eureka)[6] 순간'이라고 불리는 과정으로 앞선 단계에서 축적된 정보들이 무의식적으로 연결되면서 통찰이 발생하는 것이다.

---

[6] 뜻밖의 발견을 했을 때 사용할 수 있는 감탄사이다. 아르키메데스가 목욕을 하던 중 욕조에 들어가서 욕조의 물이 흘러넘친 것에서 뜻밖을 발견을 하여 '유레카'라고 외친 것이 기원이다.

이 단계는 앞선 부화 과정에서의 사고의 정리와 연결이 마침내 명확한 형태로 드러나는 순간이다. 종종 예상치 못한 순간에 떠오르며 논리적인 사고 과정보다는 직관적인 깨달음으로 나타나는 경우가 많다.

이때 떠오른 아이디어는 반드시 기록하는 것이 중요하다. 많은 창작자가 아이디어 노트를 가지고 다니는 이유도 바로 이 때문이다. 새로운 아이디어는 순간적으로 떠올랐다가 사라질 수 있으므로 즉시 적어 두고 필요하면 다시 발전시키는 과정이 필요하다.

(5) 증명(verification): 아이디어의 현실화

마지막 단계에서는 떠오른 아이디어를 현실적으로 적용할 수 있는지 검토하고 실행 가능한 형태로 구체화하는 과정이 이루어진다. 창의적인 아이디어라고 해서 반드시 실행 가능성이 있는 것은 아니기 때문에 이 단계에서는 실질적인 검토와 논리적인 평가가 필요하다. 아이디어를 검토할 때는 다음과 같은 질문을 던질 수 있다.

- 이 아이디어가 실질적으로 문제를 해결할 수 있는가?
- 현실적인 제약(예산, 시간, 기술적 한계 등)을 고려했을 때 실행 가능성이 있는가?
- 기존 아이디어들과 차별성이 있으며 경쟁력이 있는가?

광고 크리에이티브의 경우, 이 과정에서 아이디어를 팀원들과 공유하고 피드백을 받으며 보완하는 작업이 필요하다. 실험적이거나 혁신적인 아이디어라 할지라도 소비자나 고객이 받아들일 수 있는 형태로 발전시키는 것이 중요하다.

이 단계에서는 아이디어를 발전시키면서도 본래의 창의성과 신선함을 유지해야 한다. 때로는 초기 아이디어가 실행 과정에서 지나치게 변형되면서 본래의 강점을 잃는 경우가 발생하기도 한다. 따라서 창의성과 현실성 사이의 균형을 유지하는 것이 핵심이다.

결국 제임스 웹 영의 5단계 아이디어 발상법은 창의적인 사고가 단순한 영감이 아니라 체계적인 과정에서 도출될 수 있음을 보여 준다. 자료를 폭넓게 수집하고 이를 분석하여 새로운 연결을 모색한 뒤, 무의식 속에서 숙성시키는 단계를 거쳐 현실적인 아이디어로 구체화하는 것이 이 방법의 핵심이다.

이 방법론은 광고뿐만 아니라 다양한 창의적 문제 해결 과정에서 활용될 수 있으며 개인뿐만 아니라 조직이 창의성을 극대화하는 데도 유용하다. 특히 광고 크리에이티브를 비롯해 콘텐츠 기획이나 디자인, 연구 개발 등 창조적인 작업이 요구되는 모든 분야에서 적용될 수 있는 강력한 사고 도구라고 할 수 있다.

4. 비주얼 아이디어 발상법

1) 비주얼 아이디어의 정의와 특징

비주얼 아이디어(visual idea)는 이미지나 그래픽, 색상, 형태, 배치 등 시각적 요소를 활용하여 메시지를 효과적으로 전달하는 창의적 기법을 의미한다. 이는 단순한 시각적 장치가 아니라 브랜드나 제품의 핵심 가치를 직관적으로 표현하고 소비자에게 강렬한 인상을 남기는 데 중요한 역할을 한다. 특히 광고나 마케팅, 브랜딩, 콘텐츠 디자인 등에서 비주얼 아이디어는 핵심적인 요소로 작용하며, 텍스트 없이도 메시지를 빠르고 명확하게 전달할 수 있다는 점에서 강력한 커뮤니케이션 도구로 활용된다.

2) 비주얼 아이디어의 장점

비주얼 아이디어의 핵심 가치는 광고에서 광고에서 시각적 요소를 활용하여 보다 효과적으로 메시지를 전달하고 소비자의 관심을 끄는 데 있다. 이미지나 색상, 구도, 형태 등의 시각적 요소는 직관적인 커뮤니케이션을 가능하게 하며 감성적 반응을 유도하고 브랜드 아이덴티티를 강화하는 역할을 한다. 특히 디지털 환경에서 비주얼 중심의 콘텐츠는 높은 확산력을 가지며 광고의 효과를 극대화하는 중요한 요소로 작용한다. 비주얼 아이디어의 장점은 다음과 같다.

첫째, 직관적으로 메시지를 전달할 수 있다. 이미지와 그래픽 요소는 언어적 장벽 없이도 빠르게 메시지를 전달할 수 있어 다양한 소비자층에게 효과적으로 다가가기 용이하다. 즉, 복잡한 텍스트 설명 없이도 시각적 표현만으로 브랜드의 핵심 가치를 전달할 수 있으며 소비자가 한눈에 이해할 수 있도록 돕는다.

둘째, 비주얼 아이디어는 감성적 반응을 유도하는 데 탁월한 효과를 발휘한다. 색감이나 조명, 구도 등은 소비자의 감정을 자극하는 요소로 작용하며 브랜드와의 정서적 유대감을 형성하는 데 기여한다. 감동적이거나 유머러스한 비주얼 요소는 광고 메시지를 더욱 강렬하게 만들어 소비자의 기억에 오래 남도록 한다.

셋째, 비주얼 아이디어는 높은 주목도를 갖고 소비자의 기억력을 강화하는 데도 효과적이다. 사람들은 텍스트보다 이미지를 더 쉽게 인식하고 기억하는 경향이 있기 때문이다. 강렬하게 색상을 대비하거나 창의적으로 비주얼 요소를 활용한 광고는 소비자의 시선을 끌고 브랜드 인식을 강화하는 데 유리하다.

넷째, 비주얼 아이디어는 차별화된 브랜드 아이덴티티 형성에 기여한다. 독창적인 디자인과 시각적 요소를 통해 브랜드의 개성과 정체성을 명확하게 표현할 수 있으며, 이를 통해 경쟁사와 차별화된 브랜드 이미지를 구축할 수 있다. 브랜드 고유의 색상과 디자인 스타일을 일관되게 사용하면 소비자들이 브랜드를 더욱 쉽게 인식하고 기억하게 된다.

다섯째, 디지털 환경에서의 확산력이 비주얼 아이디어의 강점으로 작용한다. SNS, 디지털 광고, 웹사이트 등에서 비주얼 중심의 콘텐츠는 빠르게 공유되며 높은 바이럴 효과를 기대할 수 있다. 특히 짧은 시간 내에 소비자의 관심을 끌고 브랜드 메시지를 전달하는 데 있어 비주얼 콘텐츠는 매우 효과적인 수단이 된다.

3) 비주얼 아이디어에 활용할 수 있는 디자인 원리

비주얼 아이디어를 효과적으로 구현하기 위해서는 디자인 원리를 이해하고 활용하는 것이 중요하다. 디자인 원리는 시각적 요소를 구성하는 기본 개념으로 메시지를 명확하게 전달하고 시각적 완성도를 높이며, 소비자의 관심을 끌어 브랜드 인식을 강화하는 역할을 한다(류진한, 2023).

다음은 비주얼 아이디어를 개발하고 표현할 때 활용할 수 있는 핵심적인 디자인 원리들이다. 이러한 원리들은 광고나 그래픽 디자인,

브랜드 커뮤니케이션 등 다양한 시각적 요소를 구성할 때 적용될 수 있으며, 보다 효과적으로 메시지를 전달하고 소비자의 관심을 끌 수 있도록 돕는다.

- **통일**(unity): 디자인 요소들이 조화롭게 배치되어 하나의 완성된 이미지로 인식되도록 만드는 원리이다. 색상 및 형태, 패턴 등을 일관되게 사용하면 시각적 통일성이 강화되어 브랜드 아이덴티티를 효과적으로 전달할 수 있다.
- **변화**(variety): 디자인에 변화를 주어 단조로움을 방지하고 흥미를 유발하는 원리이다. 색상이나 크기, 형태 등을 다양하게 활용하면 동적인 느낌을 줄 수 있어 소비자의 시선을 유도하는 효과가 있다.
- **균형**(balance): 디자인 요소들이 화면에서 안정적으로 배치되도록 조절하는 원리이다. 대칭적 균형(symmetrical balance)은 정돈되고 클래식한 느낌을 주며, 비대칭적 균형(asymmetrical balance)은 더 역동적이고 현대적인 느낌을 연출하는 데 효과적이다.
- **율동**(rhythm): 반복되는 시각적 요소를 활용하여 일정한 흐름과 패턴을 만들어 내는 원리이다. 이는 디자인에 자연스러운 리듬감을 부여함으로써 시각적으로 부드러운 연결성을 형성하는 역할을 한다.
- **동작**(movement): 시각적 요소를 배치하여 소비자의 시선을 자연스럽게 이동하도록 유도하는 원리이다. 크기나 색상, 선의 흐름을 조절하여 특정 요소를 강조하거나 광고에서 제품이나 브랜드 로고로 시선을 유도하는 데 활용할 수 있다.

- **비례**(proportion): 디자인 요소들의 크기와 비율을 적절히 조정하여 조화로운 구성을 만드는 원리이다. 제품이나 브랜드 메시지를 강조하기 위해 특정 요소를 확대하거나 축소하는 기법이 이에 해당한다.
- **강조**(accent): 디자인에서 가장 중요한 요소를 돋보이게 하는 원리이다. 색상이나 크기, 형태, 배경 대비 등을 활용하여 소비자의 시선을 특정 지점으로 집중시키고 메시지를 효과적으로 전달할 수 있도록 한다.
- **조화**(harmony): 디자인 요소들이 서로 잘 어우러져 일관성과 안정감을 유지하는 원리이다. 지나치게 복잡하거나 혼란스러운 디자인을 피하고 브랜드의 정체성을 반영한 색상과 스타일을 유지하는 것이 중요하다.
- **반복**(repetition): 특정 디자인 요소를 반복하여 일관성을 높이고 강한 인상을 남기는 원리이다. 로고나 색상, 패턴 등을 반복적으로 활용하면 브랜드 인지도를 높이고 소비자가 쉽게 기억할 수 있다.
- **점증**(gradation): 색상 및 크기, 밝기 등의 요소를 단계적으로 변화시켜 부드러운 전환을 유도하는 원리이다. 이를 활용하면 시각적으로 깊이감을 부여하고 디자인의 흐름을 자연스럽게 연결할 수 있다.
- **대비**(contrast): 색상 및 형태, 크기 등의 차이를 강조하여 주목도를 높이고 메시지를 명확하게 전달하는 원리이다. 배경과 텍스트의 색상을 대조시키거나 명암을 활용하면 소비자의 시선을 효과적으로 유도할 수 있다.

4) 디자인 원리를 활용한 광고 사례

비주얼 아이디어에 활용할 수 있는 이 디자인 원리들은 광고 디자인을 구성할 때 개별적으로 적용될 수도 있지만 대부분의 경우 여러 가지 원리가 조합되어 시각적 효과를 극대화한다. 광고의 목적과 메시지에 따라 특정 원리를 강조할 수도 있으며, 서로 다른 원리를 조합하여 보다 강력한 시각적 인상을 남길 수도 있다. 예를 들어, 강조(accent)와 대비(contrast)를 함께 활용하면 특정 요소를 더욱 도드라지게 만들 수 있으며, 조화(harmony)와 균형(balance)을 적절히 배치하면 광고 전체의 시각적 안정감을 높일 수 있다. 따라서 광고 크리에이티브 작업에서는 단순히 하나의 원리를 적용하는 것이 아니라 다양한 원리를 조화롭게 결합하여 최적의 비주얼 아이디어를 창출하는 것이 중요하다.

그림 2-9. 대칭적 균형을 이용한 시저 사료 광고

개 사료 브랜드인 시저(Cesar)는 균형 원리를 이용해 사람과 반려견의 외형적 유사성을 부각했다. 얼굴을 반으로 나누어 배치함으로써 시각적 대비와 조화를 동시에 강조하며 주인과 반려견이 외모 만큼 입맛까지 닮았다는 메시지를 전달한다. 대칭적 균형을 고려한 구성을 통해 시저가 단순한 사료가 아닌 프리미엄 미식 경험을 제공하는 브랜드임을 효과적으로 알리고 있다.

또한 이 광고는 조화 원리를 활용하여 시각적 일관성을 유지하고 있다. 각 모델과 반려견은 헤어스타일뿐만 아니라 얼굴형, 표정 등에서 유사한 특징을 공유하며, 배경 색상과 조명 톤 역시 통일성을 갖추고 있다. 이러한 요소들은 전체적인 균형과 조화를 이루며 시각적으로 자연스럽고 일관된 인상을 형성한다. 이를 통해 광고 메시지는 더욱 강력하게 전달되며 소비자들에게 직관적으로 각인될 수 있도록 돕는다.

▶▶ 그림 2-10. 대비 원리를 이용한 광고

4. 비주얼 아이디어 발상법   91

　한편, 극명한 대비를 활용하여 메시지를 전달하는 방식은 강한 시각적 인상을 남기며 설득력을 높이는 데 효과적이다. 첫 번째 사례에서는 술을 마시는 여성의 얼굴이 와인잔을 통해 왜곡된 모습으로 보이도록 연출함으로써 음주가 인식을 흐리고 현실을 왜곡시킨다는 점을 강조한다. 현실의 얼굴과 와인잔 속 반사 이미지 사이의 차이는 시각적으로 뚜렷한 대비를 이룬다.

　또 다른 사례에서는 아름다운 여성의 얼굴이 연기로 인해 점차 노화된 모습으로 변해 가는 장면을 통해 흡연이 피부에 미치는 영향을 시각화한다. 깨끗한 피부와 주름진 피부의 극단적인 차이를 통해 흡연의 위험성을 직관적으로 전달한다.

　폴란드의 화장품 브랜드 플로슬렉(FLOSLEK)의 자외선 차단제 광고는 디자인 원리 중 '변화'를 활용하여 제품의 핵심 기능을 시각적으로 부각시킨 사례이다. 광고에서는 자외선 차단제 튜브의 크기를

▶ 그림 2-11. (좌) 변화를 활용한 자외선 차단제 광고, (우) 반복을 활용한 가디언 광고

과장하여 해변 전체를 덮는 거대한 방패처럼 연출함으로써 강력한 차단 효과를 직관적으로 전달한다. 특히 실제 크기보다 훨씬 커진 자외선 차단제 튜브가 해변과 숲의 경계를 가로지르며 일종의 보호막처럼 보이도록 구성되어 제품이 단순한 피부 보호제를 넘어 외부 자극으로부터 신체를 방어하는 강력한 기능을 지닌다는 인식을 심어 준다.

한편, 영국 일간지 『가디언(The Guardian)』의 광고는 '반복'을 전략적으로 활용하여 메시지의 명확성과 강도를 높인다. 광고의 상단에는 '세상이 지금 이렇다(The way things are)'라는 문장이 반복적으로 배열되어 변화 없는 현실을 당연하게 여기는 인식을 표현한다. 그러나 화면 하단으로 갈수록 '세상이 반드시 이래야 할 필요는 없다(is not the way they have to be)'라는 문장이 등장하며 기존 메시지를 해체하는 흐름이 연출된다. 나비가 나타나면서 글자가 흩어지듯 사라지는 시각적 장치는 고정된 현실이 변화 가능함을 암시한다.

이러한 구성은 '희망이 힘이다(Hope is Power)'라는 광고의 핵심 문장을 강조하며 세상을 고정된 시선이 아니라 변화 가능한 대상으로 바라보아야 한다는 철학을 전달한다. 반복을 통해 현실을 각인시키고 이어지는 해체를 통해 변화를 유도하는 방식은 『가디언』이 추구하는 저널리즘의 방향성, 즉 기존 질서를 넘어서 더 나은 사회를 만들고자 하는 브랜드 아이덴티티를 명확히 드러낸다.

온라인 데이팅 플랫폼 파십(Parship)의 광고는 지퍼 형태의 디자인을 통해 '싱글 남녀를 연결해 커플을 만들어 주는' 브랜드의 가치를 창의적으로 전달한다. 남성과 여성 아이콘이 점차 가까워지며 하나로 닫히는 지퍼의 움직임은 관계 형성 과정을 시각적으로 표현한 장치이다. 동일한 아이콘의 반복 배치는 플랫폼의 연속적 매칭 구조

4. 비주얼 아이디어 발상법   93

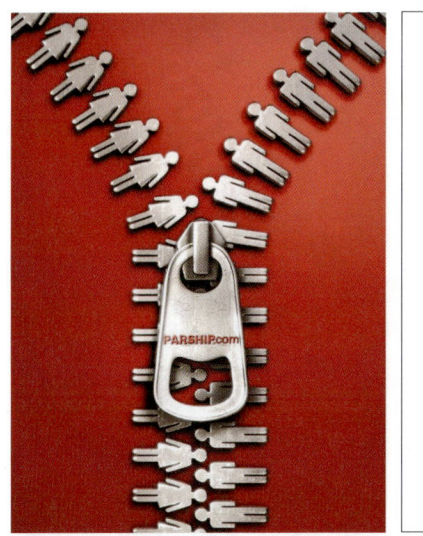 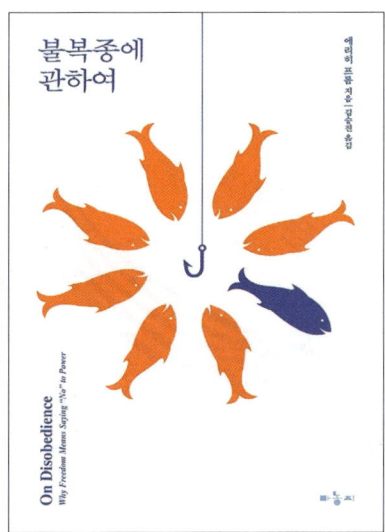

> 그림 2-12. (좌) 반복, 대비, 동작을 이용한 광고, (우) 강조와 대비를 활용한 책 표지

를 반영하고, 닫히기 전과 후의 대비를 통해 연결 전후의 변화를 효과적으로 부각시킨다.

　반면, 책 『불복종에 관하여』의 표지는 강조와 대비의 원리를 활용하여 주제를 효과적으로 전달한다. 이미지 속 다수의 주황색 물고기들은 동일한 방향으로 헤엄치고 있으나 하나의 파란색 물고기만이 반대 방향으로 움직이며 강한 시각적 대조를 형성한다. 색상과 방향의 차이는 주체적 선택과 저항의식 그리고 기존 질서에 대한 불복종을 상징한다. 화면 중앙에 배치된 낚싯바늘은 통제와 권위를 나타내며, 주황색 물고기들은 이를 향해 나아가지만 파란색 물고기는 이를 거부한다. 이러한 시각적 구성은 책 제목과 조화를 이루며 독립적 사고와 체제에 대한 비판적 시선을 강조하는 메시지를 전달한다.

　독일 자동차 브랜드 아우디(Audi)의 광고는 율동과 동작의 원리를

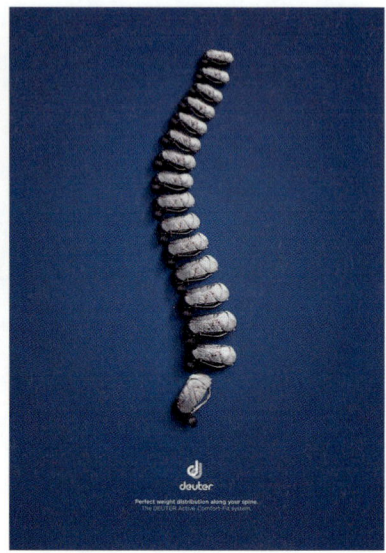

▶ 그림 2-13. 율동과 동작을 활용한 광고

시각적으로 적용하여 감각적인 주행 경험을 표현한다. 악보의 오선이 도로의 곡선처럼 부드럽게 이어지며 유려한 형상을 만들어 내는 디자인은 마치 아우디 차량이 음악의 선율을 따라 역동적으로 달리는 듯한 인상을 준다. 일정한 패턴과 매끄러운 연결은 주행 중 끊김 없는 흐름을 연상시키며 아우디가 지향하는 부드럽고 안정적인 운전 감각을 시각화한 결과물이다.

한편, 독일 아웃도어 브랜드 도이터(Deuter)의 등산용 백팩 광고는 인체공학적 설계를 시각적으로 풀어낸 사례이다. 광고에서는 백팩을 척추 모양(S)으로 배열해 제품이 척추의 곡선을 따라가는 듯한 형태를 구현하였다. 이러한 구성은 시선을 자연스럽게 아래에서 위로 이끄는 동시에 하중을 효과적으로 분산시켜 착용 부담을 줄인다는 기능적 메시지를 전달한다. 백팩이 마치 몸의 일부처럼 작동한다는 인상을 통해 장시간 착용 시의 편안함을 직관적으로 느낄 수 있도록 구성되었다.

　결국 효과적인 비주얼 아이디어는 브랜드의 특성과 목적에 맞는 디자인 원리를 선택하고 이를 창의적으로 조합하여 소비자에게 명확하고 강렬한 인상을 남기는 데 있다. 단순히 시각적으로 아름다운 것을 넘어서 브랜드의 정체성과 가치를 직관적으로 전달하고 소비자의 감정과 행동에 영향을 미칠 수 있는 비주얼 아이디어야말로 성공적인 광고 크리에이티브의 핵심이라 할 수 있다.

Chapter 03

광고 전략

Chapter 03 광고 전략

학습 목표

- 광고 전략이 브랜드 커뮤니케이션에서 어떤 역할을 하는지 파악하고 효과적인 광고 전략 수립의 필요성을 학습한다.
- 상황 분석과 목표 설정, 타깃 오디언스 분석, 메시지 및 크리에이티브 전략, 매체 전략, 예산 설정, 성과 측정 등 광고 전략의 필수 요소를 체계적으로 이해한다.
- 사치앤사치 브리프와 FCB 그리드 모델, 3H 콘텐츠 전략 등 다양한 광고 전략 모델을 익히고, 각 모델의 특징과 활용 방안을 분석한다.

1. 광고 전략의 정의

광고 전략은 브랜드가 목표 시장에서 효과적으로 메시지를 전달하고 소비자의 행동을 유도하기 위해 체계적으로 수립하는 계획이다. 이는 광고 캠페인의 방향성을 설정하는 중요한 과정으로 이성적이고 논리적인 분석을 바탕으로 광고의 성공 가능성을 높이는 데 초점을 맞춘다. 광고 전략이 명확할수록 크리에이티브 아이디어는 보다 효과적으로 실행될 수 있으며 브랜드 메시지가 일관되게 전달될 수 있다.

광고 전략은 단순한 광고 제작을 넘어 크리에이티브 전략의 초석이 된다. 크리에이티브가 감성적이고 직관적인 요소를 통해 소비자와 소통하는 것이라면 광고 전략은 소비자의 니즈를 분석하고 브랜드의 차별성을 명확히 정의하며, 이를 전달할 최적의 방안을 계획하는 과정이다. 이를 위해 광고 전략에는 시장 조사를 비롯해 경쟁 분석, 타깃 오디언스 설정, 메시지 개발, 크리에이티브 전략, 매체 선정, 예산 설정 및 성과 분석 등이 포함되며, 이들 요소를 통해 광고의 효과를 극대화할 수 있다.

또한 광고 전략은 브랜드의 비즈니스 목표와 일관성을 유지해야 하며 단기적으로는 제품 인지도 상승과 판매 촉진을 장기적으로는 브랜드 이미지 구축과 고객 충성도 향상을 목표로 할 수 있다. 특히 디지털 환경이 확산되면서 소비자들은 TV나 SNS, 검색 광고, 유튜브 등 다양한 채널을 통해 브랜드와 접촉하고 있으며, 이에 따라 전통 미디어와 디지털 미디어를 통합적으로 활용하는 전략적 접근이 필수적으로 요구된다.

나아가 광고 전략은 캠페인의 일관성을 유지하고 광고 예산을 최적화하며 모든 마케팅 활동이 공통된 목표를 달성하도록 조정하는 역할을 한다. 이를 통해 팀 내 모든 구성원이 브랜드 목표에 기여하는 방식을 명확히 정의할 수 있으며, 궁극적으로 마케팅뿐만 아니라 제품 기획 등 다양한 부서가 유기적으로 협력하여 궁극적인 성과를 창출할 수 있다.

대표적인 사례로 코카콜라는 광고 전략을 통해 브랜드의 핵심 가치인 '행복'을 지속적으로 강조하고 있다. 이를 바탕으로 다양한 매체와 창의적인 광고 콘텐츠를 활용하여 전 세계 소비자들에게 일관된 메시지를 전달하며 코카콜라만의 강력한 브랜드 이미지를 구축해 왔다. 이처럼 광고 전략은 단순한 광고 실행 계획이 아니라 브랜드가 소비자와 어떻게 관계를 형성하고 장기적으로 자리 잡을 것인지를 결정하는 핵심 요소이다. 결국 광고 전략이 명확하고 일관되게 유지될 때 브랜드는 소비자의 감성적 연결을 강화하고 충성도를 높일 수 있으며 지속적인 성장을 이어 나갈 수 있다.

벨기에에서 진행된 코카콜라의 '미소로 행복을 시작하세요 (Happiness Starts with a Smile)' 캠페인은 일상 속 작은 변화가 감정을 어떻게 전환시킬 수 있는지를 실험적으로 보여 준 사례이다. 해당 캠페인은 무료정한 일상이 반복되는 지하철이라는 공간에서 '행복과 긍정의 힘'을 주제로 전개되었다.

캠페인은 열차 안에 배치된 한 남성이 갑작스럽게 웃음을 터뜨리

그림 3-1. 코카콜라의 'Happiness Starts with a Smile' 캠페인

는 장면으로 시작된다. 처음에는 주변 승객들이 당황하거나 어색해하지만, 점차 시간이 지날수록 웃음이 전염되며 열차 안 분위기가 자연스럽게 밝아진다. 이러한 과정을 통해 미소가 타인에게 긍정적인 영향을 미치는 감정적 매개체임을 시각적으로 표현했다.

이 캠페인은 유튜브와 SNS를 통해 빠르게 확산되었으며 '작은 미소가 하루를 바꾼다'라는 메시지를 효과적으로 전달했다. 단순한 제품 광고를 넘어 웃음을 통해 행복을 나누는 브랜드 철학을 감성적으로 담아낸 사례로 평가받는다.

코카콜라의 '행복을 선택하세요(Choose Happiness)' 캠페인 역시 행복을 강조한다. 이 캠페인은 다양한 인물들의 모습을 통해 행복이 특정한 조건이나 순간에 국한되지 않고 각자의 방식으로 경험될 수 있음을 시각적으로 전달한다.

특히 광고 영상은 젊은이들이 삶을 마음껏 즐기는 장면을 빠른 편집과 역동적인 연출로 담아내며, '뭘 기다리는 거야(What Are You

>> 그림 3-2. 코카콜라의 'Choose Happiness' 캠페인 영상

Waiting For)?'라는 트랙이 배경음악으로 사용되어 광고의 에너지를 더욱 극대화한다. 영상에는 혼자 바이크를 타는 인물을 비롯해 시위 현장의 여성, 자연 속을 달리는 남성, 숲속에서 콜라를 들고 환호하는 사람들의 모습이 교차되며, 행복이 사회적 규범이나 특정 맥락에 종속되지 않는 감정이라는 점을 강조한다.

특히 '행복은 우리가 선택할 수 있는 것인데 왜 우리에게 일어날 때까지 기다리는가'라는 가사를 통해 행복을 수동적으로 기다릴 것이 아니라 능동적으로 선택하고 행동해야 한다는 캠페인의 핵심 메시지를 전달한다. 이를 통해 코카콜라는 단순한 음료 브랜드를 넘어 소비자들에게 더 깊은 감성적 연결을 제공하고 긍정적인 라이프스타일을 장려하는 브랜드로 자리 잡고자 했다.

2. 광고 전략의 핵심 구성 요소

1) 상황 분석

상황 분석은 광고 전략 수립의 기초 단계로 브랜드가 처한 내부 및 외부 환경을 체계적으로 파악하는 과정이다. 이러한 분석을 통해 시장의 흐름을 이해하고 경쟁사 및 소비자의 특성을 분석하여 효과적인 광고 전략을 수립할 수 있다. 대표적인 분석 기법으로는 시장 분석을 비롯해 경쟁사 분석, 소비자 분석, 제품 분석, SWOT 분석, PEST 분석 등이 있으며 이를 활용해 브랜드가 나아가야 할 방향을 설정하게 된다.

(1) 시장 분석

시장 분석은 해당 제품이 속한 시장의 규모와 성장 가능성을 평가하는 과정이다. 이를 위해 시장의 규모 및 연간 성장률을 조사하여 제품이 속한 산업이 성장하는지 혹은 정체되는지를 파악할 수 있다. 예를 들어, 국내 화장품 시장의 최근 5년간 성장 추이를 분석하면 시장의 성장 가능성과 기업이 진입할 기회가 있는지를 예측할 수 있다.

또한 시장 트렌드를 조사하여 소비자의 니즈와 선호도가 어떻게 변화하는지를 분석해야 한다. 만약 친환경 제품과 자연 성분을 강조하는 화장품이 소비자들 사이에서 인기를 끌고 있다면 기업은 이에 맞춰 제품 개발과 마케팅 전략을 조정할 필요가 있다. 결국 시장의 변화와 트렌드를 파악하는 것은 브랜드의 지속적인 성장을 위한 필수 요소라고 할 수 있다.

(2) 경쟁사 분석

경쟁사 분석은 시장에서 주요 경쟁사를 식별하고 이들의 광고 전략이나 제품 특성, 마케팅 활동 등을 조사하는 과정이다. 이때 경쟁사의 가격 정책이나 유통 채널, 광고 메시지 등을 분석하면 자사의 강점과 약점을 더욱 명확하게 파악할 수 있다.

또한 경쟁사의 강점과 약점을 평가하여 자사의 차별화 전략을 수립할 수 있다. 예를 들어, 경쟁사가 특정 성분을 강조한 화장품을 판매하고 있다면, 자사는 보다 효과적인 성분을 활용한 제품을 홍보함으로써 경쟁 우위를 확보할 수 있다.

(3) 소비자 분석

소비자 분석은 브랜드의 핵심 타깃층을 정의하고 이들의 행동 패턴과 심리적 특성을 파악하는 과정이다. 소비자 분석에서는 인구통계학적 특성(연령, 성별, 지역)뿐만 아니라 심리적 특성(라이프스타일, 가치관)과 행동적 특성(구매 동기, 소비 패턴)도 고려해야 한다.

특히 이 분석 단계에서는 소비자 인사이트를 도출하는 것이 중요한데, 이는 소비자들이 제품을 구매하는 이유를 비롯해 만족 및 불만 요소 등을 분석하여 보다 효과적인 광고 메시지를 개발하는 데 도움을 준다. 예를 들어, 소비자 설문 조사를 통해 화장품 구매 시 가장 중요한 요소가 성분의 안전성이라는 점을 파악했다면 광고에서 이를 강조하는 것이 효과적일 것이다.

(4) 제품 분석

제품 분석은 브랜드가 제공하는 제품의 특성과 경쟁 제품과의 차별점을 분석하는 과정이다. 특히 제품의 USP(Unique Selling Proposition)를 파악하는 것이 중요하다. USP는 해당 제품만이 제공할 수 있는 독창적인 가치를 의미하며 광고 전략을 수립할 때 핵심적인 메시지가 된다.

또한 제품 포지셔닝(positioning)을 분석하여 시장 내에서 브랜드가 어떤 위치에 있는지를 평가해야 한다. 제품이 프리미엄 시장을 타깃으로 하는지 혹은 중저가 시장을 공략하는지에 따라 광고 메시지와 전략이 달라지기 때문이다.

아울러 제품 수명주기(Product Life Cycle: PLC) 또한 중요한 요소로 제품이 도입기, 성장기, 성숙기, 쇠퇴기 중 어느 단계에 있는지에 따라 광고 전략을 차별화해야 한다. 신제품 출시 초기에는 브랜드 인지도를 높이는 것이 핵심이지만, 성숙기에는 차별화된 메시지로 브랜드 충성도를 높이는 전략이 필요하다.

(5) SWOT 분석

SWOT 분석은 브랜드의 강점(Strengths), 약점(Weaknesses), 기회(Opportunities), 위협(Threats)을 평가하여 전략적 방향을 설정하는 데 활용되는 분석 도구이다. 이 분석은 브랜드의 내부 요인(강점, 약점)과 외부 요인(기회, 위협)을 구분하여 브랜드의 현재 위치를 명확히 파악하고, 이를 바탕으로 효과적인 광고 및 마케팅 전략을 수립하는 데 기여한다.

강점은 브랜드가 보유한 경쟁 우위 요소로 내부 요인에 해당한다. 이는 브랜드의 차별성을 부각하고 시장에서 경쟁력을 유지하는 핵심 요소가 된다. 대표적인 강점으로는 높은 브랜드 인지도를 비롯해 독창적인 제품 기술, 특허 기술 보유, 친환경 인증, 강력한 유통망 등이 있다.

반면, 약점은 브랜드가 내부적으로 가지고 있는 취약점으로 개선이 필요한 요소를 의미한다. 높은 가격이나 낮은 브랜드 인지도, 유통망 부족, 제품의 차별성 부족, 낮은 고객 충성도 등이 포함된다. 이러한 약점을 보완하거나 개선하는 전략을 통해 브랜드의 경쟁력을 높일 수 있다.

기회는 브랜드가 시장에서 성장할 수 있는 외부 요인으로 기업이 적극적으로 활용할 수 있는 시장 환경을 의미한다. 새로운 소비자층의 등장을 비롯해 특정 제품에 대한 수요 증가, 사회적 트렌드 변화, 기술 혁신, 글로벌 시장 확대 등이 대표적인 기회 요소이다. 브랜드는 이러한 기회를 포착하여 신제품 개발, 마케팅 전략 수정, 새로운 시장 개척 등을 추진할 수 있다.

위협은 브랜드의 성장에 부정적인 영향을 미칠 수 있는 외부 요인을 의미하며, 경쟁사의 공격적인 마케팅 전략이나 가격 경쟁 심화,

정부 규제 강화, 경기 침체, 소비자 취향 변화 등이 포함된다. 이러한 위협 요소를 사전에 파악하고 대응 전략을 수립하는 것이 중요하다.

이처럼 SWOT 분석을 효과적으로 활용하면 브랜드가 가진 강점을 최대한 활용하고 약점을 보완하며, 기회를 적극적으로 활용하고 위협에 대한 대비책을 마련할 수 있다. 이를 통해 브랜드는 시장에서 더욱 경쟁력 있는 포지셔닝을 구축할 수 있으며 지속적인 성장을 위한 전략적 방향을 설정할 수 있다.

그러나 SWOT 분석을 수행할 때 유의해야 할 점은 모든 항목을 반드시 의무적으로 채워야 하는 것은 아니라는 점이다. SWOT 분석의 목적은 브랜드나 기업이 처한 상황을 명확하게 이해하는 데 있으며, 이를 위해서는 확실한 강점, 약점, 기회, 위협 요인만을 선정하는 것이 중요하다.

무분별하게 많은 요소를 추가하면 핵심적인 요인이 흐려져 기업이 직면한 실질적인 문제나 기회를 파악하기 어려워질 수 있다. 따라서 SWOT 분석은 명확한 근거를 기반으로 가장 중요한 요소들을 선별하여 작성해야 하며, 이를 통해 전략적 의사 결정이 보다 효과적으로 이루어질 수 있도록 해야 한다. 또한 SWOT 분석을 단순한 나열이 아니라 각 요소 간의 연관성을 고려하여 강점이 기회를 극대화하고, 약점이 위협과 결합하여 리스크를 초래하지 않도록 전략적으로 활용하는 것이 필요하다.

(6) PEST 분석

PEST 분석은 브랜드와 관련된 외부 환경을 정치적(Political), 경제적(Economic), 사회적(Social), 기술적(Technological) 요인으로 나누어 분석하는 방법이다.

정치적 요인은 정부 규제를 비롯해 법적 환경, 세금 정책 등이 브랜드와 제품에 미치는 영향을 평가하는 것이다. 예를 들어, 친환경 제품에 대한 규제가 강화된다면 브랜드는 이를 활용한 마케팅 전략을 고려해야 한다.

경제적 요인은 소비자의 구매력이나 경제 성장률, 원자재 가격 변동 등의 요소를 분석하는 것이다. 경제 불황이 지속될 경우, 소비자들의 지출이 감소하여 저렴한 대체 제품에 대한 수요가 증가할 가능성이 있다.

사회적 요인은 라이프스타일 변화나 문화적 트렌드, 소비자 행동의 변화를 분석하는 과정이다. 웰빙과 친환경 제품 선호가 증가하는 추세라면 이에 맞춘 마케팅 전략을 수립해야 한다.

기술적 요인은 새로운 기술의 발전과 함께 생산 공정 혁신, 온라인 마케팅 도구의 발전 등을 분석하는 것이다. 예를 들어, AI를 활용한 맞춤형 광고 기술이 발전하면서 브랜드는 이를 활용하여 소비자에게 더욱 개인화된 광고 경험을 제공할 수 있다.

2) 목표 설정

광고 전략은 달성하려는 목표를 명확하게 설정하는 것으로 시작한다. 광고 목표는 광고주가 원하는 성과를 구체적으로 정의하는 과정이며, 이를 통해 전략적 방향을 정립하고 광고의 효과를 측정할 수 있는 기준을 마련한다. 목표 설정은 브랜드의 시장 상황이나 경쟁 환경, 소비자 행동 등을 종합적으로 고려하여 수립되어야 하며, 일반적으로 다음과 같은 핵심 목표들이 포함된다.

- **브랜드 인지도 향상**: 새로운 제품 출시 또는 브랜드의 인식을 확대하여 시장 점유율을 높이는 것을 목표로 한다. 소비자들에게 브랜드를 인식시키고 기억에 남도록 하는 것이 핵심이며, 이를 위해 대중 매체 광고나 디지털 마케팅, 이벤트 마케팅 등의 방법이 활용된다.
- **제품 판매 증진**: 특정 제품이나 서비스의 판매를 촉진하여 매출을 증가시키는 것을 목표로 한다. 이는 주로 프로모션이나 가격 할인, 한정판 출시 등의 전술과 결합하여 소비자들의 즉각적인 구매 행동을 유도하는 방식으로 진행된다.
- **브랜드 이미지 개선**: 소비자가 브랜드를 어떻게 인식하는지를 변화시키거나 특정 이미지를 구축하는 것을 목표로 한다. 예를 들어, 친환경 브랜드로 자리 잡기 위해 지속 가능한 소재를 강조하는 광고를 진행하거나 젊은 감각의 브랜드로 포지셔닝하기 위해 혁신적이고 감각적인 광고 캠페인을 펼치는 방식이 있다.
- **고객 참여 유도**: 소비자의 관심과 참여를 높여 브랜드와의 장기적인 관계를 구축하는 것을 목표로 한다. 이는 소셜 미디어 캠페인을 비롯해 브랜드 커뮤니티 활성화, 소비자 참여형 이벤트 등을 활용하여 브랜드와 소비자 간의 직접적인 상호작용을 촉진하는 방식으로 이루어진다.

이와 함께, 러셀 콜리(Russell Colley)가 제안한 'DAGMAR(Defining Advertising Goals for Measured Advertising Results) 모델'은 광고 목표를 설정할 때 유용한 접근 방식이다. DAGMAR 모델은 광고 목표를 구체적이고 측정 가능하게 설정하는 것이 중요하다고 강조하며, 광고가 소비자의 행동 변화에 미치는 영향을 단계적으로 분석한다.

이는 인지(awareness), 이해(comprehension), 확신(conviction), 행동(action)이라는 네 가지 과정으로 구분되며, 광고 목표를 설정할 때 중요한 다섯 가지 조건을 제시하였다.

- **기준 지표**(benchmarking): 광고 목표를 설정할 때는 현재 상태를 기준으로 삼아야 한다. 예를 들어, 현재 브랜드 인지도가 30%라면 광고를 통해 이를 50%로 끌어올리는 것이 목표가 될 수 있다. 기존 데이터를 기준으로 목표를 설정하면 광고 효과를 보다 명확하게 평가할 수 있다.
- **측정 가능한 지표**(measurable index): 목표는 반드시 측정할 수 있어야 하며 정량적인 데이터로 평가 가능해야 한다. 예를 들어, 단순히 '브랜드 인지도를 높인다.'라는 목표보다 '6개월 내 브랜드 인지도를 30%에서 50%로 증가시킨다.'처럼 구체적인 수치를 포함해야 한다. 이를 통해 광고 성과를 객관적으로 분석할 수 있다.
- **표적 소비자의 정의**(target audience definition): 광고 목표는 특정 소비자 그룹을 명확히 정의해야 한다. 광고 메시지가 효과적으로 전달되려면 모든 소비자를 대상으로 하는 것이 아니라 '20~30대 직장 여성 중 친환경 제품에 관심이 있는 소비자'처럼 구체적인 타깃층을 설정해야 한다.
- **기간**(given period): 광고 목표는 명확한 기간 내에 달성할 수 있도록 설정해야 한다. 예를 들어, '1년 내에 시장 점유율을 5% 증가시킨다.'처럼 일정 기간을 설정하면 목표 달성 여부를 평가하기가 용이해진다.
- **문서화**(written goals): 광고 목표는 구체적인 문서로 기록되어야

하며, 이를 통해 광고 전략을 명확히 정의하고 실행 계획을 체계적으로 수립할 수 있다. 또한 문서화된 목표는 성과 분석 및 피드백 과정에서 중요한 참고 자료로 활용될 수 있다.

DAGMAR 모델의 이 다섯 가지 기준을 적용하면 광고 전략이 보다 체계적으로 운영될 수 있으며, 광고 효과를 보다 명확하게 평가하고 최적화하는 것이 가능해진다.

3) 타깃 오디언스 설정 및 분석

광고 전략에서 타깃 오디언스(target audience)를 명확하게 설정하는 것은 광고의 성과를 극대화하는 핵심 요소 중 하나이다. 타깃 오디언스를 제대로 정의하지 않으면 광고 메시지가 적절한 소비자에게 전달되지 않거나 광고 효과가 반감될 수 있다. 따라서 타깃 오디언스를 분석할 때는 다양한 기준을 고려해야 하며, 이를 통해 브랜드와 소비자 간의 효과적인 커뮤니케이션을 구축하는 것이 중요하다.

참고로 이전에 다루었던 소비자 분석과 타깃 오디언스 설정 및 분석은 유사한 개념이지만 초점과 목적에서 차이가 있다. 소비자 분석이 '브랜드와 제품을 중심으로 소비자의 전반적인 특성과 행동을 연구'하는 과정이라면 타깃 오디언스 설정은 '광고 전략 차원에서 특정한 소비자 세그먼트를 선정하고 그들에게 최적화된 메시지를 개발'하는 과정이다. 즉, 소비자 분석이 보다 포괄적인 소비자 행동 연구인 반면, 타깃 오디언스 설정은 이를 바탕으로 광고 효과를 극대화할 수 있는 핵심 소비자 그룹을 구체적으로 정의하는 전략적 과정이라고 할 수 있다.

(1) 타깃 오디언스의 정의

타깃 오디언스란 광고가 도달하고자 하는 특정 소비자 그룹을 의미한다. 모든 소비자를 대상으로 광고를 집행하는 것은 비효율적이며, 브랜드의 메시지를 더욱 효과적으로 전달하기 위해 타깃을 명확히 설정해야 한다. 예를 들어, 특정 화장품 브랜드가 모든 연령대의 여성을 타깃으로 설정하는 것보다, '20~30대 직장 여성 중 자연주의 화장품을 선호하는 소비자'로 보다 세분화하는 것이 광고 효과를 높이는 데 유리하다.

(2) 타깃 오디언스 분석 기준

타깃 오디언스를 설정할 때는 일반적으로 인구통계학적 요소를 비롯해 심리학적 요소, 행동적 요소를 고려한다.

① 인구통계학적 요소(demographic factors)

인구통계학적 요소는 소비자의 기본적인 사회적 특성을 의미하며, 광고에서 가장 기초적인 타기팅 기준으로 활용된다. 주요 요소는 다음과 같다.

- **연령**(age): 특정 연령대의 소비자는 서로 다른 관심사와 구매 습관을 보인다. 예를 들어, 10~20대 소비자는 감성적이고 트렌드 중심의 광고에 반응하는 반면, 50대 이상의 소비자는 신뢰성을 강조하는 메시지에 더욱 주목한다.
- **성별**(gender): 제품의 특성에 따라 성별을 고려한 광고 전략이 필요하다. 예를 들어, 화장품 광고는 여성 소비자를 중심으로 타기팅하는 경우가 많으며, 스포츠 브랜드 광고는 남성과 여성

모두를 타깃으로 설정할 수 있다.
- **소득 및 경제력**(income level): 고가 브랜드는 프리미엄 소비층을 타깃으로 하고, 저가 브랜드는 가성비를 중시하는 소비자를 대상으로 광고 전략을 수립한다.
- **직업 및 교육 수준**(occupation & education level): 특정 직업군이나 학력이 높은 소비자는 전문성을 강조하는 광고에 더 관심을 가질 수 있다. 예를 들어, 금융 서비스 광고는 전문직 종사자나 고소득층을 주요 타깃으로 설정할 수 있다.

② 심리학적 요소(psychographic factors)

심리학적 요소는 소비자의 가치관이나 라이프스타일, 관심사 등을 기반으로 분석하는 방법으로 보다 세부적인 타기팅이 가능하다.

- **라이프스타일**(lifestyle): 소비자의 일상생활과 소비 습관을 고려해 광고 메시지를 차별화할 수 있다. 예를 들어, 건강한 라이프스타일을 선호하는 소비자에게는 웰니스(wellness) 관련 제품을 강조하는 광고가 효과적이다.
- **개인의 가치**(value system): 소비자들은 브랜드의 철학이나 가치와 일치하는 제품을 선호하는 경향이 있다. 예를 들어, 친환경 제품을 강조하는 브랜드는 환경 보호에 관심이 많은 소비자를 타깃으로 설정할 수 있다.
- **개인의 관심사**(interests): 스포츠나 음악, 패션, 여행 등 개인의 관심사는 광고 전략을 세울 때 중요한 요소가 된다. 예를 들어, 스포츠 브랜드는 운동을 즐기는 소비자를 대상으로 광고를 집행할 수 있다.

③ 행동적 요소(behavioral factors)

행동적 요소는 소비자의 구매 패턴과 브랜드에 대한 태도를 분석하는 방식으로, 실제 구매 가능성이 높은 타깃을 설정하는 데 유용하다.

- 구매 빈도(purchase frequency): 소비자가 해당 제품을 얼마나 자주 구매하는지를 분석한다. 예를 들어, 커피 브랜드는 매일 커피를 마시는 소비자를 대상으로 정기 구독 서비스를 제공하는 광고를 기획할 수 있다.
- 브랜드 충성도(brand loyalty): 기존 브랜드 고객과 신규 고객을 구분하여 각각의 광고 전략을 차별화할 수 있다. 예를 들어, 기존 고객을 대상으로는 리워드 프로그램을 홍보하고, 신규 고객을 대상으로는 할인 프로모션을 강조하는 방식이 효과적이다.
- 구매 동기(purchase motivation): 소비자가 특정 제품을 구매하는 이유를 분석한다. 예를 들어, 건강 기능식품 광고에서는 소비자의 건강 관리 동기를 강조하는 메시지를 사용할 수 있다.

(3) 타깃 오디언스 설정의 중요성

타깃 오디언스를 명확히 설정하면 광고의 메시지와 표현 방식이 보다 효과적으로 소비자에게 전달될 수 있다. 또한 광고비 예산을 보다 효율적으로 활용할 수 있으며, 불필요한 광고 노출을 줄이고 광고 성과를 극대화할 수 있다.

광고 전략 수립 시에는 단순히 타깃 오디언스를 정하는 것이 아니라 구체적인 소비자 인사이트를 도출하는 과정이 필수적이다. 이를 위해 다양한 데이터 분석을 비롯해 설문 조사, 소비자 인터뷰 등의 방법을 활용할 수 있으며, 이를 통해 광고 효과를 극대화할 수 있는 맞춤형 메시지를 개발할 수 있다.

결과적으로 타깃 오디언스 분석은 단순한 소비자 구분이 아니라 소비자의 행동 패턴과 심리적 요소를 깊이 이해하고 브랜드와 소비자 간의 정서적 연결을 강화하는 전략적 과정이다.

4) 광고 콘셉트 제시

광고 콘셉트(advertising concept)란 브랜드가 소비자에게 전달하고자 하는 핵심 메시지를 창의적이고 효과적으로 표현하는 아이디어를 의미한다. 광고 콘셉트는 단순히 정보를 전달하는 것 이상으로 소비자의 주목을 끌고 브랜드에 대한 긍정적인 태도를 형성하며 궁극적으로 행동을 유도하는 역할을 한다. 강력한 광고 콘셉트는 광고의 일관성을 유지하고 브랜드의 차별성을 강조하는 데 중요한 역할을 한다.

(1) 광고 콘셉트의 중요성

광고 콘셉트는 광고 캠페인의 방향을 결정하는 핵심 요소로 작용한다. 광고 제작 과정에서 크리에이티브 팀과 함께 마케팅 담당자, 광고주 등이 같은 목표를 향해 나아갈 수 있도록 기준을 제시하며, 소비자가 광고를 쉽게 이해하고 기억할 수 있도록 돕는다. 효과적인 광고 콘셉트는 다음과 같은 역할을 한다.

- 브랜드의 핵심 가치 전달: 광고가 브랜드의 아이덴티티와 핵심 가치를 명확하게 반영해야 한다.
- 소비자의 공감 유도: 소비자의 관심과 감정을 자극하여 브랜드

와의 관계를 강화한다.
- **광고 메시지의 일관성 유지**: 다양한 매체에서 동일한 메시지를 효과적으로 전달할 수 있도록 돕는다.
- **경쟁 브랜드와의 차별화**: 독창적인 콘셉트를 통해 경쟁 브랜드와 차별화된 이미지를 구축할 수 있다.

(2) 광고 콘셉트의 구성 요소

광고 콘셉트는 크게 핵심 메시지(core message), 크리에이티브 콘셉트(creative concept), 표현 기법(execution strategy)의 세 가지 요소로 구성된다.

- **핵심 메시지**: 광고가 전달하고자 하는 중심적인 내용을 의미한다. 핵심 메시지는 브랜드가 소비자에게 강조하고 싶은 가장 중요한 정보이며 단순하고 명확해야 한다. 핵심 메시지는 제품의 USP(고유한 판매 제안) 또는 브랜드 철학을 기반으로 설정될 수 있다.
- **크리에이티브 콘셉트**: 광고의 창의적인 방향성을 결정하는 요소로 핵심 메시지를 효과적으로 전달하기 위한 아이디어를 의미한다. 크리에이티브 콘셉트는 소비자의 관심을 끌고 브랜드의 인상을 강하게 남기는 데 중요한 역할을 한다.
- **표현 기법**: 광고 콘셉트를 실질적으로 구현하는 방법을 의미한다. 이는 광고의 형식과 스타일, 연출 방식 등을 결정하는 요소로 TV 광고나 디지털 광고, 인쇄 광고 등 다양한 매체에 맞춰 적용될 수 있다.

(3) 광고 콘셉트 개발 과정

효과적인 광고 콘셉트를 개발하기 위해서는 체계적인 접근이 필요하다. 일반적으로 다음과 같은 단계로 진행된다.

① 광고 목표 설정: 광고 캠페인을 통해 달성하고자 하는 목표를 명확하게 정의한다. 브랜드 인지도 향상이나 제품 판매 증대, 브랜드 이미지 구축 등 다양한 목표가 설정될 수 있다.
② 소비자 인사이트 도출: 소비자의 니즈나 관심사, 문제점 등을 분석하여 효과적인 메시지를 도출한다. 이를 위해 소비자 조사를 활용할 수도 있다.
③ 크리에이티브 아이디어 개발: 핵심 메시지를 기반으로 창의적인 아이디어를 개발한다. 이 과정에서 다양한 브레인스토밍 기법이나 스토리보드를 활용할 수 있다.
④ 광고 콘셉트 테스트: 개발된 콘셉트가 효과적인지 사전 테스트를 진행한다. 소비자 반응 조사나 A/B 테스트[1] 등을 통해 최적의 콘셉트를 선정한다.
⑤ 실행 및 최적화: 광고 콘셉트를 실제 광고에 적용하고 성과를 모니터링하여 지속적으로 최적화한다.

5) 크리에이티브 전략

크리에이티브 전략(creative strategy)은 광고에서 사용할 핵심 아

---

[1] 두 가지 다른 버전을 비교하여 어느 버전이 더 나은 성능을 보이는지 결정하는 실험 방법론이다.

이디어와 표현 방식을 정하는 과정으로 브랜드 메시지를 효과적으로 전달하기 위한 중요한 요소이다. 이는 단순히 시각적·언어적 요소를 선택하는 것이 아니라 소비자의 관심을 끌고 공감을 유도할 수 있도록 창의적인 접근 방식을 개발하는 것을 목표로 한다.

크리에이티브 전략에는 광고의 톤 앤 매너(tone & manner), 비주얼 디자인(visual design), 카피 라이팅(copywriting) 등의 요소가 포함된다. 톤 앤 매너는 광고의 분위기와 스타일을 결정하며 브랜드의 정체성과 일관성을 유지하는 데 중요한 역할을 한다. 비주얼 디자인은 색상이나 이미지, 그래픽 등의 시각적 요소를 통해 브랜드 메시지를 효과적으로 전달하는 방법을 의미한다. 또한 카피 라이팅은 소비자에게 명확하고 설득력 있는 메시지를 전달하기 위한 문구를 구성하는 과정이다.

광고에서 크리에이티브 전략을 성공적으로 활용하기 위해서는 단순히 창의적인 아이디어를 제시하는 것뿐만 아니라 브랜드의 목표, 타깃 소비자의 니즈, 경쟁 시장의 특성을 종합적으로 고려해야 한다. 특히 소비자의 감성을 자극하거나 공감을 이끌어 내는 스토리텔링 기법을 효과적으로 활용하면 브랜드 메시지가 더욱 강력하게 전달될 수 있다.

카피 라이팅과 크리에이티브 전략, 크리에이티브 소구 등에 대한 세부적인 내용과 적용 방식은 이후 챕터에서 보다 구체적으로 다룰 예정이다.

6) 매체 전략

매체 전략(media strategy)은 광고 메시지를 효과적으로 전달하기 위해 적절한 매체를 선택하고 활용하는 계획을 의미한다. 이는 광고의 목표와 함께 타깃 오디언스, 예산 등을 고려하여 최적의 미디어 믹스를 구성하는 과정이다.

매체 전략은 크게 전통 매체(traditional media)와 디지털 매체(digital media)로 구분된다. 전통 매체에는 TV를 비롯해 라디오, 신문, 잡지, 옥외 광고 등이 포함되며, 넓은 도달 범위와 신뢰성이 강점이다. 반면, 디지털 매체는 온라인 광고나 소셜 미디어, 검색 광고, 인플루언서 마케팅 등을 포함하며, 정밀한 타기팅과 실시간 성과 분석이 가능하다는 장점이 있다.

성공적인 매체 전략을 위해서는 광고의 목표에 맞는 매체를 선택하는 것이 중요하다. 브랜드 인지도를 높이려면 TV나 디지털 영상 광고, 대형 옥외 광고가 효과적인 반면, 특정 타깃층을 공략하려면 SNS 광고나 검색 광고, 이메일 마케팅 등이 유리할 수 있다. 또한 각 매체의 특성을 고려하여 적절한 예산을 배분하고 성과를 지속적으로 분석하여 전략을 최적화하는 것이 필수적이다.

7) 예산 설정

예산 설정(budget allocation)은 광고 캠페인의 목표를 달성하기 위해 필요한 비용을 결정하고 효과적으로 배분하는 과정이다. 광고 예산은 브랜드의 마케팅 목표와 함께 시장 상황, 경쟁 환경, 과거 광고 성과 등을 고려하여 책정된다.

예산 설정 방식에는 여러 가지 접근법이 있다.

- **매출 비율법**(percentage of sales method): 기업의 총 매출 대비

일정 비율을 광고 예산으로 설정하는 방식이다. 안정적인 예산 관리가 가능하지만 시장 변화에 유연하게 대응하기 어렵다는 단점이 있다.

- **경쟁사 기준법**(competitive parity method): 주요 경쟁사의 광고 지출을 기준으로 예산을 설정하는 방식으로 업계 내 경쟁력을 유지하는 데 도움이 된다.
- **과업 목표법**(objective and task method): 광고 목표를 먼저 설정한 후, 이를 달성하기 위한 구체적인 활동과 필요한 비용을 산정하는 방식으로 가장 전략적인 접근법으로 평가된다.

효과적인 예산 설정을 위해서는 광고 집행 후 성과 분석을 통해 비용 대비 효과를 지속적으로 평가하고 필요에 따라 유연하게 조정하는 것이 중요하다. 또한 매체 전략과 연계하여 예산을 적절히 배분하고 타깃 오디언스와 광고 목표에 맞는 최적의 광고 효율성을 확보하는 것이 필수적이다.

8) 성과 측정 및 분석

성과 측정 및 분석(performance measurement and analysis)은 광고 캠페인의 효과를 평가하고 향후 전략을 최적화하기 위한 중요한 과정이다. 광고가 설정한 목표를 얼마나 달성했는지를 객관적으로 평가하기 위해 다양한 지표와 분석 도구를 활용한다.

성과 측정의 주요 지표로는 브랜드 인지도(brand awareness)를 비롯해 광고 도달률(reach), 노출 빈도(frequency), 소비자 반응(engagement), 전환율(conversion rate), ROI(Return On Investment) 등

이 있다. 브랜드 인지도는 소비자가 브랜드를 얼마나 인식하는지를 평가하는 지표이며, 도달률과 노출 빈도는 광고가 타깃 소비자에게 얼마나 효과적으로 전달되었는지를 측정하는 데 사용된다. 소비자 반응과 전환율은 광고가 실제로 소비자의 행동 변화를 유도했는지를 평가하는 중요한 요소이며, ROI는 광고 비용 대비 수익을 분석하여 캠페인의 효율성을 판단하는 기준이 된다.

성과 분석은 단순한 평가에 그치지 않고 향후 광고 전략을 개선하는 데 활용되어야 한다. 광고 집행 후 분석 결과를 바탕으로 효과적인 요소를 강화하고 성과가 부족한 부분을 보완하여 다음 캠페인의 성공 가능성을 높이는 것이 핵심이다. 이를 위해 A/B 테스트나 소비자 설문 조사, 데이터 분석 툴(Google Analytics, 소셜 미디어 인사이트 등) 등을 적극적으로 활용하며, 지속적인 피드백 루프(feedback loop)[2]를 구축하는 것이 중요하다.

3. 광고 전략 모델

1) 사치앤사치 브리프

사치앤사치 브리프(Saatchi & Saatchi Brief)는 세계적인 광고 대행사인 사치앤사치(Saatchi & Saatchi)에서 개발한 광고 기획 프레임워크로 광고 전략을 단순하고 효과적으로 정리하는 데 사용된다. 이 프레임워크는 광고 캠페인의 핵심 요소를 명확하게 정의하여 광고

---

[2] 사용자가 행동을 취한 후 그 결과를 알려 주는 과정을 의미한다.

크리에이티브 팀이 효과적인 아이디어를 도출하도록 지원한다.

일반적인 광고 기획 브리프가 복잡한 마케팅 분석과 전략적 목표를 포함하는 반면, 사치앤사치 브리프는 간결하고 직관적인 구조를 갖추어 핵심 메시지를 빠르고 명확하게 전달하는 데 초점을 둔다. 이를 통해 광고주는 브랜드가 전달하고자 하는 핵심 메시지를 효과적으로 정리할 수 있어 크리에이티브 팀은 이를 바탕으로 강력한 광고 콘셉트를 개발할 수 있다.

2) 사치앤사치 브리프의 특징

사치앤사치 브리프는 다음과 같은 특징을 보여 준다.

첫째, 광고 기획 과정에서 간결함과 명확성을 강조한다. 불필요한 정보는 배제하고 광고에서 전달해야 할 핵심 메시지에 집중할 수 있도록 구조화되어 있는 것이 큰 특징이다. 이를 통해 크리에이티브 팀은 복잡한 마케팅 데이터나 전략적 분석에 매몰되지 않고 효과적인 광고 아이디어 개발에 집중할 수 있다.

둘째, 사치앤사치 브리프는 소비자 중심의 접근 방식을 기반으로 한다. 광고주가 전달하고 싶은 메시지보다는 소비자의 인식과 행동 변화를 목표로 메시지를 설계하는 것이 포인트이다. 즉, 소비자가 광고를 접한 후 어떤 생각을 하길 원하는지, 어떤 감정을 느끼게 할지, 그리고 궁극적으로 어떤 행동을 유도할 것인지에 초점을 맞춘다. 이를 통해 보다 효과적인 광고 캠페인을 기획할 수 있다.

셋째, 사치앤사치 브리프는 단순한 마케팅 전략 문서가 아니라 실질적인 크리에이티브 실행을 위한 가이드라인을 제공한다. 광고 메시지와 함께 표현 방식, 톤 앤 매너 등을 명확하게 정의함으로써 크리에이티브 팀이 보다 일관되고 강력한 광고 캠페인을 제작할 수 있도록 돕는다.

3) 브리프의 주요 구성 요소

브리프는 광고 캠페인의 방향을 명확하게 설정하고 크리에이티브 및 미디어 팀이 효과적인 전략을 수립하도록 돕는 문서이다. 각 요소는 광고의 목적과 함께 타깃, 메시지, 일정 등을 체계적으로 정리하는 역할을 한다.

① 광고주 및 브랜드(client/brand)

이 항목에서는 광고주와 브랜드명을 기입한다. 이는 브리프의 기본 정보를 나타내며 광고 캠페인의 주체를 명확히 정의하는 역할을 한다. 브랜드의 성격과 포지셔닝에 따라 캠페인의 방향이 달라질 수 있으므로 브랜드의 핵심 가치와 광고주의 비즈니스 목표도 간략하게 명시할 수 있다.

② 팀 구성(account group/creative group/media group/controller)

캠페인을 진행하는 팀을 명확히 구분하여 각자의 역할을 정의한다.

- 기획 팀(account group): 광고주와의 소통을 담당하며 프로젝트 전반을 기획 및 조율하는 팀이다. 광고주 요구사항을 정리하고 크리에이티브 및 미디어 팀과 협력하여 캠페인을 실행한다.
- 크리에이티브 팀(creative group): 광고의 아이디어를 개발하고

실행하는 팀이다. 카피라이터, 아트디렉터, 디자이너 등으로 구성되며 브리프를 기반으로 크리에이티브 전략을 수립한다.
- **매체 팀**(media group): 광고를 어떤 매체에서 어떻게 노출할 것인지 전략을 수립하는 팀이다. 광고 효과를 극대화하기 위해 타깃 분석과 매체 특성을 고려하여 효율적인 미디어 플랜을 기획한다.
- **조정 팀**(controller): 프로젝트 진행 상황을 총괄하며 일정과 예산을 조정하는 역할을 한다. 각 팀 간 협업이 원활하게 이루어지도록 조율하는 중요한 역할을 담당한다.

③ 프로젝트명(job title)

광고 캠페인의 제목 또는 프로젝트명을 기입한다. 프로젝트의 핵심 주제를 간략하고 명확하게 표현하는 것이 중요하다. 광고 목적과 브랜드 메시지를 직관적으로 나타낼 수 있는 제목이 바람직하다.

④ 광고주 요구사항(campaign requirement)

광고주가 이 캠페인을 통해 얻고자 하는 목표와 특별한 요구사항을 기술한다. 광고가 해결해야 할 문제를 비롯해 기대하는 성과, 브랜드 포지셔닝 변화 등 광고주의 요구사항을 구체적으로 정리하여 크리에이티브 및 미디어 전략에 반영할 수 있도록 한다.

⑤ 광고 타깃 설정(the target audience)

광고의 대상이 되는 소비자 그룹을 구체적으로 정의한다. 효과적인 광고 전략 수립을 위해 소비자의 인구통계학적 정보(연령, 성별, 지역 등), 심리적 특성(라이프스타일, 가치관), 행동 패턴(구매 습관, 미디어 소비 패턴) 등을 포함해야 한다.

> 예시 '20~30대 직장인, 건강을 중시하며 최신 트렌드를 추구하는 도시 거주자'

⑥ 광고 목표 설정(what is the advertising intended to achieve?)

광고를 통해 달성하고자 하는 구체적인 목적을 작성한다. 브랜드 인지도 향상이나 판매 증대, 이미지 개선 등 목표를 명확히 설정하는 것이 중요하다.

> 예시 '프리미엄 이미지를 강화하고, 향후 3개월 내에 판매량을 20% 증대한다.'

⑦ 단일 소비자 제안점(the Single Minded Proposition: SMP)

광고를 통해 소비자에게 전달하고자 하는 핵심 메시지를 간결하고 명확한 하나의 문장으로 정리한다. 소비자가 광고를 통해 쉽게 기억할 수 있는 메시지를 설정하는 것이 중요하다.

> 예시 '자연에서 추출한 성분으로 피부에 최상의 편안함을 선사합니다.'

⑧ SMP를 뒷받침할 근거(substantiation for the proposition)

광고의 핵심 메시지(SMP)를 소비자에게 설득력 있게 전달하기 위한 제품 또는 서비스의 특징과 근거를 명시한다. 제품의 차별점이나 품질 보증, 기술력 등을 근거로 하여 소비자의 신뢰를 구축한다.

> 예시 '피부과 테스트를 거친 100% 유기농 성분으로 만들어졌습니다.'

Chapter 03 광고 전략

⑨ 지속적으로 구축할 브랜드 이미지(desire brand image)

광고를 통해 장기적으로 구축하고자 하는 브랜드 이미지를 정의한다. 이는 브랜드의 정체성을 형성하고, 동시에 소비자에게 어떻게 인식될지를 결정하는 중요한 요소이다.

예시 '트렌디하면서도 신뢰할 수 있는 프리미엄 친환경 브랜드'

CLIENT	BRAND	SWO NO. DATE.
Acoount Group　　Creative Group　　Media Group　　Controller		
JOB TITLE		
CAMPAIGN REQUIREMENT / 광고주 요구사항		
THE THARGET AUDIENCE / 광고를 누구에게 할 것인가?		
WHAT IS THE ADVERTISING INTENDED TO ACHIVE? / 광고를 하여 이루려는 목표		
THE SINGLE MINDED PROPOSITION(SMP) / 단일 소비자 제안점		
SUBSTANTIATION FOR THE PROPOSITION / SMP를 뒷받침할 수 있는 제품상의 근거		
DESIRE BRAND IMAGE / 계속 만들어 가야 할 브랜드 이미지는?		
TIMING OF CREATIVE WORK / 작업 일정	GROUP ACCOUNT DIRECTOR	

▶ 그림 3-3. 사치앤사치의 크리에이티브 브리프

⑩ 작업 일정(timing of creative work)

광고 크리에이티브 작업의 주요 일정을 계획하고 제작 초기부터 검토, 수정, 송출에 이르는 단계별 일정을 명확하게 설정한다.

> 예시 '1월 10일: 아이디어 브레인스토밍' '1월 25일: 광고 스크립트 완성' '2월 15일: 광고 촬영 완료' '3월 1일: 광고 송출 시작'

⑪ 프로젝트 총괄 책임자(group account director)

프로젝트를 총괄하는 그룹 어카운트 디렉터의 이름을 기입한다. 이 담당자는 캠페인의 전반적인 진행과 전략을 책임지며 크리에이티브 팀을 비롯한 미디어 팀, 광고주와 긴밀히 협력하여 프로젝트를 성공적으로 이끌어야 한다.

4) FCB 그리드 모델

FCB 그리드 모델(FCB Grid Model)은 소비자의 구매 의사 결정 과정에서 제품 및 서비스의 특성에 따라 광고 전략을 수립하는 데 도움을 주는 모델이다. 이 모델은 1980년대 초 미국 광고 대행사 '푸트, 콘 앤 벨딩(Foote, Cone & Belding)'의 연구원인 리처드 본(Richard Vaughn)이 개발했으며, 소비자의 제품에 대한 관여도와 의사 결정 과정에서의 감정 및 인지적 측면을 바탕으로 총 네 개의 사분면으로 나누어 각 사분면에 적합한 광고 전략을 제시한다.

FCB 그리드 모델에서 핵심이 되는 두 가지 축은 '관여도(involvement)'와 '인지/감정(thinking vs. feeling)'이다. 우선 관여도(high vs. low involvement)는 소비자가 제품을 얼마나 중요하게 인식하고 신중하게 구매 결정을 내리는지를 나타낸다. 고관여 상황의 제품은 소비자가 충분한 정보를 탐색하고 신중하게 의사 결정을 내리는 제품으로 자동차나 가전제품, 보험 등이 포함된다. 반면, 저관여 상황의 제품은 소비자가 별다른 고민 없이 습관적으로 구매하는 제품으로 간편식이나 청량음료, 일상용품 등이 이에 해당한다.

한편, 인지/감정은 소비자가 제품 구매 시 중점을 두는 요소를 구분하는 기준이다. 인지적 측면은 제품의 기능과 성능, 가격, 효율성 등 합리적인 판단을 바탕으로 구매하는 경우를 의미한다. 이러한 제품은 보통 실용적인 목적을 중심으로 광고 전략이 수립된다. 반면, 감정적 측면은 소비자가 제품을 구매할 때 개인적인 감정이나 즐거움, 만족감 등의 감성적 요소가 중요한 역할을 하는 경우를 뜻하며, 화장품, 명품, 향수 등과 같은 제품이 이에 해당한다.

이러한 두 가지 축을 기준으로 FCB 그리드 모델은 다음과 같이 네 가지 사분면으로 나뉜다. 각 사분면에 따라 소비자 행동이 다르므로 이에 맞는 광고 전략이 요구된다.

(1) 고관여/이성(high involvement/thinking): 사분면 1

이 영역은 소비자가 구매 결정을 내릴 때 신중한 정보 탐색과 논리적인 분석을 필요로 하는 제품군에 해당한다. 이러한 제품은 가격이 높거나 사용 기간이 길며, 구매 후의 만족도가 소비자의 생활에 큰 영향을 미칠 가능성이 크기 때문에 합리적인 판단을 기반으로 한 구매 과정이 필수적이다.

이 사분면에 속하는 제품의 주요 특징은 소비자가 기능이나 품질, 성능, 가격 등을 면밀히 비교하고 분석한다는 점이다. 대표적인 제품군으로는 자동차, 보험 및 금융 상품, 전자제품(컴퓨터, 카메라, 고급 스마트폰 등), 의료기기 및 건강 관련 제품이 있다.

이 사분면에 해당하는 광고 전략은 감성적 호소보다는 논리적 설득에 초점을 맞춘다. 텍스트 중심의 구성이나 그래프, 인포그래픽 등을 활용하여 정보를 체계적으로 제시하는 방식이 효과적이다. 특히 특허나 기술 인증, 연구 결과와 같은 객관적이고 신뢰할 수 있는 자료를 기반으로 메시지를 구성할 경우 설득력을 높일 수 있다. 또한 제품의 차별화 요소를 구체적으로 드러내고 경쟁 제품과 비교했을 때 왜 더 나은 선택인지에 대한 이성적 근거를 제시하는 것이 핵심이다.

첫 번째 광고는 색소 침착 치료제를 홍보하며 주 소비층인 여성들이 피부 고민에 대해 높은 관심과 민감도를 보인다는 점을 활용하고 있다. 피부 톤 변화는 외적인 요소뿐만 아니라 심리적 만족도와도 직결되기 때문에 소비자들은 효과적인 해결책을 찾기 위해 적극적으로 정보를 탐색하는 경향이 있다. 광고는 이러한 심리를 반영하여 제품의 핵심 성분과 치료 효과를 강조하고 단순한 화장품이 아닌 의약적 접근이 가능하다는 점을 내세운다. 이를 통해 소비자의 신뢰를 확보하고 합리적 판단을 바탕으로 제품 선택을 유도하는 전략을 사용하고 있다.

두 번째 광고는 연금 보험 상품을 다루며 금융 상품의 특성상 소

그림 3-4. 고관여/이성 광고 사례

비자가 신중하게 고려해야 한다는 점을 부각한다. 노후 대비에 대한 불안감은 소비자들의 관심을 유발하는 요소로 작용하며, 특히 부모 세대의 재정적 안정성을 고려해야 하는 자녀 세대에게 공감을 불러 일으킨다. 광고는 경제적 준비의 필요성을 강조하면서 지금 결정하지 않으면 늦을 수 있다는 점을 전달하여 소비자의 적극적인 행동을 유도한다. 또한 전문적인 상담을 통해 맞춤형 해결책을 제시할 수 있음을 강조함으로써 신뢰도를 높이고 있다.

(2) 고관여/감성(high involvement/feeling): 사분면 2

이 영역에 속하는 제품은 소비자들에게 강한 감정적 영향을 미치면서도 신중한 의사 결정이 요구되는 제품군에 해당한다. 주로 고급 화장품이나 패션, 보석, 예술품, 명품 브랜드, 관광 서비스 등이 여기에 포함된다. 이러한 제품들은 단순한 기능적 가치뿐만 아니라 소비자의 감정적 만족, 자아표현, 라이프스타일과 깊이 연결되어 있다.

이러한 유형의 광고는 논리적인 정보 전달보다는 감성적 공감과 경험을 강조한다. 브랜드가 단순히 제품을 판매하는 것이 아니라 특정한 라이프스타일이나 정체성을 소비자와 공유하는 데 초점을 맞춘다. 광고에서는 감각적 요소(시각적, 청각적 연출)를 비롯해 고급스러운 분위기나 강한 감성적 메시지를 활용하여 소비자의 심리적 몰입을 유도한다.

예를 들어, 명품 브랜드 광고는 제품의 기능적인 측면을 설명하기보다는 세련됨, 희소성, 사회적 지위 등의 가치를 강조한다. 광고 속에서 특정한 분위기나 아름다운 영상미, 유명 인사의 활용을 통해 소비자가 브랜드와 동일시하도록 유도하며, 제품을 소유하는 것이 단순한 구매를 넘어 하나의 경험과 감성적 만족을 제공한다는 점을 부각한다.

또한 여행 및 관광 광고 역시 감성적 접근 방식을 적극 활용한다. 특정 지역의 아름다운 풍경이나 문화적 경험, 힐링과 같은 감정적 요소를 강조하며 소비자가 광고를 통해 해당 장소에서의 경험을 간접적으로 체험하도록 유도한다. 이는 소비자로 하여금 여행이 단순한 소비가 아니라 삶을 풍요롭게 만드는 특별한 경험이라는 인식을 심어준다.

이탈리아의 하이엔드 명품 패션 브랜드인 구찌(Gucci)는 고급스러운 분위기와 세련된 스타일을 강조하여 브랜드의 가치와 희소성을 부각한다. 단순한 제품이 아닌 라이프스타일과 정체성을 상징하는 요소로 포지셔닝되며 소비자가 브랜드를 통해 자기 표현을 할 수 있도록 유도한다. 이를 위해 시각적으로 화려한 배경과 품격 있는 모델의 포즈를 활용하여 브랜드의 고급스러움을 극대화하고 있다. 이 광고는 단순히 제품의 기능적 우수성을 강조하는 것이 아니라 소비자들이 브랜드를 통해 자신만의 품격과 감각을 표현할 수 있도록 감성적인 연결을 형성하는 것이 핵심이다.

두 번째 광고는 에어비앤비가 진행한 캠페인으로 단순한 여행 경험이 아닌 '현지에서의 삶'이라는 감성적 가치를 전달한다. 여행지

그림 3-5. 고관여/감성 광고 사례

가 단순히 방문하는 곳이 아니라 현지 문화를 체험하고 깊이 있는 경험을 할 수 있는 공간임을 강조한다. 이를 통해 소비자가 브랜드를 단순한 숙박 서비스가 아닌 특별한 경험을 제공하는 존재로 인식하도록 유도한다. 이 광고는 감성적인 메시지를 통해 소비자들이 여행을 보다 의미 있는 경험으로 받아들이게 하며, 브랜드가 제공하는 서비스가 단순한 편의성을 넘어 삶의 방식과 연결될 수 있음을 전달한다.

(3) 저관여/이성(low involvement/thinking): 사분면 3

이 영역에 속하는 제품군은 소비자가 구매 시 깊이 고민하지 않으며 주로 기능성과 실용성을 기반으로 선택하는 제품들이다. 대표적인 제품으로는 생활용품이나 식료품, 저가 가전제품, 세제, 치약 등이 있다. 소비자는 이러한 제품을 구매할 때 브랜드에 대한 특별한 감정적 애착을 형성하지 않고 기능과 가격을 기준으로 빠르게 결정을 내린다.

저관여/이성 제품의 광고 전략은 단순하고 직관적인 정보 전달에 초점을 맞춘다. 소비자가 짧은 시간 내에 제품의 장점을 쉽게 이해할 수 있도록 구성되며, 제품의 기능적 우수성이나 경제성, 실용성을 강조하는 것이 핵심이다. 광고에서는 제품의 사용법을 비롯해 성능이나 가성비 등을 부각하여 소비자가 논리적으로 구매를 결정할 수 있도록 유도한다. 이러한 광고는 소비자가 일상에서 쉽게 접할 수 있도록 반복적인 노출 전략을 활용한다. 광고 메시지는 간결하고 명확해야 하며 핵심적인 기능이나 차별점을 강조하는 방식이 효과적이다.

첫 번째와 두 번째 광고는 프록터 앤 갬블(Procter & Gamble: P&G)

3. 광고 전략 모델   133

>> 그림 3-6. 저관여/이성 광고 사례

의 세제 브랜드 아리엘(Ariel)의 크리에이티브한 광고로 강력한 세척력을 강조하는 방식으로 제작되었다. 하인즈 케첩(Heinz ketchup)과 누텔라(Nutella) 병이 원래의 색을 잃고 마치 하얀 유리병처럼 보이도록 연출되어 있다. 이는 아리엘 세제가 얼룩을 얼마나 강력하게 제거할 수 있는지를 직관적으로 보여 주는 시각적 장치이다. 일반적으로 강렬한 색을 가진 케첩과 초콜릿 스프레드는 세탁 시 제거하기 어려운 얼룩의 대표적인 예로 꼽히는데, 광고에서는 아리엘의 강력한 세척력으로 인해 제품 본연의 색조차 지워질 정도라는 극적인 표현을 사용하여 세제의 효과를 강조하고 있다.

　세 번째 광고는 크레스트(Crest) 치약 광고로 건강한 잇몸과 강한 치아를 유지하는 것이 중요하다는 메시지를 전달하고 있다. 광고에서는 모델이 사과를 베어 무는 모습을 통해 치아의 강도를 시각적으로 표현하며 크레스트 치약을 사용하면 잇몸 건강이 개선되고 치아가 더욱 강해질 수 있다는 점을 강조한다. 이러한 직관적인 비주얼 메시지는 소비자들에게 제품의 혜택을 명확하게 전달함으로써 치아 보호 및 구강 건강에 대한 신뢰를 형성하는 역할을 한다.

(4) 저관여/감성(low involvement/feeling): 사분면 4

저관여/감성 제품군은 소비자가 구매 시 깊이 고민하지 않지만 감성적인 요소가 중요하게 영향을 미치는 제품을 포함한다. 대표적인 예로는 향수를 비롯해 스낵이나 청량음료, 저가 화장품, 패스트푸드 등이 있으며, 소비자는 이러한 제품을 구매할 때 논리적인 정보보다는 브랜드 이미지나 감각적인 요소 혹은 단순한 기분에 따라 선택하는 경향이 있다. 즉, 제품의 기능적 우수성보다는 감각적 즐거움이나 브랜드의 스타일이 구매 결정에 더 큰 영향을 미친다.

이러한 제품군에 적합한 광고 전략은 소비자에게 깊이 있는 정보를 제공하기보다는 감각적인 자극을 통해 즉각적인 호감을 불러일으키는 것이 핵심이다. 따라서 광고에서는 시각적, 청각적, 감성적인 요소를 활용하여 소비자들이 브랜드나 제품에 대한 긍정적인 느낌을 가질 수 있도록 해야 한다. 화려한 색상이나 리드미컬한 음악, 감각적인 비주얼, 유머 요소 등이 효과적인 도구가 될 수 있다. 특히 브랜드가 전하고자 하는 분위기와 스타일을 강조하는 것이 중요하며 소비자가 제품을 경험하는 순간의 즐거움이나 만족감을 연출하는 방식이 많이 활용된다.

광고 메시지는 짧고 간결하며 쉽게 기억될 수 있도록 구성하는 것이 중요하다. 소비자가 깊이 고민하지 않는 제품군이므로 광고는 빠르게 인지될 수 있도록 단순하고 직관적인 메시지를 전달해야 한다. 브랜드의 개성과 감성을 강조하는 슬로건이나 반복적인 시각적 요소를 통해 브랜드를 각인시키는 것도 효과적인 방법이다. 또한 유명인을 활용한 광고나 재미있는 상황 설정을 통해 소비자들에게 브랜드를 친숙하게 만드는 전략이 자주 사용된다.

첫 번째 광고는 코카콜라사의 이온음료 브랜드 토레타로 제품의

3. 광고 전략 모델   135

▶▶ 그림 3-7. 저관여/감성 광고 사례

청량감과 가벼운 즐거움을 강조하고 있다. 모델이 상쾌한 표정으로 탄산수를 마시는 장면이 중심이 되며 이를 통해 마시는 순간의 상쾌함과 개운한 느낌을 전달하고 있다. 또한 제품이 일상의 작은 순간을 더욱 활기차게 만들어 준다는 점을 강조하여 소비자의 감각적인 반응을 유도한다. 이 광고는 복잡한 제품 정보보다는 시각적인 연출과 감성적인 메시지를 활용하여 탄산수의 특징을 감각적으로 전달하고 소비자가 이를 쉽게 떠올릴 수 있도록 만든다.

　두 번째 광고는 크래커 브랜드인 리츠로 간편한 스낵 제품이 주는 만족감과 감성적인 즐거움을 전달하는 전략을 사용하고 있다. 강렬한 색상과 모델의 인상적인 표정을 활용하여 제품을 더욱 매력적으로 보이게 하며 브랜드가 오랜 전통을 가지고 있음을 암시하는 요소도 포함되어 있다. 크래커를 한 손에 들고 있는 장면을 통해 간편한 간식으로서의 특성을 직관적으로 보여 줌으로써 가볍게 즐길 수 있는 제품임을 강조한다.

　이 광고들은 소비자가 구매 결정을 내릴 때 복잡한 정보 분석 없이 감각적으로 반응하는 제품군에 해당한다. 이온음료와 스낵과 같은 저관여 제품은 합리적 비교보다는 즉각적인 감성 자극과 즐거운 이미지가 중요한데, 이를 반영하여 청량감이나 경쾌함, 트렌디한 감각을 강조하는 방식으로 광고를 구성했다.

5) FCB 그리드 모델의 활용 방법

FCB 그리드 모델을 효과적으로 활용하기 위해서는 제품 및 서비스의 특성을 분석하고 이에 적합한 광고 전략을 수립하는 것이 필수적이다.

첫째, 광고주는 자사 제품이나 서비스가 소비자의 구매 의사 결정 과정에서 어느 사분면에 속하는지를 파악해야 한다. 제품이 고관여인지 저관여인지, 소비자의 의사 결정이 이성적인 정보 분석에 기반하는지 아니면 감성적인 경험에 영향을 받는지를 분석하는 것이 중요하다. 이를 통해 소비자가 제품을 선택할 때 가장 중요하게 고려하는 요소를 이해하고 이에 맞춰 광고 전략을 기획할 수 있다.

둘째, 각 사분면에 따른 광고 메시지와 표현 전략을 수립해야 한다. 고관여/이성 제품의 경우, 소비자는 신중한 의사 결정을 내리기 때문에 설득력 있는 정보 제공이 필수적이다. 따라서 광고에서는 제품의 성능이나 기능, 효율성 등의 객관적인 데이터를 강조하고 전문가 추천이나 비교 분석을 활용하는 것이 효과적이다. 반면, 고관여/감성 제품은 브랜드 경험과 정서적 가치를 중요하게 여기므로 감각적 요소와 브랜드 스토리텔링을 활용하여 감성적인 공감을 이끌어내는 전략이 적합하다. 저관여 제품군의 경우, 이성적 판단이 중요한 제품이라면 직관적이고 간결한 정보 전달이 필요하며, 감성적 요소가 중요한 제품이라면 재미있고 감각적인 광고 표현을 활용하는 것이 효과적이다.

셋째, 제품 특성에 맞는 광고 전략을 선택한 후, 이를 효과적으로 전달할 수 있는 적절한 매체를 연계해야 한다. 고관여 제품은 소비자가 심층적인 정보를 탐색할 가능성이 높기 때문에 TV 광고나 전문 매거진, 브랜드 홈페이지, 상세 제품 설명이 포함된 디지털 광고 등이 적절하다. 반면, 저관여 제품은 소비자가 빠르게 제품을 인식하고 구매 결정을 내릴 수 있도록 짧고 간결한 메시지를 소셜 미디어나 디지털 배너 광고, 리마케팅(remarketing) 광고[3] 등을 통해 반복적으로 노출하는 전략이 유리하다.

4. 3H 콘텐츠 전략

3H 전략(3H Strategy)은 '히어로(Hero), 허브(Hub), 헬프(Help)' 또는 '히어로(Hero), 허브(Hub), 하이진(Hygiene)'으로 불리며, 디지털 마케팅 및 광고 전략에서 브랜드가 소비자와의 관계를 장기적으로 형성하는 데 사용되는 프레임워크다(김병희 외, 2022). 브랜드의 인지도를 높이고 지속적인 관심을 유도하며 실용적인 정보를 제공함으로써 소비자의 충성도를 강화하는 것이 핵심 목표이다. 이 전략은 디지털 마케팅과 광고에서 효과적으로 활용되며 각각의 요소는 특정한 목적과 기능을 갖고 있다.

---

[3] 리마케팅은 이전에 웹사이트를 방문했거나 소셜 미디어 콘텐츠를 사용한 적이 있는 타깃 잠재고객에게 광고를 게재할 수 있는 마케팅 전략이다.

▶ 그림 3-8. 3H 콘텐츠 전략 단계

1) 히어로 콘텐츠

히어로 콘텐츠는 대형 캠페인을 통해 브랜드의 인지도를 극대화하는 콘텐츠 유형이다. 이러한 콘텐츠는 브랜드가 대중적으로 강한 인상을 남기고 대규모 도달을 목표로 하며, 주로 신제품 출시나 시즌 캠페인과 같은 중요한 시점에 맞춰 제작된다. 특히 강렬한 감성적 요소와 스토리텔링을 포함하여 소비자의 감정을 자극하고 브랜드 메시지를 각인시키는 역할을 담당한다. 주요 형태로는 감정적 스토리텔링을 활용한 영상이나 바이럴 요소를 포함한 콘텐츠 등이 있으며, 주로 TV 광고와 함께 유튜브를 비롯한 소셜 미디어뿐만 아니라 대형 이벤트 등을 통해 배포된다.

2) 허브 콘텐츠

허브 콘텐츠는 브랜드와 소비자 간의 관계를 유지하고 지속적인 관심을 유도하는 콘텐츠이다. 히어로 콘텐츠가 한 번의 강렬한 인상으로 브랜드를 알린다면, 허브 콘텐츠는 꾸준한 브랜드 노출과 맞춤형 콘텐츠 제공을 통해 소비자와의 지속적인 관계를 형성한다. 이 콘텐츠는 브랜드의 아이덴티티를 반영하여 정기적으로 제작되며 특정 타깃층을 대상으로 맞춤형 콘텐츠를 제공한다. 주요 유형으로는 브랜드 블로그를 비롯해 SNS 콘텐츠, 웹 시리즈 등의 정기적인 콘텐츠 제작이 있으며, 브랜드가 제공하는 지속적인 가치와 소비자의 관심을 연결하는 역할을 한다. 스타벅스는 SNS에서 시즌별 음료 콘텐츠를 운영하며 신메뉴를 홍보하고 소비자와의 소통을 강화하는 허브 콘텐츠 전략을 활용하고 있다.

3) 헬프 콘텐츠

헬프 콘텐츠는 소비자가 브랜드나 제품과 관련된 실용적인 정보를 필요로 할 때 유용하게 작용하는 콘텐츠 유형이다. 주로 블로그 포스트나 유튜브 영상, 자주 묻는 질문(FAQ) 등의 형식으로 제공되며, 검색 엔진 최적화(SEO)를 고려한 정보 구조를 갖춘다는 점에서 차별성을 가진다. 이러한 콘텐츠는 제품을 어떻게 사용하는지 설명하고 문제가 생겼을 때 해결 방법을 제시하며, 브랜드를 올바르게 이용하는 방법을 안내함으로써 소비자의 불편을 줄인다. 동시에 브랜드와 제품에 대한 신뢰를 높이는 데에도 긍정적인 영향을 준다.

삼성전자의 사용 가이드 영상은 복잡한 제품 기능을 영상으로 시각화함으로써 소비자가 쉽게 이해할 수 있도록 돕는다. LG전자 역시 공식 블로그를 통해 가전제품 유지보수 요령과 효율적인 사용 팁을 지속적으로 공유하고 있으며, 이러한 노력들은 브랜드에 대한 긍정적 인식을 구축하는 데 효과적인 전략으로 작용하게 된다.

4) 레드불의 3H 콘텐츠 전략 사례

레드불(Red Bull)은 단순히 에너지 드링크를 판매하는 데 그치지 않고 익스트림 스포츠를 비롯해 음악이나 어드벤처와 같은 다양한 문화 영역에 적극적으로 참여하면서 강력한 브랜드 정체성을 형성했다. 특히 콘텐츠 마케팅에서는 '3H(Hero, Hub, Help) 콘텐츠 전략'을 전략적으로 적용하며 소비자의 구매 여정에 맞춰 콘텐츠를 구성해 왔다.

3H 전략은 소비자가 브랜드를 처음 인지하는 순간부터 구매에 이르기까지 각 단계에서 필요한 콘텐츠를 알맞은 방식으로 전달하는 것을 목표로 한다. 이 전략이 레드불의 마케팅에서 어떻게 작동하는지 구체적인 사례를 중심으로 살펴보자.

(1) 히어로 콘텐츠

히어로 콘텐츠는 브랜드를 처음 접하는 대중에게 강렬한 인상을 남기고 브랜드를 널리 알리는 역할을 한다. 이 단계에서는 제품 자체를 강조하기보다는 브랜드의 가치와 철학을 전달하는 것이 중요하다.

이를 극적으로 보여 준 대표적인 사례가 2012년 '레드불 스트라토스(Red Bull Stratos)' 우주낙하 프로젝트이다. 이 프로젝트에서 스카이다이버 펠릭스 바움가르트너(Felix Baumgartner)는 성층권 39km에서 자유 낙하하며 사상 최초로 초음속 속도를 돌파했다. 이 프로젝트는 전 세계적으로 엄청난 주목을 받았으며 유튜브에서 1억 2천 8백만

>> 그림 3-9. 레드불 스트라토스 프로젝트

회 이상의 조회 수를 기록했다.

레드불은 이 캠페인을 통해 단순한 음료 브랜드가 아니라 '한계를 극복하는 도전 정신을 지원하는 브랜드'라는 이미지를 각인시켰다. 히어로 콘텐츠의 핵심은 단순한 광고가 아니라 브랜드가 추구하는 철학을 극대화하여 소비자들에게 깊은 인상을 남기는 것이다. 레드불은 이를 성공적으로 활용하여 브랜드를 단순한 에너지 드링크가 아니라 혁신과 도전의 상징으로 자리 잡게 만들었다.

(2) 허브 콘텐츠

허브 콘텐츠는 브랜드를 인지한 소비자들이 지속적으로 브랜드와 연결되도록 하는 역할을 한다. 레드불의 경우 스트라토스(Stratos) 프로젝트와 같은 대규모 이벤트로 '도전과 혁신'이라는 브랜드 철학을 각인시켰다면, 허브 콘텐츠는 익스트림 스포츠와 음악 관련 콘텐츠를 통해 소비자들이 레드불과 꾸준히 관계를 형성하도록 유도하는 역할을 한다. 대표적인 사례로는 'Red Bull TV'가 있다. Red Bull TV는 익스트림 스포츠를 비롯한 레이싱이나 음악 공연뿐만 아니라 e스포츠 등 다양한 콘텐츠를 제공하는 자체 스트리밍 플랫폼으로 브랜드의 가치와 일관된 콘텐츠를 지속적으로 노출함으로써 충성도 높은 고객층을 형성하고 있다.

　또한 레드불은 세계적인 익스트림 스포츠 대회인 'Red Bull Rampage(MTB 다운힐 레이싱)'를 직접 주최하고, 서핑이나 모터스포츠, 스케이트보드 등 다양한 익스트림 스포츠 이벤트를 후원하고 있다. 이는 단순히 브랜드 스폰서십을 넘어 레드불이 이러한 스포츠 문화를 주도하는 역할을 맡고 있음을 보여 준다. 이와 함께 레드불은 'Red Bull Music Festival'을 통해 음악 문화까지 브랜드와 연결시키고 있다. 힙합이나 EDM, 록 등 다양한 장르의 음악을 지원함으로써 브랜드가 단순한 음료를 판매하는 것을 넘어 라이프스타일을 창조하는 브랜드임을 강조하고 있다.

(3) 헬프 콘텐츠

　헬프 콘텐츠는 구매를 고려하는 소비자들이 최종 결정을 내릴 수 있도록 실질적인 정보를 제공하는 역할을 한다. 일반적으로 제품의 기능과 장점을 설명하는 콘텐츠가 이에 해당하며 소비자들이 제품에 대한 신뢰를 가지도록 돕는다.

　레드불은 헬프 콘텐츠를 활용하여 제품의 기능성을 강조하고 소비자들에게 신뢰를 주는 전략을 사용한다. 대표적인 사례로는 'Red Bull 제품 라인업 비교 콘텐츠'가 있다. 레드불 오리지널을 비롯해 슈가프리, 레드불 에디션 등 다양한 제품군을 설명하는 콘텐츠를 제작하여, 소비자들이 자신의 라이프스타일에 맞는 제품을 선택할 수 있도록 돕고 있다.

　또한 레드불은 '에너지 드링크가 신체에 미치는 영향'에 대한 과학적 데이터를 제공하여 제품의 신뢰도를 높이고 있다. 카페인 함량과 함께 운동 퍼포먼스 향상 효과 등을 설명하는 콘텐츠를 통해 소비자들이 제품을 보다 객관적으로 이해할 수 있도록 돕는다. 뿐만 아니라 레드불은 프로 스포츠 선수들이 경기 전후에 레드불을 어떻게 활용하는지 보여 주는 사례를 공유함으로써 제품의 기능성을 더욱 강조하고 있다. 이를 통해 소비자들은 레드불이 단순한 음료가 아니라 실제 퍼포먼스를 향상시키는 기능성 음료라는 인식을 갖게 된다.

  헬프 콘텐츠의 핵심은 소비자들이 제품을 신뢰하고 최종적으로 구매를 결정할 수 있도록 실질적인 정보를 제공하는 것이다. 레드불은 이를 효과적으로 활용하여 소비자들이 브랜드를 신뢰할 수 있도록 만들고 제품 구매를 자연스럽게 유도하고 있다.

Chapter 04

크리에이티브 전략

Chapter 04 크리에이티브 전략

학습 목표

- 크리에이티브 전략이 광고와 마케팅에서 수행하는 역할과 중요성을 이해한다.
- 찰스 프레이저가 제안한 일곱 가지 크리에이티브 전략의 특징과 활용 방안을 학습한다.
- 다양한 광고 사례를 통해 크리에이티브 전략이 실제 광고 캠페인에서 어떻게 적용되는지 파악한다.
- 브랜드 목표와 소비자 니즈를 반영한 창의적인 광고 전략을 기획하는 능력을 개발한다.

1. 크리에이티브 전략의 정의

크리에이티브 전략(creative strategy)이란 광고 및 마케팅 캠페인의 목표를 달성하기 위해 창의적인 아이디어를 개발하고 실행하는 일련의 계획과 접근 방식을 의미한다. 이는 브랜드 메시지를 효과적으로 전달하고 소비자의 행동을 유도하기 위한 핵심 요소로 작용한다.

이전 챕터의 광고 전략과 이 챕터에서 설명하는 크리에이티브 전략은 서로 독립적인 개념이 아니라 하나의 광고 캠페인을 효과적으로 운영하기 위해 유기적으로 연결된 요소이다. 광고 전략이 브랜드의 마케팅 목표와 방향을 설정하는 역할을 한다면 크리에이티브 전략은 그 목표를 달성하기 위해 어떻게 표현할지를 결정하는 과정이다. 즉, 광고 전략은 '무엇을 말할 것인가'를 정의하고 크리에이티브 전략은 '어떻게 말할 것인가'를 결정하는 역할을 수행한다고 볼 수 있다. 결국 두 가지 전략이 조화를 이루었을 때 광고는 소비자에게 강한 인상을 남기고 효과적으로 메시지를 전달할 수 있다.

또한 크리에이티브 전략은 단순히 창의적인 광고를 제작하는 것을 넘어 브랜드의 목표를 비롯해 타깃 소비자의 특성이나 경쟁사 분석, 미디어 환경 등을 종합적으로 고려하여 차별화된 메시지를 전달하는 데 초점을 맞춘다. 따라서 단순히 독창적인 표현을 내세우는 것이 아니라 브랜드가 전달하고자 하는 핵심 가치와 소비자가 공감할 수 있는 요소를 전략적으로 결합하여 설득력을 높이는 것이 핵심이다.

이러한 과정은 광고의 목표와 방향성을 명확히 설정하고 브랜드의 정체성을 강화한다. 동시에 타깃 소비자의 관심을 효과적으로 유도할 수 있도록 정서적 공감대를 형성하고 스토리텔링 기법을 활용하며, 차별화된 비주얼 및 카피 전략을 개발하는 등의 요소를 포함한다.

결과적으로 크리에이티브 전략은 브랜드 인지도를 향상하고 소비자의 구매 전환율을 증대시키며, 브랜드와 소비자 간의 감성적 연결을 형성하는 등 광고 캠페인의 주요 목표를 달성하는 데 기여한다. 이를 통해 단순히 '주목받는 광고'가 아니라 소비자의 행동을 유도하고 브랜드의 장기적인 성장에 기여하는 효과적인 광고 전략을 완성할 수 있다. 이 챕터에서는 광고 크리에이티브 전략 중 가장 널리 알려진 찰스 프레이저(Charles Frazer)의 일곱 가지 전략을 중심으로 살펴보겠다. 찰스 프레이저의 크리에이티브 전략은 광고 메시지를 기획하고 표현하는 데 있어 핵심적인 가이드라인을 제공하며 다양한 브랜드와 캠페인에서 실질적으로 활용되고 있다.

2. 프레이저의 일곱 가지 크리에이티브 전략

찰스 프레이저는 광고 크리에이티브 전략 분야에서 중요한 이론을 제시한 학자이다. 그는 광고 메시지를 기획할 때 고려해야 할 일반적인 성격과 특성을 규명하는 정책이나 원리를 '크리에이티브 전략'으로 정의했다. 그는 광고의 효과적인 전달을 위해 크리에이티브 전략이 필수적이라고 보았으며, 이를 통해 브랜드가 목표 소비자에게 보다 효과적으로 메시지를 전달할 수 있도록 돕고자 했다.

1983년, 프레이저는 기존의 크리에이티브 전략을 종합해 「크리에이티브 전략: 관리 관점(Creative Strategy: A Management Perspective)」이라는 논문을 발표하며 광고 표현 전략을 일곱 가지 유형으로 분류하였다. 그의 연구는 광고 크리에이티브 기획자들이 전략적으로 접근할 수 있는 체계를 제공하는 데 기여했으며, 오늘날에도 광고 및 마케팅 분야에서 중요한 이론적 기반으로 활용되고 있다(김운한, 정차숙, 2016).

1) 본원적 전략

(1) 본원적 전략의 정의

본원적 전략(generic strategy)은 특정 브랜드에 국한되지 않고 제품 카테고리 전체의 보편적인 속성이나 혜택을 강조하는 전략이다. 이는 경쟁사와 차별화를 시도하기보다는 시장 전체의 성장을 촉진하는 방식으로 작동하며 제품이 속한 산업이나 카테고리에 대한 소비자의 관심을 높이는 데 초점을 맞춘다. 본원적 전략은 종종 시장 선도 기업에 의해 사용되며 해당 기업이 특정 제품군을 대표하는 역할을 수행할 때 효과적이다.

(2) 본원적 전략의 특성

본원적 전략은 다음과 같은 특성이 있다.

첫째, 개별 브랜드가 아닌 제품군 전체의 이점을 소비자들에게 인식시키는 데 초점을 맞춤으로써 제품 카테고리 자체의 가치를 강조한다. 예를 들어, 커피 업계에서는 '커피가 집중력을 높이고 활력을 제공한다.'는 메시지를 통해 전체 커피 시장의 소비를 확대하려는 전략이 사용된다. 이때 특정 브랜드를 강조하는 것이 아니라 커피 자체의 가치와 효능을 알리는 것이다.

둘째, 경쟁보다는 시장 확대에 초점을 둔다. 다시 말해, 본원적 전략은 특정 브랜드를 경쟁사와 차별화하기보다는 해당 카테고리의 수요를 증가시키는 데 초점을 둔다. 예를 들어, 바나나 생산자 연합에서 진행한 '바나나는 건강에 좋다.'라는 캠페인은 특정 브랜드를 홍보하지 않지만 바나나 소비를 촉진하는 역할을 한다. 이는 바나나를 소비하는 전체 시장을 확대하고 궁극적으로 모든 브랜드가 혜택을 얻을 수 있도록 만든다.

셋째, 시장 선도 기업이 주로 활용한다. 본원적 전략은 일반적으로 해당 카테고리에서 가장 강력한 위치를 차지한 기업이 사용하는 경우가 많다. 시장 리더는 브랜드 간 차별화를 시도하기보다는 전체 시장의 규모를 키우는 것이 더 큰 이익이 되기 때문이다. 예를 들어, 구글(Google)은 특정 검색 엔진의 우위를 강조하기보다는 '인터넷 검색의 필요성' 자체를 강조하는 마케팅을 활용하여 시장을 확대했다.

넷째, 브랜드 인지도가 높은 기업일수록 효과적이다. 본원적 전략은 특정 브랜드를 부각시키지 않기 때문에 이미 소비자들에게 널리 알려진 기업이 활용할 때 더 효과적이다. 예를 들어, 나이키(Nike)는 '운동은 삶을 변화시킨다.'라는 메시지를 통해 스포츠 업계 전체의 가치를 강조하지만 소비자들은 자연스럽게 나이키를 떠올리게 된다. 따라서 본원적 전략은 브랜드 인지도가 높은 기업이 사용할 때 브랜드에 대한 긍정적인 연상을 강화하는 역할을 한다.

이처럼 본원적 전략은 경쟁 브랜드와 차별화하는 것이 아니라 특정 산업이나 제품군의 가치를 강조함으로써 시장을 키우고 소비자의 관심을 유도하는 전략이다. 이를 성공적으로 활용하려면 소비자가 해당 제품군을 필요로 하는 이유를 명확하게 전달하고 브랜드 인지도를 자연스럽게 연결할 수 있도록 해야 한다.

(3) 본원적 전략 사례

미국유제품협의회(California Milk Processor Board: CMPB)가 1993년부터 진행한 'Got Milk(우유 있어?)' 캠페인은 특정 브랜드를 홍보하지 않으면서도 우유 소비를 장려하는 데 성공한 사례로 평가받는다. 이 캠페인은 '우유가 없을 때 겪게 되는 불편함'을 유머러스하게 강조하

>> 그림 4-1. 미국유제품협의회의 본원적 전략 사례

는 방식으로 소비자들의 공감을 얻었으며, 이후 미국 전역으로 확산되며 장기적인 우유 소비 촉진 효과를 거두었다.

또 다른 사례는 글로벌 식품회사 다논(Danone)이 소유하고 있는 식물성 대체 우유 브랜드인 실크(Silk)가 진행한 광고 캠페인이다. 이 캠페인은 기존의 유명한 'Got Milk?' 캠페인의 상징적 요소를 차용하면서도 전통적인 유제품이 아닌 식물성 대체 우유 브랜드 Silk의 'Next Milk'를 중심으로 메시지를 전달하고 있다. 특히 흥미로운 점은 광고 모델로 기존 'Got Milk?' 캠페인에 출연했던 유명인들의 자녀, 즉 2세 연예인을 기용했다는 것이다. 데이비드 베컴의 아들 브루클린 베컴, 크리스티 브링클리의 딸 세일러 브링클리 쿡, 켈리 프레스톤의 딸 엘라 블루 트라볼타 등이 모델로 참여해 세대 간 연결성을 강조하는 동시에 친숙한 이미지를 활용하여 새로운 소비층까지 효과적으로 공략하고 있다.

또한 '새로운 콧수염, 당신이 사랑하는 맛과 식감(New mustache, a taste and texture you love)'이라는 카피를 통해 기존 우유 광고에서 유

2. 프레이저의 일곱 가지 크리에이티브 전략   153

그림 4-2. 실크의 본원적 전략 사례

명했던 '우유 콧수염' 비주얼을 유지하면서 식물성 대체 우유의 맛과 질감을 강조하는 메시지를 전달하고 있다. 이는 단순히 기존 우유 소비를 장려하는 것이 아니라 우유의 개념을 확장하여 '다음 세대의 우유(Next Milk)'라는 새로운 인식을 소비자들에게 심어 주려는 전략이라고 할 수 있다.

2) 선점 전략

(1) 선점 전략의 정의

선점 전략(preemptive strategy)은 기업이 경쟁사보다 먼저 특정 제품 속성이나 혜택을 강조하여 소비자들에게 인식시키는 전략이다. 비록 경쟁 제품도 동일한 속성을 가질 수 있지만 먼저 시장에 자리 잡은 브랜드가 해당 속성을 대표하는 이미지로 소비자에게 각인된다. 결국 후발 주자는 유사한 주장을 하더라도 소비자에게 차별화된 인식을 형성하기 어려워지고, 결국 '미투(Me Too)' 제품[1]으로 인식될 가능성이 높아진다. 특히 이 전략은 기술적 차별화가 어려운 시장에서 브랜드를 효과적으로 포지셔닝하는 데 유용하다.

(2) 선점 전략의 특성

선점 전략은 다음과 같은 특성이 있다. 첫째, 시장 선도 효과가 있다. 기업이 특정 제품 속성이나 혜택을 가장 먼저 강조하면 소비자는 이를 해당 브랜드의 고유한 장점으로 인식한다. 예를 들어, 볼보(Volvo)는 자동차 안전성에 대한 메시지를 업계 최초로 강조하며 소비자들에게 '안전한 자동차'라는 인식을 선점했다. 이후 다른 자동차 브랜드들도 안전성을 강조했지만 소비자들은 여전히 볼보를 '안전한 차'의 대표 브랜드로 기억한다.

둘째, 경쟁자의 진입 장벽을 강화하는 효과가 있다. 즉, 시장에서 특정 속성을 선점한 브랜드가 존재하면 후발 주자는 동일한 속성을 강조해도 소비자들에게 차별성을 각인시키기 어렵게 된다. 예를 들어, 클로락스(Clorox)는 표백제의 살균 효과를 가장 먼저 강조하며 브랜드 인지도를 높였다. 이후 등장한 경쟁 제품들도 유사한 살균 효과를 주장했지만 클로락스가 시장을 선점한 이후라 소비자들은 후발 브랜드의 메시지를 새로운 것으로 받아들이지 않았다.

셋째, 브랜드 이미지를 강화하는 역할을 한다. 선점된 속성은 브

---

1 '나 역시'라는 의미의 영단어 'Me too(미투)'와 제품을 결합한 '미투 상품'은 특정 회사의 제품이 시장에서 큰 성공을 거두었을 때, 경쟁 회사가 유사한 기능이나 재료, 상품명 등을 적용해 출시한 제품을 의미한다.

랜드 아이덴티티의 핵심 요소가 되며 장기적으로 브랜드 가치를 구축하는 데 기여한다. 특히 특정 제품 속성이 브랜드의 정체성과 연결될 경우 소비자는 브랜드를 해당 속성과 동일시하게 된다. 실제로 레드불(Red Bull)의 '에너지를 주는 음료'라는 포지셔닝은 경쟁사들도 비슷한 메시지를 내놓게 했지만 소비자들은 여전히 레드불을 에너지 드링크 시장의 대표 브랜드로 인식하고 있다.

넷째, 소비자 충성도를 높이는 효과가 있다. 소비자들은 최초로 특정 혜택을 제공한 브랜드에 대한 신뢰를 가지는 경향이 있기 때문이다. 특정 속성을 먼저 경험한 소비자는 브랜드에 대한 애착이 형성되며, 이후 경쟁 제품이 유사한 속성을 강조하더라도 선점 브랜드를 계속해서 선택할 가능성이 크다. 예를 들어, 영국의 가전 기업인 다이슨(Dyson)은 '먼지봉투 없는 진공청소기'라는 아이디어를 강조하며 시장을 선점했고, 이후 등장한 수많은 무선 청소기 브랜드들도 유사한 기능을 내세웠지만 소비자들은 여전히 다이슨을 혁신적인 청소기 브랜드로 인식하고 있다.

선점 전략은 특정 시장에서 강력한 브랜드 포지셔닝을 구축하는 효과적인 방법이지만 경쟁사가 새로운 차별화 요소를 개발하거나 기술이 발전하면서 기존 속성이 더 이상 차별화되지 않을 위험도 존재한다. 따라서 선점한 속성을 지속적으로 강화하고 새로운 혁신을 더해 브랜드 이미지를 발전시켜 나가는 것이 중요하다고 할 수 있다.

(3) 선점 전략 사례

로보락(Roborock) 청소기는 기존 로봇 청소기 시장에서 차별화된 성능과 기술을 강조하며 '청소의 종말'이라는 강렬한 카피를 사용했다. 이는 기존 청소 방식의 불편함을 종식시키고 로보락이 새로운 시대를 여는 혁신적인 제품이라는 점을 부각하는 전략이다.

선점 전략의 관점에서 로보락은 단순한 로봇 청소기 브랜드가 아니라 '완전한 자동화 청소 시스템'을 제공하는 브랜드로 포지셔닝하고 있다. 이는 경쟁 제품과 차별화되며 소비자들에게 '로봇 청소기 하면 로보락'이라는 강한 인식을 심어 줄 수 있다. 또한 '로봇 청소기의 등장'이라는 기존 문장을 '청소의 종말'로 바꾼 기법은 소비자들이 기존에 알고 있던 개념을 재해석하도록 유도하며, 나아가 로보락이 단순한 업그레이드 제품이 아니라 새로운 청소 패러다임을 제시하는 브랜드임을 강조하는 효과를 가져왔다.

한편, 롯데칠성음료의 '새로' 소주는 '제로 슈거 소주'라는 새로운 카테고리를 선점하며 기존 소주와 차별화된 가치를 강조했다. 비록 소주 시장은 오랫동안 참이슬이나 처음처럼 등의 강력한 브랜드가 자리 잡은 성숙한 시장이지만 최근 소비자들은 저도주 및 건강을 고려한 주류를 선호하는 경향을 보이고 있다. 새로는 이러한 소비 트렌드를 발 빠르게 포착해 기존 소주와 차별화된 '깔끔하고 가벼운 맛'을 강조하며 제로 슈거 소주의 대표 브랜드로 자리 잡고 있다.

결과적으로 선점 전략의 측면에서 새로는 제로 슈거 소주의 대표 브랜드로 자리 잡음으로써 '제로 소주 하면 새로'라는 인식을 소비자들에게 각인시키고 있다. 이를 통해 후발주자가 유사한 제품을 출시

▶ 그림 4-3. 다양한 선점 전략 사례

하더라도 소비자들은 최초의 브랜드인 새로를 먼저 떠올릴 가능성이 높아진다.

3) USP 전략

(1) USP 전략의 배경과 정의

USP(Unique Selling Proposition) 전략은 로서 리브스(Rosser Reeves)가 제안한 개념으로, 제품이나 서비스가 제공하는 독특한 속성을 강조하여 소비자들에게 차별화된 가치를 전달하는 전략이다. 이는 경쟁 제품과 비교했을 때 명확한 차별점을 부각시켜 소비자가 특정한 이유로 해당 브랜드를 선택하도록 유도하는 방식이라고 할 수 있다. 따라서 USP 전략은 단순한 기능적 차별화가 아니라 소비자가 실제로 의미 있게 받아들이는 구체적인 혜택을 강조해야 효과적이라는 특징이 있다.

1940~1950년대 미국 광고 시장은 점점 경쟁이 심화되었고 수많은 브랜드가 유사한 제품을 내놓고 있었다. 그 이전까지의 광고는 제품을 강조하는 것보다 단순한 감성적 메시지나 유명인을 활용한 방식이 많았다. 당시 로서 리브스는 이런 방식으로는 소비자가 브랜드를 차별화할 수 없으며 광고의 효과도 떨어진다고 보았다. 따라서 각 브랜드가 제공할 수 있는 '독특한 판매 제안'을 소비자에게 직접 전달해야 한다고 주장했다. 즉, 소비자가 특정 제품을 선택할 때 '이 제품은 무엇이 다르고 왜 선택해야 하는가'에 대한 답을 광고가 제공해야 한다고 생각했다.

또한 그는 광고가 단순한 예술적 표현이 아니라 구체적인 성과를 창출해야 한다고 믿었다. 특히 그는 광고가 소비자의 행동을 변화시키고 궁극적으로 매출 증가로 이어져야 한다고 주장했다. 이를 위해 리브스는 광고 효과를 분석하고 실질적인 성과를 낼 수 있는 전략을 연구했다. USP 개념은 이러한 논리적이고 과학적인 접근 방식을 바탕으로 개발되었으며, 이후 수많은 브랜드가 이를 적용하여 광고 효과를 극대화했다.

(2) USP 전략의 특성

USP 전략은 브랜드가 경쟁 시장에서 소비자들에게 명확한 차별화 포인트를 제공하는 강력한 도구이다. 하지만 USP가 너무 평범하거나 소비자가 실제로 체감할 수 없는 속성을 강조하면 효과가 떨어질 수 있다. 따라서 USP 전략은 다음의 특성을 고려할 필요가 있다.

첫째, USP 전략은 제품이 가진 독특한 속성을 강조하여 경쟁 제품과 명확한 차이를 만들어야 한다. 이는 단순한 제품의 기능을 나열하는 것이 아니라 소비자가 실질적으로 체감할 수 있는 차별성을 부각하는 데 중점을 둔다. 제품이 제공하는 핵심적인 특징과 그로 인해 소비자가 얻게 되는 혜택을 효과적으로 연결하여 브랜드만이 제공할 수 있는 가치를 명확히 전달해야 한다.

둘째, USP는 제품의 특성을 설명하는 것을 넘어 소비자가 이를 통해 직접 경험할 수 있는 혜택을 강조해야 한다. 즉, 제품이 제공하는 가치는 실질적이고 구체적이어야 하며, 소비자가 제품을 사용했을 때 어떤 이점을 얻을 수 있는지를 분명하게 제시해야 한다. 이를 위해 USP는 소비자의 니즈와 기대를 충족시키면서도 구매 결정 과정에서 차별적인 선택 요인이 될 수 있어야 한다.

셋째, USP 전략이 성공하려면 경쟁 브랜드가 쉽게 모방할 수 없는 고유한 요소를 포함해야 한다. 지나치게 일반적인 메시지는 소비자의 관심을 끌기 어렵고 다른 브랜드에서도 유사한 방식으로 활용할 수 있기 때문에 USP로서의 효과가 감소할 수 있다. 따라서 차별화된 기술력이나 독창적인 브랜드 스토리, 차별적인 사용자 경험과 같은 요소를 기반으로 경쟁사와의 명확한 차이를 강조해야 한다.

넷째, USP는 단기적인 마케팅 캠페인에서 일회성이 아닌 브랜드의 장기적인 정체성과 연결될 수 있어야 한다. 이를 위해 브랜드가 지속적으로 강조할 수 있는 메시지를 설정하고 일관된 브랜드 이미지와 함께 소비자들에게 반복적으로 노출시켜야 한다. 결국 브랜드의 핵심 가치와 철학을 반영한 USP는 소비자들에게 신뢰를 구축하고 브랜드를 지속적으로 연상시키는 역할을 한다.

(3) USP 전략 사례

쌤소나이트의 '커브(CURV)' 광고는 USP 전략을 극대화한 사례로 제품의 차별화된 강점을 실제 실험을 통해 직관적으로 증명하는 방식을 활용했다. 광고는 커브의 세 가지 핵심 특징을 강조하며 이를 극적인 시각적 연출을 통해 소비자에게 효과적으로 전달한다.

첫째, '가벼움(light)'을 강조하기 위해 가방을 벽에 부착하는 장면이 등장한다. 놀라운 점은 가방이 일반적인 접착제나 고정 장치 없이 단순히 씹던 껌의 접착력만으로 벽에 붙어 있는 모습을 보여 준다는 것이다. 이는 커브 소재가 기존 여행 가방과 비교할 수 없을 정도로 가볍다는 점을 직관적으로 표현하는 방식으로 숫자로 나열하는 무게 정보보다 훨씬 더 강한 인상을 남긴다.

둘째, '스크래치 방지(anti-scratch)' 기능을 실험하는 장면에서는 강력한 공사용 드릴이 등장한다. 광고에서는 드릴을 이용해 가방 표면을 긁는 모습을 보여 주면서 가방이 손상되지 않는다는 점을 강조한다. 이를 통해 가방이 여행 중 외부 충격이나 마찰에도 강한 내구성을 갖추고 있으며, 장기간 사용에도 표면이 쉽게 손상되지 않는다는 점을 소비자에게 설득력 있게 전달한다.

셋째, '강한 복원력(strong recovery)'을 보여 주는 장면에서는 가방이 강한 충격을 받지만 원래 형태로 완벽하게 복원되는 모습을 연출한다. 광고에서는 대형 트랙터가 가방을 깔고 지나가지만 이후 가방이 손상되지 않고 다시 원형 그대로 복원되는 모습을 보여 준다. 이는 커브가 단순히 튼튼한 것이 아니라 탄성이 뛰어나고 충격을 흡수한 후에도 변형 없이 원래 모습으로 되돌아온다는 점을 강조하는 방식이라고 할 수 있다.

그림 4-4. 쌤소나이트의 USP 전략 사례

이 광고는 단순한 제품 설명을 넘어 실제 실험을 활용한 검증된 메시지 전달 방식을 사용함으로써 USP 전략을 효과적으로 구현한 사례이다. 숫자로 된 정보보다 강한 시각적 증거를 통해 소비자들에게 제품의 차별성과 우수성을 전달하고 있다.

4) 브랜드 이미지 전략

(1) 브랜드 이미지 전략의 배경과 정의

브랜드 이미지 전략(brand image strategy)은 제품의 기능적 속성보다는 브랜드가 소비자에게 전달하는 심리적 가치와 감성적인 요소를 강조하는 전략이다. 이는 단순한 제품 차별화가 아니라 브랜드가 추구하는 라이프스타일이나 가치, 철학을 소비자와 공유하는 데 초점을 둔다. 이러한 전략을 통해 브랜드는 단순한 기능적 우위를 넘어 소비자들의 정서적 공감을 이끌어 내고 장기적인 브랜드 충성도를 형성할 수 있다.

브랜드 이미지 전략은 광고계의 거장인 데이비드 오길비(David Ogilvy)에 의해 체계화된 개념이다. 그는 1950~1960년대 광고 시장에서 단순한 제품의 기능적 장점만을 강조하는 광고 방식이 한계를 보이고 있다고 분석했다. 당시 광고 시장은 경쟁이 치열해지면서 모든 브랜드가 유사한 제품 특성을 강조하는 방식으로 접근했다. 하지만 오길비는 소비자들이 구매 결정을 내릴 때 단순히 제품의 기능적인 장점만을 보는 것이 아니라 브랜드가 전달하는 감성적 요소와 이미지가 더욱 중요하게 작용한다는 점에 주목했다.

오길비는 브랜드가 특정한 이미지와 정체성을 구축해야 한다고 주장하며 브랜드 이미지 전략을 강조했다. 그는 이를 "소비자는 제품이 아니라 브랜드를 구매한다."라는 말로 표현하며, 브랜드가 일관된 메시지를 유지하고 소비자의 감성을 자극하는 이미지와 스토리텔링을 통해 강력한 인상을 남겨야 한다고 주장했다.

(2) 브랜드 이미지 전략의 특성

브랜드 이미지 전략은 다음과 같은 특성이 있다.

첫째, 제품의 기능이 아닌 감성적·심리적 가치를 강조한다. 브랜드 이미지 전략은 제품의 물리적 속성이 아니라 소비자들이 브랜드와 관련하여 느끼는 감정을 기반으로 구축된다. 예를 들어, 코카콜라(Coca-Cola)는 '함께하는 즐거움'이라는 이미지를 강조하며 브랜드를 하나의 감성적인 경험으로 포지셔닝했다. 이는 단순히 탄산음료가 아니라 가족이나 친구들과 함께하는 즐거운 순간과 연관시킴으로써 소비자들의 감정을 자극한다.

둘째, 브랜드의 정체성과 소비자의 자아 개념을 연결한다. 브랜드 이미지는 단순히 광고 캠페인을 통해 만들어지는 것이 아니라 브랜드가 전달하는 메시지가 소비자의 가치관과 부합할 때 더욱 강력한 영향력을 발휘한다. 예를 들어, 탐스 슈즈(TOMS shoes)는 '하나를 사면 하나를 기부한다(One for One).'는 철학을 내세우며 사회적 책임과 나눔의 가치를 강조했다. 이 메시지는 단순히 신발을 구매하는 행위를 넘어 소비자들에게 '나는 사회에 기여하는 책임감 있는 사람'이라는 정체성을 부여함으로써 탐스 슈즈에 제품 이상의 의미를 부여하도록 만들었다.

셋째, 소비자의 장기적인 브랜드 충성도를 높이는 데 기여한다. 브랜드 이미지가 강력한 기업은 소비자들에게 단순한 제품 이상으로 기억되며 이는 구매 결정에 중요한 영향을 미친다. 예를 들어, 샤넬(Chanel)은 '고급스러움과 세련됨'을 브랜드 이미지로 구축하며 소비자들에게 단순한 화장품과 향수가 아니라 '우아한 라이프스타일'을 제공하는 브랜드로 자리 잡았다. 이를 통해 소비자들은 샤넬 제품을 구매함으로써 자신의 품격과 가치를 높인다고 느끼게 된다.

넷째, 광고나 디자인을 비롯한 브랜드 스토리를 통해 일관된 메시지를 전달해야 한다. 브랜드 이미지 전략이 효과적으로 작동하려면 제품 디자인이나 마케팅, 광고 등 브랜드의 모든 접점에서 일관된 메시지를 유지해야 한다. 예를 들어, 테슬라(Tesla)는 지속 가능성과 혁신을 브랜드의 핵심 이미지로 삼아 모든 광고를 비롯해 제품 디자인, 기업 활동에서 이를 강조한다. 소비자들은 단순한 전기차가 아니라 '미래를 위한 혁신적인 선택'이라는 테슬라의 브랜드 이미지를 통해 제품을 구매하게 된다.

브랜드 이미지 전략은 제품의 기능적 특성을 단순히 전달하는 데 그치지 않는다. 오히려 브랜드가 소비자의 삶에서 어떤 의미를 지니는지에 초점을 맞추어 전략을 수립한다. 이를 위해 일관된 브랜드 메시지를 구축하고, 소비자와 감성적·정체성적 유대감을 형성할 수 있는 요소를 꾸준히 발전시키는 노력이 필요하다.

(3) 브랜드 이미지 전략 사례

애플(Apple)의 1997년 'Think Different(다르게 생각하라).' 캠페인은 브랜드 이미지 전략 차원에서 강력한 메시지를 전달한 대표적인 사례이다. 이 광고는 단순히 제품의 기능만을 강조하는 것이 아니라 애플이 지향하는 철학과 가치를 소비자들에게 각인시키는 데 초점을 맞추었다.

'Think Different' 캠페인은 기존 질서에 순응하지 않고 독창적으

> 그림 4-5. 애플의 브랜드 이미지 전략 사례

로 사고하는 이들을 찬양하는 메시지를 담고 있다. 광고는 '미치광이, 부적응자, 반역자 및 말썽꾼' 같은 단어와 함께 파블로 피카소, 마리아 칼라스, 마하트마 간디, 알베르트 아인슈타인, 어밀리아 이어하트 등 혁신적 인물들을 조명하면서 애플을 이들과 동일한 혁신의 상징으로 다룬다. 이를 통해 애플 제품을 사용하는 것은 창의적이고 혁신적인 삶의 태도를 선택하는 행위로 연결되도록 만든다.

한편, 도브(Dove)의 '리얼 뷰티 캠페인(Real Beauty Campaign)' 역시 브랜드 이미지 전략을 효과적으로 보여 주는 사례이다. 이 캠페인은 제품의 기능을 넘어 모든 여성의 자연스러운 아름다움을 인정하고 자신감을 북돋는 메시지를 전달했다. 도브는 이상적인 미의 기준을

2. 프레이저의 일곱 가지 크리에이티브 전략   165

▷ 그림 4-6. 도브의 브랜드 이미지 전략 사례

강요하던 기존 뷰티 산업의 관행에 도전하며, 다양한 연령이나 체형, 피부색을 가진 실제 여성들을 모델로 기용해 진정성과 포용성을 강조했다. 이러한 접근은 브랜드 철학을 일관되게 반영한 장기적 전략으로 이어졌고 소비자들의 신뢰와 공감을 얻는 성과를 거두었다. 도브는 리얼 뷰티 캠페인을 통해 단순한 스킨케어 브랜드를 넘어 여성의 자존감과 긍정적 자기 인식을 지지하는 브랜드로 자리매김할 수 있었다.

5) 포지셔닝 전략

(1) 포지셔닝 전략의 정의

포지셔닝 전략(positioning strategy)은 브랜드가 소비자의 인식 속에서 경쟁 제품과 차별화된 위치를 확보하도록 하는 전략이다. 단순한 시장 점유율 확대 차원이 아닌 소비자의 기억 속에서 브랜드가 특정한 가치나 이미지와 연결되도록 설계하는 것이 핵심이다. 제품의 기능적 차별화뿐만 아니라 소비자가 해당 브랜드를 특정한 감성이나 철학 또는 경험과 연관 짓도록 유도하는 것이 주요 포인트이다.

포지셔닝 전략은 잭 트라우트(Jack Trout)와 알 리스(Al Ries)가 1969년 처음 제안한 개념으로 이후 그들의 저서 『마케팅 포지셔닝(Positioning: The Battle for Your Mind)』(1981)에서 본격적으로 정립되었다. 이 전략은 기존의 단순한 마케팅 차별화 개념을 넘어 소비자의 인식 속에서 경쟁 브랜드보다 유리한 위치를 선점하는 것이 마케팅의 핵심이 되어야 한다는 점을 강조했다. 트라우트와 리스는 현대 마케팅 환경에서 소비자들이 너무 많은 광고와 정보에 노출되면서 메시지를 선별적으로 받아들이게 되었고, 이로 인해 브랜드가 소비자의 머릿속에서 강력한 이미지를 구축하는 것이 더욱 중요해졌다고 분석했다. 즉, 단순히 더 좋은 제품을 만드는 것이 아니라 소비자의 인식 속에서 더 강력한 인상을 남기는 것이 마케팅의 성공을 좌우한다는 것이다. 따라서 포지셔닝 전략은 단순한 제품 차별화가 아니라 소비자의 마음속에 브랜드를 어떻게 자리 잡게 할 것인가에 대한 전략적 접근이라고 할 수 있다.

(2) 포지셔닝 전략의 특성

포지셔닝 전략은 경쟁 시장에서 소비자의 인식 속에 차별화된 브랜드 자리를 확보하는 것을 목표로 하며, 다음과 같은 특성을 고려해야 한다.

첫째, 소비자 인식 속에서 경쟁 제품과 차별화된 위치를 설정해야 한다. 포지셔닝 전략의 핵심은 소비자가 브랜드를 경쟁 제품과 비교했을 때 명확한 차별성을 인식하도록 하는 데 있다. 예를 들어, 튼튼한 텀블러로 잘 알려진 브랜드인 스탠리(Stanley)는 최근 한 소비자가 차량 화재 후에도 텀블러 안의 얼음이 녹지 않은 사진을 SNS에 공유하면서 큰 주목을 받았다. 이에 스탠리의 CEO는 해당 소비자에게 새 차량과 텀블러를 선물하며 브랜드의 'Built For Life^{TM}' 슬로건을 실제 사례로 입증했다. 이러한 대응은 제품의 내구성을 강조하는 동시에 소비자와의 감성적 연결을 강화하는 포지셔닝 전략으로 작용했다.

둘째, 소비자의 니즈와 시장 환경을 반영해야 한다. 포지셔닝은 단순한 차별화가 아니라 소비자가 원하는 가치와 연결될 때 효과적이다. 이를 잘 보여 주는 사례가 사우스웨스트 항공(Southwest Airlines)이다. 사우스웨스트 항공은 기존의 대형 항공사들이 고급 서비스와 다양한 기내 혜택을 강조하는 것과 달리 '저렴한 운임과 편리한 항공 서비스'라는 차별화된 포지셔닝을 구축했다. 이를 위해 불필요한 서비스를 줄이고 빠른 회전율과 효율적인 운항 시스템을 도입하여 가격 경쟁력을 확보했다. 또한 '저렴한 비용, 큰 즐거움(Low-cost, High-Fun)'이라는 브랜드 이미지를 구축하며 유머러스한 기내 방송과 친근한 고객 서비스를 통해 고객들에게 차별화된 경험을 제공했다.

셋째, 명확하고 일관된 브랜드 메시지를 전달해야 한다. 포지셔닝 전략은 브랜드가 소비자들에게 어떤 이미지로 인식될지를 결정하는 것이므로 모든 마케팅 활동에서 일관된 메시지를 유지해야 한다. 예를 들어, 볼보는 '안전한 자동차'라는 포지셔닝을 유지하기 위해 차량 광고뿐만 아니라 충돌 테스트 성능 홍보와 안전 기술 개발 등을 지속적으로 강조했다. 이를 통해 볼보는 단순한 자동차 브랜드가 아닌 '가장 안전한 자동차 브랜드'로 소비자들에게 자리 잡았다.

이처럼 포지셔닝 전략은 단순히 브랜드를 홍보하는 것이 아니라 소비자가 브랜드를 특정한 개념과 연관 짓도록 만드는 장기적인 접근 방식이다. 따라서 브랜드의 핵심 가치와 소비자 인식을 분석한 후, 지속적으로 강화해 나가는 것이 중요하다.

(3) 포지셔닝 맵

포지셔닝 맵(positioning map)은 브랜드가 소비자 인식 속에서 어느 위치를 차지하고 있는지를 시각적으로 표현하는 도구이다. 이는 경쟁 브랜드 간의 차별점을 명확하게 분석하고 시장 내에서 자사의 브랜드가 차지하는 위치를 전략적으로 결정하는 데 활용된다. 포지셔닝 맵은 보통 두 개의 핵심 속성을 기준으로 좌표 축을 설정하여 브랜드들을 배치하는 방식으로 구성된다. 예를 들어, 스포츠 브랜드에 대한 가격과 품질을 기준으로 설정하면 '고급 브랜드'는 높은 품질과 높은 가격의 위치에 배치되고 '가성비 브랜드'는 낮은 가격과 적정 품질의 위치에 배치된다.

이러한 포지셔닝 맵은 기업이 브랜드 전략을 수립하는 데 있어 중요한 역할을 한다. 포지셔닝 맵은 여러 이점이 존재한다.

첫째, 시장 내 경쟁 구도를 한눈에 파악할 수 있어 경쟁 브랜드와의 차별성을 명확히 할 수 있다. 예를 들어, 경쟁 브랜드가 특정 위치에 몰려 있다면 기업은 차별화 전략을 통해 새로운 포지셔닝 기회를 찾을 수 있다.

둘째, 소비자의 선호도를 반영하여 브랜드가 어느 위치에 있어야 하는지를 전략적으로 결정하는 데 도움을 준다. 예를 들어, 소비자들이 '고품질이면서도 가격이 합리적인 제품'을 선호한다면 해당 영역에 맞는 브랜드 전략을 수립할 필요가 있다.

셋째, 포지셔닝 맵은 또한 브랜드의 강점과 약점을 파악하는 데 유용하다. 특정 시장에서 브랜드가 강한 위치를 점하고 있는지 혹은

▶ 그림 4-7. 스포츠 브랜드 포지셔닝 맵 사례
출처: medium.com

개선이 필요한지를 시각적으로 분석할 수 있다. 이를 통해 브랜드는 기존의 포지셔닝을 조정하거나 새로운 시장을 공략하기 위한 전략적 방향을 설정할 수 있다. 예를 들어, 기존의 포지셔닝이 경쟁 브랜드와 유사하여 차별성이 부족하다면 브랜드의 핵심 속성을 재정비하여 보다 독창적인 포지셔닝을 구축할 수 있다.

궁극적으로 포지셔닝 맵은 브랜드가 소비자의 인식 속에서 명확히 차별화된 위치를 확보할 수 있도록 돕는 핵심적인 전략 도구이다. 이를 효과적으로 활용하면 브랜드는 시장 점유율을 확대할 수 있을 뿐만 아니라 소비자의 기억 속에 강하게 자리 잡고 장기적인 브랜드 가치를 창출할 수 있다.

(4) 포지셔닝 전략 사례

파타고니아(Patagonia)는 단순한 아웃도어 의류 브랜드를 넘어 지속 가능성과 환경 보호를 핵심 가치로 내세운 브랜드 포지셔닝 전략을 구축해 왔다. 하이킹이나 캠핑, 서핑과 같은 아웃도어 활동을 위한 고품질 의류와 장비를 제공하면서도 기능적 차별화가 아닌 윤리적 소비와 환경 보호라는 감성적 요소를 강조하며 브랜드를 차별화했다.

파타고니아의 포지셔닝 전략은 친환경성과 사회적 책임, 소비자 참여라는 세 가지 핵심 요소를 기반으로 한다. 첫째, 제품 제작 과정에서 지속 가능한 소재와 생산 방식을 채택하여 환경 영향을 최소화했으며 폐기물 감축을 위해 제품의 수명을 연장하는 수선 프로그램을 운영한다. 둘째, 매출의 1%를 환경 보호 단체에 기부하고 기후

그림 4-8. 파타고니아의 포지셔닝 전략 사례

위기 대응과 관련된 캠페인을 적극적으로 전개하였다. 또한 모든 근로자에게 공정한 대우와 생활 임금을 보장하는 등 사회적 책임을 강화해 왔다. 셋째, 단순히 지속 가능성을 브랜드 이미지로 내세우는 데 그치지 않고 소비자들에게 환경 보호에 직접 동참할 것을 장려하는 캠페인을 통해 브랜드의 철학을 확산시키고 있다.

결과적으로 이러한 전략은 파타고니아가 단순히 제품을 판매하는 기업이 아니라 환경 보호를 실천하는 '미션 중심 브랜드(mission-driven brand)'로 자리 잡게 했다. 이러한 차별화된 포지셔닝은 시장에서 경쟁사들과 구별되며 지속 가능성을 중시하는 소비자들에게 강한 공감을 불러일으키는 요소로 작용한다.

한편, 온라인 커머스 역시 소비자의 니즈와 시장 경쟁 환경을 반영한 차별화된 포지셔닝 전략을 통해 브랜드 가치를 구축하고 있다. 마켓컬리(Market Kurly)는 단순한 온라인 식료품 배송 서비스가 아닌 '새벽배송'과 '신선한 프리미엄 식재료'라는 차별화된 가치를 강조하는 포지셔닝을 구축했다. 특히 기존 대형 마트나 일반 온라인 쇼핑몰과의 차별점을 부각하며 '새벽에 도착하는 신선한 식재료'라는 강력한 메시지를 전달했다. 이는 현대 소비자들이 바쁜 일상 속에서도 신선한 식품을 간편하게 받아 보고 싶어 하는 니즈를 반영한

▶ 그림 4-9. 다양한 포지셔닝 전략 사례

전략으로 '프리미엄 식재료와 편리한 배송 서비스'라는 브랜드 이미지를 성공적으로 자리 잡게 했다.

반면, 중국의 해외 직구 전자상거래 플랫폼인 알리익스프레스(AliExpress)는 글로벌 전자상거래 시장에서 '저렴한 가격'과 '다양한 제품군'을 내세운 포지셔닝 전략을 활용하고 있다. 특히 국내 소비자들에게는 '해외 직구를 통한 가성비 높은 쇼핑 경험'이라는 가치를 강조하며 기존 국내 쇼핑몰과의 차별화를 이루었다. 즉, 빠른 배송이나 프리미엄 서비스를 내세우는 것이 아니라 '다양한 제품을 저렴한 가격에 구매할 수 있는 플랫폼'이라는 점을 전면에 내세우며 합리적인 소비를 중시하는 고객층을 공략했다. 이를 통해 알리익스프레스는 단순한 해외 쇼핑몰이 아닌 '가성비 중심의 글로벌 마켓플레이스'로 인식되도록 포지셔닝을 확립했다.

6) 공명 전략

(1) 공명 전략의 정의

공명(resonance)은 물리학에서 한 물체가 특정한 주파수에서 진동할 때 다른 물체가 동일한 주파수로 반응하여 진동하는 현상을 의미한다. 이 개념은 마케팅과 브랜드 커뮤니케이션에서도 동일하게 적용되는데, 특정한 메시지나 광고가 소비자의 감정, 경험, 가치관과 일치할 때 강한 정서적 반응을 이끌어 내는 현상을 가리킨다. 따라서 공명 전략(resonance strategy)이란 브랜드가 소비자의 감정과 경험에 깊이 연결될 수 있는 메시지를 전달하여 정서적 유대감을 강화하는 전략이라고 할 수 있다. 단순한 제품의 기능이나 혜택을 강조하는 것이 아니라 소비자들이 자신의 삶과 밀접하게 연관 짓고 공감할 수 있는 브랜드 스토리와 가치를 제시하는 것이 이 전략의 핵심이다.

특히 이 전략은 소비자가 브랜드를 단순한 제품이나 서비스가 아닌 자신의 가치관과 라이프스타일을 반영하는 존재로 인식하게 만든다는 특징이 있다. 브랜드가 소비자의 경험이나 신념, 정체성과 일치하는 메시지를 전달하면 소비자는 해당 브랜드를 자신의 삶과 자연스럽게 연결하며 강한 애착을 형성하게 된다. 예를 들어, 환경보호를 중시하는 소비자들에게 지속 가능성을 강조하는 브랜드 캠페인은 강한 공명 효과를 일으킬 수 있다. 또한 가족의 소중한 순간을 강조하는 광고나 사회적 가치를 반영한 메시지는 소비자의 감정적 반응을 유도하며 브랜드와의 친밀감을 높이는 역할을 한다.

이러한 공명 전략은 브랜드 충성도를 높이고 소비자가 브랜드를 장기적으로 지지하도록 만드는 강력한 마케팅 기법이다. 이를 통해 브랜드는 소비자와 정서적으로 연결되는 강력한 브랜드 아이덴티티를 구축할 수 있다.

(2) 공명 전략의 특성

공명 전략은 다음과 같은 특성이 있다.

첫째, 소비자의 감정을 자극하고 공감을 유도한다. 공명 전략은 소비자의 개인적인 경험과 연결될 수 있는 요소를 활용하여 정서적 반응을 이끌어 낸다. 예를 들어, 코카콜라의 연말 광고는 가족과 친구들이 함께하는 따뜻한 순간을 강조하여 소비자들이 브랜드를 단순한 탄산음료가 아닌 '행복과 연결된 상징'으로 인식하도록 만든다. 이러한 접근 방식은 브랜드에 대한 감성적인 애착을 형성하는 데 기여한다.

둘째, 소비자의 라이프스타일과 가치를 반영해야 한다. 공명 전략이 효과적으로 작동하려면 브랜드 메시지가 소비자들이 중요하게 생각하는 가치나 관심사와 일치해야 한다. 예를 들어, 나이키의 '너라는 위대함을 믿어.' 캠페인은 운동선수뿐만 아니라 일반 소비자들에게도 자신의 한계를 극복하고 성장할 수 있다는 메시지를 전달하여 많은 사람들의 공감을 얻었다. 이를 통해 나이키는 '모든 사람이 도전할 수 있는 브랜드'라는 이미지를 구축할 수 있었다.

셋째, 스토리텔링을 활용하여 브랜드 메시지를 자연스럽게 전달한다. 공명 전략은 직접적인 광고보다 감성적인 스토리텔링을 통해 소비자들에게 브랜드 메시지를 전달하는 것이 더욱 효과적이다. 예를 들어, 에어비앤비(Airbnb)의 '어디서나 우리집처럼(Belong Anywhere)' 캠페인은 단순한 숙박 예약 플랫폼이 아니라 전 세계 어디에서든 '집과 같은 편안함'을 제공하는 브랜드라는 점을 강조하며 소비자들과 정서적으로 연결되었다.

이처럼 공명 전략은 제품의 기능적 차별화를 강조하기보다는 소비자의 감정과 삶의 경험을 브랜드 메시지와 연결하는 강력한 방법이라고 할 수 있다. 때문에 이를 성공적으로 활용하기 위해서는 소비자들이 어떤 감정과 가치를 중요하게 생각하는지 철저히 분석하고, 이를 기반으로 진정성 있는 메시지를 전달하는 것이 중요하다.

(3) 공명 전략 사례

이케아(IKEA)의 '집을 가치 있게(Make Home Count)' 캠페인은 공명 전략을 활용한 사례로 집이 단순한 거주 공간을 넘어 삶의 질을 결정하는 중요한 요소임을 강조했다.

'Make Home Count'라는 슬로건은 집에서 보내는 순간의 의미를 재조명하며 소비자들이 자신의 공간을 더 소중히 여기도록 유도했다. 광고 영상은 가족과의 단란한 순간을 비롯해 편안한 휴식, 일과 삶이 공존하는 재택근무의 풍경 등 집이 선사하는 일상의 장면을 그려 냈다. 특히 코로나19 상황 속에서 집이 단순한 공간이 아니라 '안식처'가 되었다는 점을 강조하며 브랜드와 소비자 간의 정서적 유대를 형성했다.

또한 이케아는 라이프 앳 홈(Life at Home) 보고서를 기반으로 많은 소비자가 집에 변화를 주었으며 가족과 더 많은 시간을 보내는 등 생활 방식이 달라졌다는 점을 반영했다. 광고 제작 역시 이동 제한 조치 속에서 집에서 촬영되었으며 이를 통해 소비자의 실제 경험과 공감을 이끌어 냈다.

▶ 그림 4-10. 이케아의 공명 전략 사례

7) 감성적 전략

(1) 감성적 전략의 정의

감성적 전략(affective strategy)은 소비자의 감정을 자극하여 브랜드와 정서적 유대를 형성하는 마케팅 기법이다. 단순히 제품의 기능적 측면을 강조하는 것이 아니라 브랜드가 전달하고자 하는 가치와 소비자의 감정을 연결함으로써 강한 인상을 남기고 브랜드에 대한 호감도를 높이는 것이 핵심이다. 감성적 전략은 브랜드가 단순한 상품을 넘어 소비자의 삶과 밀접한 관계를 맺을 수 있도록 하며 이를 통해 장기적인 브랜드 충성도를 형성하는 데 기여한다.

(2) 감성적 전략의 특성

감성적 전략은 다음과 같은 특성이 있다.

첫째, 소비자의 감정을 강하게 자극한다. 감성적 전략은 감동이나 행복, 슬픔, 유머 등의 감정을 극대화하여 브랜드 메시지를 전달한다. 예를 들어, 태국 생명보험사(Thai life insurance)의 '칭송되지 않는 영웅(Unsung Hero)' 광고는 이타적인 삶을 사는 한 남자의 이야기를 통해 감동을 유발하며 브랜드에 대한 긍정적인 감정을 형성했다. 이처럼 감성적인 광고는 소비자의 기억 속에 오랫동안 남으며 브랜드에 대한 호감도를 높이는 효과가 있다.

둘째, 애매하거나 추상적인 메시지를 사용하여 소비자의 관심을 끈다. 애매성 전략은 명확한 설명 없이도 강한 시각적 이미지나 은유적인 표현을 활용하여 소비자들이 메시지를 스스로 해석하도록 만든다. 예를 들어, 향수 브랜드 샤넬(Chanel)의 광고는 제품의 기능보다는 몽환적인 분위기와 감각적인 이미지로 소비자들의 상상력을

>> 그림 4-11. 태국 생명보험사의 감성적 전략 사례

자극한다. 이러한 방식은 브랜드를 미스터리하고 고급스럽게 포지셔닝하는 데 기여한다.

셋째, 브랜드를 하나의 예술적·문화적 아이콘으로 승화시킨다. 감성적 전략을 사용하는 브랜드는 종종 단순한 제품이 아니라 하나의 문화적 아이콘으로 자리 잡는다. 예를 들어, 애플의 '다르게 생각하라(Think different).' 캠페인은 전통적인 제품 설명을 배제하고 창의적이고 혁신적인 정신을 강조하는 메시지를 통해 브랜드를 상징적인 존재로 만들었다. 이처럼 애매한 메시지를 활용하면 브랜드가 단순한 상품이 아니라 하나의 철학과 가치로 소비자들에게 인식될 수 있다.

(3) 감성적 전략 사례

이 광고는 감성적 메시지와 강렬한 시각적 표현을 활용하여 소비자의 인식 변화와 행동을 유도하는 공익광고(Public Service Advertisement: PSA)의 대표적인 사례이다. 일반적으로 감성적 전략은 비디오나 텔레비전 광고에서 더욱 효과적으로 활용되지만 인쇄광고 역시 강한 감성적 반응을 이끌어 낼 수 있으며, 이를 통해 강렬한 메시지를 전달할 수 있다.

 공익광고의 목표는 단순히 문제를 알리는 것이 아니라 타깃이 직접적인 해결책에 참여하도록 동기를 부여하는 것이다. 이 광고는 시각적 요소와 강렬한 카피를 결합하여 멸종 위기의 현실을 직관적으로 보여 주고 소비자의 행동을 촉구하는 공익 캠페인을 주제로 하고

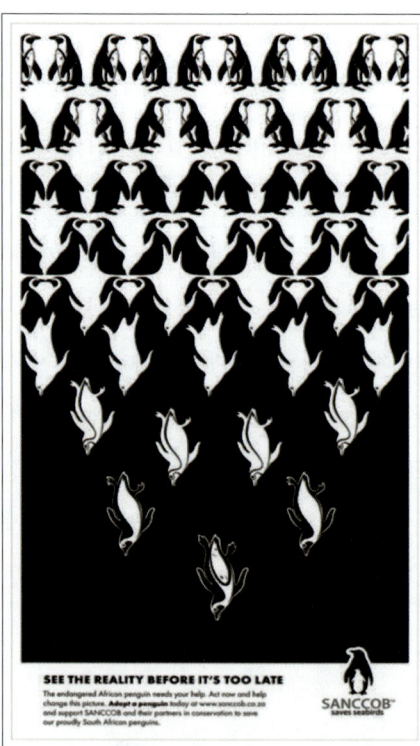

▶ 그림 4-12. SANCCOB의 감성적 전략 사례

2. 프레이저의 일곱 가지 크리에이티브 전략   179

있다. 광고에서는 아프리카 펭귄이 현재 심각한 멸종 위기에 처해 있으며, 지금 당장 행동하지 않으면 돌이킬 수 없는 결과를 맞이할 수 있음을 경고한다. 그러나 이 상황을 바꾸는 것은 여전히 가능하며, 이를 위해 소비자가 직접 참여할 수 있는 방법 역시 제시하고 있다. 구체적으로 남아프리카 해양조류보존재단(SANCCOB)을 통해 펭귄을 입양하거나 후원함으로써 멸종 위기 동물을 보호하는 활동에 기여할 수 있음을 강조한다. 이를 통해 광고는 단순한 정보 전달에서 그치지 않고 관객에게 책임감을 부여하며 실질적인 행동을 유도하고 있다.

다음의 광고는 동정과 죄책감과 같은 감정을 자극하여 사람들이 위기 상황 속에서 실질적인 도움을 주지 않는 현실을 직시하게 만든다. 어린아이가 병상에 누워 있는 모습을 통해 안타까운 감정을 불러일으키고, 주변의 수많은 '좋아요(thumbs-up)' 손짓은 소셜 미디어

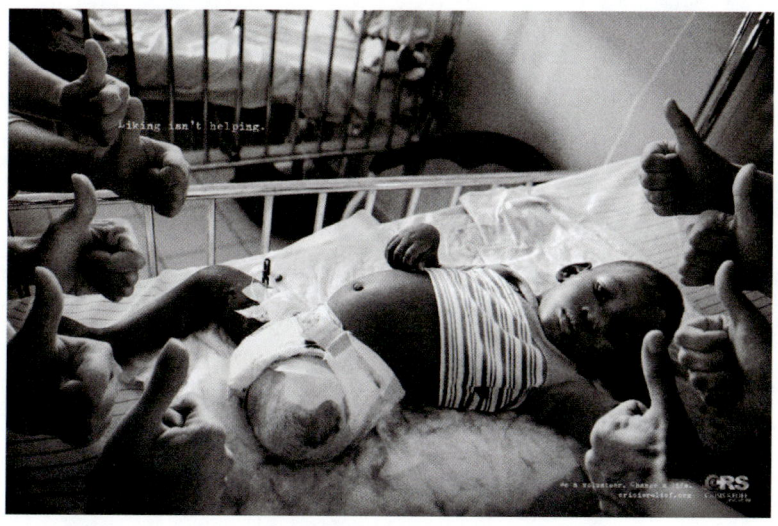

그림 4-13. 감정을 자극해 행동을 촉구하는 공익광고 사례

에서 흔히 볼 수 있는 피상적인 관심을 상징한다. 이러한 시각적 대비는 '좋아요'를 누르는 것만으로는 아무런 실질적 도움도 되지 않는다는 강렬한 메시지를 전달하며 기부나 자원봉사와 같은 실질적인 참여를 촉구한다.

다음 공익광고는 감성적 전략을 활용해 가정 폭력이 어린이에게 미치는 심리적 영향을 강조하고 있다. 이 광고의 핵심 카피는 '한 번 보면, 그것은 그들 안에 남아 있다(Once they see it, it stays with them).'이다. 이는 어린이가 가정 폭력을 목격하면 단순한 일회적 경험이 아니라 정신적으로 깊이 각인되어 성장 과정에 지속적인 영향

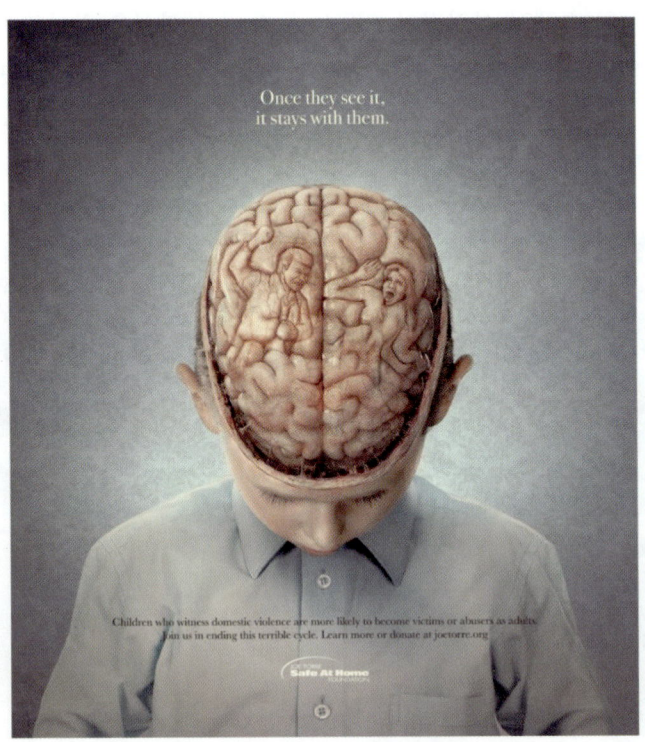

>> 그림 4-14. 가정폭력의 심각성을 보여 주는 공익광고

을 미친다는 점을 강조한다. 더불어 가정 폭력을 목격한 아이들은 성인이 되었을 때 피해자나 가해자가 될 가능성이 더 크다고 설명하면서 이 끔찍한 악순환을 끝내기 위해 행동할 것을 촉구하고 있다.

Chapter 05

카피 라이팅

Chapter 05 카피 라이팅

학습 목표

- 카피 라이팅의 개념과 중요성을 이해하고 광고 및 마케팅에서 차지하는 역할을 파악한다.
- 카피의 구성 요소(헤드카피, 서브카피, 바디카피, 태그라인, 슬로건, 캐치프레이즈 등)를 학습하고 각 요소의 기능과 역할을 분석한다.
- 효과적인 카피 작성 시 고려해야 할 원칙과 전략을 익혀 실무에서 활용할 수 있도록 한다.
- 성공적인 광고 카피 사례를 분석하여 실질적인 카피 라이팅 기법과 적용 방안을 이해한다.

1. 카피 라이팅의 개념과 중요성

1) 카피의 정의와 특성

복사나 복제를 뜻하는 카피(copy)는 '광고 메시지를 소비자에게 효과적으로 전달하기 위해 작성된 창의적인 문구'로 정의된다. 광고의 아버지 데이비드 오길비가 '광고 크리에이티브의 꽃은 카피'라고 언급한 것처럼 광고에서 카피가 차지하는 중요성은 매우 크다.

광고 카피는 좁은 의미에서는 광고에 포함된 문자나 텍스트 요소를 가리킨다. 여기에 해당하는 항목으로는 헤드카피를 비롯해 서브카피와 바디카피, 슬로건, 태그라인, 캐치프레이즈 등이 있다. 그러나 카피의 개념은 단지 문장의 배열이나 문구의 선택에 그치지 않는다. 넓은 의미에서는 광고의 전반적인 표현 방식까지 포함하여 하나의 메시지가 소비자에게 어떻게 전달되고 해석되는지를 아우르는 개념으로 확장된다.

더 나아가 광고 카피는 비주얼이나 색상, 타이포그래피, 레이아웃 등 디자인 요소와 결합해 소비자 경험을 설계하는 역할을 한다. 이러한 확장된 형태의 카피는 브랜드가 어떤 어조로 말하고 어떤 태도로 소비자에게 다가갈지를 결정짓는 톤 앤 매너(Tone & Manner)[1] 형성에 중요한 역할을 한다. 결국 카피는 단순한 문장이 아니라 브랜드 아이덴티티를 담은 메시지이며, 이를 통해 소비자의 감정에 호소하고 일상 속에서 브랜드를 각인시키는 힘을 발휘한다.

2) 카피 라이팅의 정의와 특성

카피 라이팅은 Copy(광고 텍스트)와 Writing(쓰는 것)의 합성어로 제품이나 서비스, 브랜드 또는 아이디어를 효과적으로 전달하고 소

---

[1] 브랜드나 개인이 대중에게 자신을 어떻게 표현하고자 하는지에 대한 일관된 스타일과 태도를 의미한다. 여기서 '톤(Tone)'은 전달하려는 내용의 분위기나 어조를 나타내며, '매너(Manner)'는 그 내용을 표현하고 전달하는 방식을 의미한다.

비자의 행동을 유도하기 위해 설계된 글쓰기 기법이다. 단순한 정보 전달을 넘어 소비자의 감정을 자극하고 관심을 끌어 궁극적으로 구매나 참여를 유도하는 설득적인 글쓰기 방식을 포함한다.

흔히 사람들은 카피 라이팅을 단순히 창의적인 문구 작성으로 생각하기 쉽지만 실제로는 광고의 전체적인 비주얼 요소까지 고려하는 포괄적인 작업이다. 텍스트가 이미지와 색상, 레이아웃 등과 조화를 이루어 소비자에게 일관된 메시지를 전달하도록 설계하는 과정을 포함하며 이를 통해 광고의 효과를 극대화한다. 예를 들어, 헤드라인의 배치나 디자인 요소와의 결합 방식이 소비자의 메시지 인식에 영향을 미치기 때문에 텍스트와 비주얼이 조화를 이루도록 기획하는 것이 중요하다. 즉, 카피 라이팅은 단순한 문장 작성이 아니라 브랜드의 크리에이티브 전략을 이해하고 조화롭게 구현하는 과정이라고 할 수 있다.

이러한 카피 라이팅은 광고와 마케팅, 브랜드 커뮤니케이션 전반에 걸쳐 활용된다. TV 광고를 비롯해 온라인 광고나 소셜 미디어 콘텐츠, 제품 설명, 이메일 마케팅, 슬로건, 태그라인, 블로그 콘텐츠 등에서 빠짐없이 등장한다. 특히 디지털 환경이 고도화되면서 웹사이트 랜딩 페이지[2]나 SNS 마케팅에서 효과적인 카피 라이팅의 비중은 한층 더 커지고 있다. 이는 소비자가 브랜드와 처음 만나는 접점이 '한 줄 문장'일 때가 많고, 짧은 순간에 호기심을 자극하고 감정을 움직이지 못하면 쉽게 잊히고 경쟁 브랜드에 밀리기 때문이다.

---

2 랜딩 페이지는 검색이나 광고를 통해 웹사이트를 방문한 사용자가 가장 먼저 도착하는 페이지, 즉 방문자가 처음으로 접하는 화면을 의미한다.

3) 효과적인 카피의 역할

광고에서 카피는 단순한 문구가 아니라 소비자와 브랜드를 연결하는 중요한 역할을 한다. 효과적인 카피는 소비자의 관심을 끌고 메시지를 설득력 있게 전달하며, 궁극적으로 행동을 유도하는 기능을 한다. 특히 디지털 시대에는 정보가 넘쳐 나기 때문에 짧은 순간 안에 소비자의 이목을 집중시키고 브랜드의 핵심 메시지를 각인시키는 것이 더욱 중요하다.

(1) 주목성

무엇보다 광고는 소비자의 관심을 끌어야 한다. 아무리 뛰어난 제품이나 혁신적인 서비스라도 소비자가 주목하지 않는다면 그 가치를 전달할 수 없다. 이를 위해 광고 카피는 단순히 정보를 나열하는 것이 아니라 감각적이고 인상적인 표현을 통해 소비자의 시선을 사로잡아야 한다. 특히 짧고 강렬한 메시지나 의외성을 갖춘 표현이나 강한 호기심을 유발하는 문구는 광고 속에서 더욱 두드러질 수 있으며, 소비자가 광고에 몰입하도록 유도하는 중요한 역할을 한다.

- '스픽에서 틀려야 현실에서 트인다.' (AI 영어 스피킹 앱, 스픽)
- '침대는 가구가 아닙니다, 과학입니다.' (에이스침대)
- '야, 너두 할 수 있어.' (온라인 영어 교육 기업, 야나두)
- '너 하고 싶은 거 다~해.' (해열진통소염제, 그날엔)
- '니 맘대로 지그재그 사세요.' (의류 쇼핑몰, 지그재그)

(2) 설득력

단순히 주목받는 것만으로는 충분하지 않다. 소비자가 브랜드의 메시지에 공감하고 신뢰할 수 있어야 한다. 설득력 있는 카피는 제품이나 서비스의 강점을 논리적으로 설명하는 동시에 감성적 요소를 결합하여 소비자의 마음을 움직인다. 또한 설득력 있는 카피는 브랜드의 신뢰성을 높이기 위해 사실 기반의 정보를 포함하기도 한다.

- '뇌의 80%는 수분. 시험 전에 필요한 것은 공부만이 아니다.' (포카리 스웨트)
- '10대의 몸에 가장 오래 닿아 있는 가구' (시디즈 의자)
- '옷감이 살아나는 건조' (LG트롬 건조기)
- '누구나 실수하기 마련입니다.' (현대해상 하이카)

(3) 행동 유도

좋은 광고 카피는 소비자가 광고를 본 후 특정한 행동을 하도록 유도해야 한다. 여기서 행동이란 제품 구매나 브랜드 검색, SNS 공유, 문의 등 다양한 형태로 나타날 수 있다. 이를 위해 직접적인 행동 촉구(Call to Action: CTA)를 포함하는 것이 효과적이다. 예를 들어, '지금 구매하세요!' '무료 체험판을 받아보세요!' '이벤트에 참여하세요!'와 같은 카피는 소비자가 즉각적인 반응을 보이도록 유도한다. 또한 한정적인 시간 제약을 강조하는 '단 3일간 특별 할인!'과 같은 표현은 행동을 빠르게 유도하는 효과가 있다.

- '매일매일 빵터지는 초특가' (트래블 테크 기업, 야놀자)
- '연쇄할인마' (티몬 몬스터딜)

- '숙취해소의 새로운 기준이 되다' (숙취 해소제, 깨수깡)
- '치질, 참지 말고' (먹는 치질약, 치센)

(4) 간결하고 명확한 메시지

효과적인 카피는 짧고 명확해야 한다. 현대 소비자들은 정보가 넘쳐 나는 환경에서 긴 문장을 읽는 것을 꺼려하므로 핵심만을 담은 직관적인 표현이 중요하다. 이를 위해서는 긴 문장을 사용하기보다 짧고 핵심적인 단어로 강렬한 메시지를 전달하는 것이 중요하다. 또한 쉽고 직관적인 언어 사용도 중요한 요소이다. 어려운 전문 용어나 복잡한 문장은 소비자의 이해를 방해할 수 있기 때문에 누구나 쉽게 이해할 수 있는 문장으로 구성해야 한다.

- '힘내라는 말 대신 정관장' (정관장)
- '나를 아끼자.' (박카스)
- 'Carry On' (쌤소나이트)

(5) 창의성

광고 카피는 단순한 정보 전달을 넘어서 창의적이어야 한다. 예상치 못한 단어의 조합이나 반전 있는 메시지, 유머나 위트를 가미한 표현은 소비자들의 관심을 끌고 기억에 남는 효과를 낸다. 창의적인 카피는 감각적인 언어뿐만 아니라 광고의 맥락에 맞게 독창적인 방식으로 메시지를 전달하는 것도 포함된다.

- '신주쿠의 야경이 멋진 것은 우리가 밤 늦도록 야근을 하기 때문이야.' (루트 캔커피)

- '연필 한 자루로 세상이 변한다.' (로또)
- '매일 걷던 이 거리가 일거리로 보이기 시작했다.' (당근)
- '내일부터 시작하자는 다짐 40번이면, 방학이 끝난다.' (카이 통신교육)
- '당신의 별명이 '안경'인 것은, 그 안경이 어울리지 않기 때문입니다.' (안경점, ZOFF)

(6) 감성적 접근

감성적인 카피는 소비자의 공감을 불러일으키고 브랜드와의 정서적 유대감을 형성한다. 감동적인 이야기나 따뜻한 메시지 혹은 인간적인 면을 강조하는 카피는 소비자의 마음을 움직이며 브랜드 충성도를 높이는 역할을 한다. 특히 사회적 가치나 윤리적인 메시지를 포함한 광고는 소비자와의 감성적 연결을 강화하는 데 효과적이다.

- '가장 슬퍼해야 할 사람이 가장 바쁜 장례식은 슬프다.' (무라타 상조회사)
- '돈으로 살 수 없는 것들이 있습니다. 그 외의 모든 것은 마스터카드로 가능합니다.' (마스터카드)
- '한 잔의 커피는 한 번의 여행입니다.' (맥심)
- '내가 그녀를 프린트하기 전에는 그녀는 다만 하나의 jpg에 지나지 않았다.' (삼성프린터)
- '여행은 이렇게 갑자기 온다.' (제주항공)

(7) 브랜드와의 일관성

광고 카피는 브랜드의 정체성과 일관성을 유지해야 한다. 브랜드의 핵심 가치와 톤 앤 매너를 반영한 카피는 소비자와의 신뢰를 구축하고 장기적인 관계를 형성하는 데 기여한다. 브랜드의 캠페인마다 메시지가 일관되지 않는다면 소비자들은 혼란을 느낄 수 있다. 브랜드의 가치와 철학을 지속적으로 반영한 카피를 활용하는 것이 장기적인 신뢰를 구축하는 핵심 요소이다.

- '척하면 착!' (삼성화재 다이렉트 자동차보험, 착)
- '프로의 세계 가볍게 평정' (LG 노트북, 그램 Pro)
- '세상에서 가장 작은 카페' (카누)
- '맨살 위에 가장 먼저 입는 옷이니까' (유니클로)
- '생각대로 산다.' (이케아)

2. 광고 카피의 구성 요소

앞서 살펴본 바와 같이 광고 카피는 소비자의 주목을 끌고 제품이나 서비스의 가치를 전달하며 궁극적으로 구매를 유도하는 중요한 역할을 한다. 이러한 카피에는 헤드카피와 서브카피, 바디카피, 태그라인, 슬로건, 캐치프레이즈 등이 포함되며, 각 요소는 광고 메시지를 효과적으로 전달하기 위해 고유한 기능을 수행한다.

실제로 광고 실무에서는 이러한 요소들이 종종 혼용되기도 하지만 그 역할과 목적에서 차이점이 존재한다. 헤드/서브/바디카피가 '개별 광고의 내부 구성 요소'로서 소비자의 관심을 끌고 설득하는 역할을 한다면, 태그라인과 슬로건은 '브랜드의 핵심 메시지를 전달'하여 소비자에게 장기적인 인식을 심어 주는 역할을 한다. 이제 각

구성 요소에 대해 살펴보도록 하겠다.

1) 헤드카피

헤드카피(head copy)는 광고에서 가장 눈에 잘 띄는 위치에 배치되어 독자의 시선을 붙잡는 역할을 한다. 일반적으로 크고 굵은 글씨로 강조되며, 짧지만 강렬한 문장으로 구성되는 것이 특징이다. 광고를 보는 이가 몇 초 내에 광고를 주목할지 여부를 결정하게 되는 만큼 헤드카피는 광고 전체의 운명을 좌우하는 요소라 할 수 있다.

이 카피는 인쇄 광고에서는 '헤드라인(headline)', TV 광고에서는 '키 카피(key copy)'라는 명칭으로도 불린다. 매체에 따라 용어는 다르지만 핵심적인 기능은 동일하다. 바로 소비자의 관심을 끌고 메시지를 인지시키는 것이다.

헤드카피는 광고의 첫인상을 결정짓는다. 소비자가 광고를 계속 볼지 그 자리에서 흘려보낼지를 결정짓는 분기점이 된다. 따라서 메시지는 명확하고 직관적이어야 하며 브랜드의 핵심 가치나 혜택을 한눈에 이해할 수 있도록 설계해야 한다. 과장 없이 인상적인 한 문장이나 공감 가는 물음, 반전을 담은 표현 등 다양한 방식이 활용된다.

2) 서브카피

서브카피는 리드카피(lead copy) 또는 서브헤드(sub head)라고도 불리며 헤드카피에서 던진 메시지를 보완하고 확장하는 역할을 한다. 헤드카피가 관심을 끌었다면 서브카피는 그 관심을 유지시키고 독자가 본문(바디카피)까지 읽도록 유도한다.

일반적으로 서브카피는 헤드카피 아래에 작은 글씨로 배치된다. 이 위치에서 브랜드의 핵심 가치나 제품의 차별성을 간략하게 강조함으로써 소비자가 광고의 핵심 내용을 빠르게 이해할 수 있도록 돕는다. 특히 헤드카피만으로는 메시지를 전달하기 부족할 때 서브카피가 핵심 설명을 보충해 준다.

3) 바디카피

바디카피는 광고의 본문에 해당한다. 헤드카피와 서브카피를 통해 유입된 관심을 바탕으로 제품이나 서비스에 대한 구체적인 정보를 제공한다. 이 과정에서 브랜드가 전하고자 하는 메시지를 논리적으로 전개하고 소비자가 구매 혹은 행동으로 이어지도록 설득하는 데 목적이 있다. 바디카피는 보통 다음과 같은 흐름을 따른다.

- 도입(introduction): 독자의 상황이나 욕구를 환기시키며 문제를 제기한다.
- 전개(development): 제품의 특징과 혜택을 설명한다.
- 권유(suggestion): 제품이 왜 적합한지 이유를 제시한다.
- 촉구(call to action): 구매, 신청, 방문 등 구체적인 행동을 유도한다.

필요에 따라 감성적인 스토리텔링을 활용하거나 수치와 근거를 활용한 논리적 접근도 가능하다. 무엇보다 바디카피는 독자가 '왜 이 브랜드를 선택해야 하는가'에 대해 확신을 가질 수 있도록 구성해야 한다.

4) 다양한 카피 활용 사례

앞서 설명한 것처럼 헤드카피, 서브카피, 바디카피는 각각의 역할을 수행하지만 모든 광고에서 반드시 사용되는 것은 아니다. 광고의 목적과 형식, 매체의 특성에 따라 일부 요소가 생략되거나 하나의 카피로 통합되기도 한다. 예를 들어, 미니멀한 디자인을 강조하는 인쇄 광고나 단순한 메시지를 전달하는 옥외 광고에서는 서브카피나 바디카피 없이 헤드카피만으로 강한 인상을 남기도록 구성할 수 있다. 반면, 제품의 특장점을 자세히 설명해야 하는 광고에서는 바디카피가 핵심적인 역할을 하며 서브카피를 활용해 추가적인 정보를 보완하기도 한다. 즉, 카피의 구성은 광고의 전략과 전달하고자 하는 메시지에 따라 유연하게 조정될 수 있다.

다음의 하인즈(Heinz)의 광고는 전통적인 광고 카피 구조, 즉 '헤드카피-서브카피-바디카피'라는 삼단 구성을 따르지 않았다. 대신

▶ 그림 5-1. 하인즈 광고 카피 사례

간결하고 직선적인 서술 방식을 통해 브랜드 메시지를 효과적으로 전달하였다.

우선 헤드카피 '이건 말도 안 됩니다(THIS IS RIDICULOUS).'는 단 한 문장으로 독자의 시선을 끌고 궁금증을 유발한다. 문맥 없이도 강한 인지적 충격을 주는 이 표현은 독자가 본문을 읽게 만드는 진입점으로 작용한다.

이어지는 문장 '왜냐고요? 이유는 간단합니다. 우리가 너무 늦었거든요(Why? The answer is simple: we're late).'는 서브카피 없이도 헤드카피와 본문을 자연스럽게 연결하는 역할을 한다. 이 문장은 독자의 의문을 해소하는 동시에 다음 내용을 읽고 싶게 만드는 도입부로 기능한다.

바디카피에서는 제품 출시가 지연된 배경과 그 의미를 풀어낸다. 특히 '150년이나 늦었다.'라는 반전 표현을 통해 제품의 탄생이 단순한 출시가 아니라 '브랜드 철학의 결과'임을 강조한다. 하인즈는 이를 통해 품질에 대한 고집과 장인정신을 설득력 있게 전달한다.

광고는 '말도 안 되게 늦었지만, 말도 안 되게 맛있습니다(Ridiculously late, ridiculously good).'라는 유머러스한 카피로 마무리된다. 이는 헤드카피의 톤을 다시 불러오며 브랜드의 자신감을 재치있게 표현했다.

5) 태그라인/슬로건

태그라인(tagline)과 슬로건(slogan)은 모두 브랜드의 메시지를 전달하는 중요한 역할을 한다. 이들은 소비자가 브랜드를 기억하고 인식하는 데 도움을 주며 짧고 간결한 표현을 통해 브랜드의 핵심 가치를 효과적으로 전달한다. 또한 브랜드의 정체성을 구축하고 차별화하는 데 기여한다는 점에서도 공통점을 가진다.

두 용어는 종종 혼용되지만 사용 목적이나 지속성, 로고와의 결합 여부에서 차이가 있다. 우선 태그라인은 브랜드의 정체성과 철학을 반영하는 문구로 오랜 기간 유지되며 브랜드 로고와 함께 시각적으로 표현되는 것이 특징이다. 태그라인은 브랜드의 본질적인 가치와 아이덴티티를 강조하는 역할을 하며 시간이 지나도 변하지 않는 경우가 많다.

반면, 슬로건은 특정 광고 캠페인이나 마케팅 활동을 위해 사용되는 문구로 캠페인의 목표에 따라 유연하게 변경될 수 있다. 슬로건은 태그라인과 마찬가지로 브랜드의 핵심 가치를 강조하는 짧고 간결한 문구로 광고 캠페인이나 마케팅 활동과 함께 사용되며 캠페인의 목표에 따라 유연하게 변경될 수 있다. 다만 일반 소비자에게는 슬로건이 더 익숙한 용어이기 때문에 범용적으로 사용되는 경향이 있다.

나이키의 대표적인 태그라인 '일단 해(Just Do It).'는 1988년 광고 캠페인을 위해 만들어졌다. 나이키의 이 상징적인 태그라인은 운동선수뿐만 아니라 일반 소비자들에게도 강한 동기 부여를 제공하며 스포츠 정신과 도전 정신을 강조하는 브랜드 철학을 반영하고 있다. 이후 수십 년 동안 나이키의 브랜드 정체성을 대표하는 가장 강력한 광고 문구로 자리 잡았다.

프랑스의 화장품 기업인 로레알(L'Oreal)의 슬로건 '당신은 그만한 가치가 있기 때문에(Because You're Worth It)'는 1971년 여성 소비자를 대상으로 한 광고 캠페인에서 처음 등장했다. 이 슬로건은 당시 광고업계에서 여성의 목소리를 반영한 최초의 사례 중 하나로 여성이 자신의 미를 위한 투자를 스스로 결정할 가치가 있다는 메시지를 전달했다. 이후 몇 차례의 변화를 거쳐 현재의 문구로 정착되었으며 여성의 자존감과 자기 표현을 강조하는 브랜드 철학을 지속적으로 반영하고 있다.

미국의 패스트푸드 체인 타코벨(Taco Bell)은 2001년 '햄버거 번을 벗어나 생각하라(Think Outside the Bun).'라는 태그라인을 도입하며 브랜드 포지셔닝을 새롭게 정의했다. 이는 영어 관용구인 '고정관념을 깨고 생각하라(Think outside the box).'를 위트 있게 패러디한 것으로 햄버거 중심의 패스트푸드 시장에서 벗어나 새로운 선택지를 제시하겠다는 의지를 담고 있다. 즉 '번(bun)'이라는 단어를 통해 경쟁 브랜드와의 차이를 직접적으로 드러내는 한편, 타코를 중심으로 한 독창적인 메뉴 구성을 강조함으로써 자사만의 정체성을 확고히 한 것이다. 이를 통해 타코벨은 소비자에게 전통적인 패스트푸드와 다르다는 인식을 각인시키며 실험적이고 창의적인 브랜드 이미지

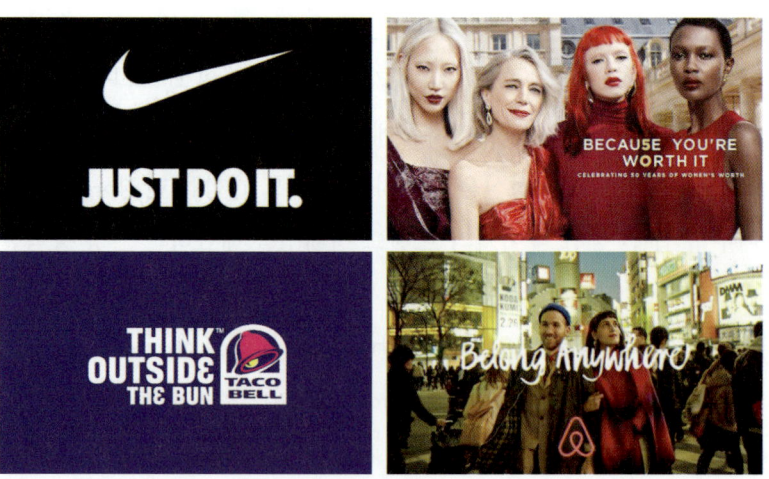

▶ 그림 5-2. 다양한 태그라인과 슬로건의 사례

구축에 성공했다.

　세계 최대의 숙박 공유 서비스인 에어비앤비의 '어디에서나 내 집처럼(Belong Anywhere)' 슬로건은 2014년 브랜드 리뉴얼과 함께 도입되었다. 이는 단순한 숙박 예약 서비스가 아닌 전 세계 어디에서든 편안함과 소속감을 느낄 수 있도록 한다는 에어비앤비의 핵심 철학을 반영한 것이다. 특히 여행자들이 단순한 방문객이 아니라 현지 문화를 경험하고 커뮤니티의 일부가 될 수 있도록 장려하는 브랜드 가치를 강조하며 공유 경제의 대표적인 상징으로 자리 잡는 데 기여했다.

6) 캐치프레이즈

(1) 캐치프레이즈의 정의와 특성

　캐치프레이즈(catch phrase)는 소비자의 주목을 끌고 기억에 남도록 설계된 구어적이고 직관적인 문구이다. 주로 광고 캠페인이나 상품, 캐릭터, 콘텐츠 등에 사용되며, 짧고 강렬한 메시지로 감정을 자극하고 대상에 대한 인상을 강화한다.

　광고에서는 특정 제품이나 브랜드의 특징을 단기간에 각인시키기 위한 수단으로 활용된다. 특히 TV 광고를 비롯해 온라인 바이럴 콘텐츠, 옥외광고 등에서 임팩트를 극대화하는 데 효과적이다.

　또한 캐치프레이즈는 단순히 광고 문구에만 국한되지 않는다. 영화나 드라마의 명대사를 비롯해 정치인의 구호, 사회적 캠페인의 슬로건 등도 모두 넓은 의미의 캐치프레이즈에 포함될 수 있다. 예컨대, 영화 '타이타닉'의 대사 "내가 세상의 왕이야(I'm the king of the world)!"처럼 대중문화 속 인상 깊은 표현은 작품의 정체성을 요약하고 대중과의 정서적 연결을 형성하는 데 기여한다. 결국 캐치프레이즈의 핵심은 짧지만 상징성 있는 언어를 통해 소비자와 감정적으로 연결되고 동시에 브랜드나 메시지의 정체성을 효과적으로 전달하는 데 있다.

(2) 캐치프레이즈 사례

- '드신 날과 안 드신 날의 차이를 경험하세요.' (일동제약, 아로나민 골드)
- '같이 스프라이트 샤워 하실래요?' (한국코카콜라, 스프라이트)
- '먹지 마세요, 피부에 양보하세요.' (스킨푸드)
- '감기 조심하세요.' (동아제약, 판피린F)
- '묻지도 따지지도 않습니다.' (라이나생명)
- '함께 즐겨요.' (피자헛)
- '사나이 울리는 신라면' (농심그룹, 신라면)
- '국물이 끝내줘요.' (농심그룹, 생생우동)
- '너구리 한 마리 몰고 가세요~!' (농심그룹, 너구리)
- '오늘은 내가 짜파게티 요리사!' (농심그룹, 짜파게티)
- '여보! 아버님 댁에 보일러 놓아 드려야겠어요.' [경동보일러(現 경동나비엔)]
- '깨끗하게, 맑게, 자신있게' (한국존슨앤존슨, 클린 앤 클리어)
- '꼭 가고 싶습니다!' (동아제약, 박카스)
- '네가 그냥 커피였다면, 이 여자는 T.O.P야.' (맥심 T.O.P)
- '우리가 어떤 민족입니까?' (배달의민족)
- '니들이 게 맛을 알아?' (롯데리아)
- '산수유 참 좋은데, 남자한테 정말 좋은데, 어떻게 표현할 방법이 없네.' (천호식품, 산수유 1000 프리미엄)

3. 효과적인 카피 작성 시 고려사항

데이비드 오길비는 자신의 저서 『광고 불변의 법칙』에서 좋은 카피라이터가 되는 법에 대해 "더 좋은 해답을 찾기 전까지는 흉내를 내라."라고 했다. 그는 선배나 뛰어난 동료들의 카피를 흉내 내면서 광고 기법을 배우는 것은 결코 나쁜 것이 아니라고 강조하며, 우수한 카피를 분석하고 모방하는 과정이 창의적인 글쓰기를 위한 중요한 학습 방법이 될 수 있다고 제안하고 있다.

효과적인 카피를 작성하기 위해서는 단순히 창의적인 아이디어를 떠올리는 것을 넘어 소비자의 관심을 사로잡고 브랜드 메시지를 명확하게 전달하는 몇 가지 핵심 요소를 고려해야 한다.

1) 기업이 아닌 소비자의 언어로 작성하라

광고 카피는 기업의 관점이 아닌 소비자의 입장에서 작성되어야 한다. 이는 소비자의 일상적인 언어와 표현을 사용해 친근감을 형성하고 그들이 쉽게 이해하고 공감할 수 있는 메시지를 전달하는 데 초점을 맞춘다는 의미이다. 소비자에게 익숙한 단어와 문장을 활용하면 메시지가 더욱 자연스럽게 다가가고 설득력도 높아진다. 기업의 시각을 강조하기보다 소비자의 필요와 감정을 반영한 언어를 통해 소통의 효과를 극대화해야 한다.

2) 메시지를 간결하고 명확히 제시하라

광고 카피는 전달하려는 메시지를 명확하고 간결하게 표현하는 것이 중요하다. 복잡하거나 모호한 문구는 소비자가 핵심 내용을 이해하기 어렵게 만들 수 있다. 따라서 불필요한 정보를 배제하고 제품이나 서비스의 가장 중요한 가치를 직관적으로 전달해야 한다. 메시지가 명확할수록 소비자의 관심을 끌고 기억에 오래 남을 가능성이 높아진다. 글을 길게 늘이는 것은 비교적 쉬운 일이지만 핵심만 남기고 간결하게 줄이는 것은 고도의 기술이 요구된다. 시(poetry)가 모든 문학 장르 중 가장 쓰기 어려운 글이라고 평가받는 이유도 여기에 있다. 광고 카피 역시 같은 맥락에서 단어 하나하나를 신중하게 선택해 명료함을 유지해야 한다.

3) 소비자의 니즈를 파악하라

훌륭한 광고 카피는 소비자의 니즈를 정확히 이해하고 이를 기반으로 작성된다. 이를 위해 광고 제작자는 소비자의 목소리에 귀 기울이는 뛰어난 리스너(listener)가 되어야 한다. 미국의 전설적인 카피라이터인 유진 슈워츠(Eugene Schwartz)는 훌륭한 카피라이터의 첫 번째 조건으로 '소비자의 말을 잘 듣는 능력'을 꼽았다. 소비자가 원하는 것과 느끼는 문제 그리고 그들이 갈망하는 가치를 깊이 이해해야만 공감대를 형성할 수 있는 메시지를 전달할 수 있다. 시장 조사 결과나 방대한 데이터 분석, 소비자 피드백 등을 통해 얻은 인사이트를 활용하여 소비자의 니즈를 충족시키는 카피를 작성하는 것이 성공의 열쇠이다.

4) 헤드카피를 강조하라

데이비드 오길비는 '본문을 읽는 사람보다 헤드라인을 읽는 사람이 5배 더 많기 때문에 헤드라인을 작성했다면 1달러에서 80센트를 쓴 셈'이라고 언급할 만큼 헤드카피를 광고 전체에서 가장 중요한 요소로 보았다. 실제로 소비자는 광고를 접했을 때 가장 먼저 헤드카피를 읽고 이를 통해 관심을 가질지 판단한다. 전체 결과의 80%가 20%의 주요 원인에서 비롯된다는 파레토 법칙(Pareto Principle)[3]을 적용해 보더라도 헤드카피 작성에 시간과 노력을 집중하는 것은 당연하다. 헤드카피는 메시지를 강렬하게 전달하고 소비자의 주목도를 높이며 즉각적인 관심을 이끌어야 한다. 짧고 임팩트 있는 문구로 제품이나 서비스의 핵심 가치를 효과적으로 전달하는 것이 성공적인 헤드카피 작성의 핵심이다. 전설적인 카피라이터 존 케이플스(John Caples)는 자신의 저서 『광고, 이렇게 하면 성공한다(Tested Advertising Method)』에서 헤드라인 작성법에 대한 29가지 공식을 제안한 바 있다. 이 공식들은 여전히 유효한 내용들을 담고 있어 참고하면 큰 도움이 될 것이다.

---

[3] 80:20 법칙이라고도 불리는 파레토 법칙은 전체 결과의 80%가 전체 원인의 20%에서 발생한다는 법칙이다. 이탈리아의 경제학자 빌프레도 파레토가 유럽 국가들의 소득 분포를 분석한 결과에서 유래했다.

존 케이플스의 헤드라인을 쓰는 29가지 공식

1. '알림'이라는 단어로 시작하라.
- 알림, 새롭게 출시된 갤럭시 S 시리즈
- 알림, 주부들의 고민을 덜어줄 혁신적인 세탁기 등장

2. 알린다는 내용을 가진 유의어를 사용하라.
- 기존 냉장고는 이제 안녕! 새로운 김치냉장고 탄생
- 55인치 초대형 OLED TV, 드디어 공개

3. '새로운'이라는 단어로 헤드라인을 시작하라.
- 새로운 개념의 홈트레이닝, AI 코칭 시스템 도입
- 새로운 K-푸드 트렌드, 한식 퓨전의 진화

4. '이제'라는 단어로 헤드라인을 시작하라.
- 이제 당신도 전문 바리스타처럼! 스마트 커피머신 출시
- 이제 가정에서도 프리미엄 호텔 침대를 경험하세요.

5. '드디어'라는 단어로 헤드라인을 시작하라.
- 드디어! 국내 최초 무선 충전형 전기차 출시
- 드디어! 한 달 동안 유지되는 반영구 틴트 탄생

6. 헤드라인에 날짜를 집어넣으라.
- 3월 1일, 대한민국이 기다린 신형 전기차 사전 예약 시작
- 6월 15일까지 신청하면, 50% 할인된 가격으로 만나 볼 수 있습니다.

7. 헤드라인을 뉴스 식으로 쓰라.
- 한국인이 사랑한 그 맛, 글로벌 100대 레스토랑에 선정!
- 5G보다 빠른 차세대 네트워크, 국내 최초 시범 운영 시작

8. 당신의 헤드라인에 가격을 밝히라.
   - 프리미엄 가죽 소파, 89만 원에 만나 보세요!
   - 최고의 가성비! 75인치 스마트TV 99만 원!

9. 할인된 가격을 밝히라.
   - 정가 15만 원의 미백 파우더와 앰플이 지금 구매하면 9만 9천 원
   - 30만 원대 프리미엄 드라이기, 한정 특가 19만 원

10. 특별 제시 매매가격을 밝히라.
    - 오픈 기념 50% 할인, 단 5일간!
    - 1+1 행사 진행 중! 두 개를 하나의 가격으로

11. 쉬운 지불방법을 밝히라.
    - 지금 구매하세요! 결제는 다음 달부터
    - 무이자 할부 12개월, 부담 없이 시작하세요.

12. 무료 선물을 밝히라.
    - 무료로 14일간 체험해 보세요!
    - 사전 예약 고객 전원, 한정판 굿즈 증정

13. 가치 있는 정보를 제시하라.
    - 당신의 피부 타입, 혹시 잘못 알고 계신가요?
    - 올바른 유산균 섭취법, 전문가가 알려드립니다.

14. 이야깃거리를 말하라.
    - 내가 하루 만에 5kg을 감량한 비결
    - 30만 명이 감동한 기적 같은 사연

15. '어떻게 하면'으로 헤드라인을 시작하라(호기심 자극).
    - 어떻게 하면 하루 5분 투자로 외국어를 정복할 수 있을까?
    - 어떻게 하면 인테리어 비용을 절반으로 줄일 수 있을까?

16. '어떻게'로 헤드라인을 시작하라(해결 방법 제공).
   - 어떻게 나는 월급만으로 내 집을 마련했을까?
   - 어떻게 이 가전제품의 전기료를 절반으로 줄였을까?

17. '왜'로 헤드라인을 시작하라.
   - 왜 국내 1위 뷰티 브랜드가 이 제품을 추천할까?
   - 왜 요즘 사람들은 중고차보다 리스를 선호할까?

18. '어느 것'으로 헤드라인을 시작하라.
   - 당신의 피부에 가장 적합한 화장품은 어느 것인가?
   - 이 세 가지 금융 상품 중 당신에게 최적의 선택은?

19. '누군들'로 헤드라인을 시작하라.
   - 누군들 월급이 두 배로 늘어나길 바라지 않겠는가?
   - 누군들 하루 10분 투자로 건강해지고 싶지 않겠는가?

20. '구함'으로 헤드라인을 시작하라.
   - 구함! K-콘텐츠 글로벌 마케터, 연봉 업계 최고 대우!
   - 구함! 고객 만족을 최우선으로 하는 CS 전문가

21. '이것'으로 헤드라인을 시작하라.
   - 이것이 바로 2025년 최고 히트상품!
   - 이것 하나면 피부 고민 해결 끝!

22. '조언'이라는 말로 헤드라인을 시작하라.
   - 신입사원에게 주는 조언, 이렇게 하면 인정받는다.
   - 피부 관리 초보자를 위한 조언

23. 증언 형식의 헤드라인을 쓰라.
   - 나는 이렇게 해서 한 달 만에 10kg을 감량했다.
   - 내가 직접 써 보고 추천하는 인생템!

24. 독자에게 테스트해 보게 하라.
- 당신의 모공 상태, 직접 테스트해 보세요!
- 당신의 재테크 점수는 몇 점일까요?

25. 한 단어짜리 헤드라인을 쓰라.
- 건강
- 성공

26. 두 단어짜리 헤드라인을 쓰라.
- 완벽한 피부
- 반값 할인

27. 잘 생각해서 사도록 독자에게 경고하라.
- 이 기능을 확인하기 전에는 스마트폰을 사지 마세요!
- 제대로 비교하지 않으면 손해 볼 수도 있습니다!

28. 광고주가 독자에게 직접 이야기하게 하라.
- 저는 당신의 머릿결을 살려 줄 해결책을 찾았습니다.
- 우리가 이렇게 저렴한 가격에 제공할 수 있는 이유를 알려 드리겠습니다.

29. 당신의 헤드라인을 특정인이나 특정그룹에 보내라.
- 직장인이라면 반드시 알아야 할 절세 전략
- 대학생을 위한 가성비 최고의 노트북 추천

데이비드 오길비는 생전에 자신을 '형편없는 카피라이터(lousy copywriter)'로 표현하며 자신의 글쓰기 실력에 대해 겸손한 태도를 보였다. 이는 단순한 자기비하가 아니라 훌륭한 카피를 만들기 위해 끊임없이 고민하고 수정하는 과정이 필수적이라는 점을 강조한 표현으로 볼 수 있다. 실제로 오길비는 광고 카피를 단번에 완성하기

보다는 수 차례의 연구와 분석, 수정 과정을 거쳐 완벽한 메시지를 만들어야 한다고 믿었다.

다음에 소개하는 흥미로운 편지는 1955년 데이비드 오길비가 카피라이터 지망생이었던 레이 칼트(Ray Calt)에게 보낸 것으로, 그의 광고 카피 작성 루틴과 과정에 대한 깊은 통찰을 담고 있다. 오길비는 이 편지를 통해 효과적인 카피를 만들기 위해 자신이 따르는 원칙과 고민을 솔직하게 공유했으며 창작 과정에서 겪는 고뇌 또한 잘 드러나 있다.

1955년 4월 19일

칼트 씨에게:

당신이 제게 광고 카피를 어떻게 쓰는지 조언을 구했지요. 제 작업 방식은 솔직히 말해 꽤 엉망입니다. 제 루틴을 공유하겠습니다.

1) 사무실에서는 글을 못 씁니다. 방해가 너무 많아요. 그래서 집에서만 글을 씁니다.
2) 먼저 선행 광고들을 철저히 조사합니다. 지난 20년간의 경쟁 광고를 모두 찾아보고 분석합니다.
3) 리서치 없이는 아무것도 못 합니다. 가능한 한 많은 데이터를 모으고 그중에서도 소비자의 동기를 자극할 수 있는 정보가 가장 중요합니다.
4) 광고 캠페인의 목적부터 정의합니다. 문제를 정확히 파악하고 캠페인으로 어떤 목표를 달성할지 정리한 뒤, 이 내용이 클라이언트에게 받아들여질 때까지 작업을 시작하지 않습니다.
5) 카피를 쓰기 전, 아이디어부터 씁니다. 관련된 사실이나 아이디어, 메시지를 마구 써 내려가고 나서 정리합니다.

6) 헤드라인에 시간을 많이 씁니다. 광고마다 20가지 이상 헤드라인을 만들어 보고, 혼자 결정하지 않습니다. 필요하면 여러 버전을 스플릿 런(Split-Run) 테스트[4]를 해 보기도 합니다.

7) 드디어 카피를 쓰려는 순간, 머리가 하애집니다. 아이디어가 하나도 안 떠오르고 짜증이 납니다. 아내가 방에 들어오면 으르렁거리기도 합니다. (담배 끊고 나서 더 심해졌어요.)

8) 처음 쓴 문장은 거의 다 버립니다. 형편없는 결과물이 나올까 봐 무서워서 처음 20번은 그냥 지워 버립니다.

9) 그래도 안 되면 럼주 반병을 마시고 음악을 틉니다. 헨델의 오라토리오[5]를 들으면 신기하게도 아이디어가 솟구치기 시작합니다.

10) 다음 날 아침 일찍 일어나서 원고를 편집합니다.

11) 뉴욕에 있는 비서에게 초고를 보내 타이핑을 부탁합니다. (저는 타자기를 잘 못 다루거든요.)

12) 저는 카피 라이팅에는 서툴지만[6] 편집은 자신 있습니다. 4~5번 고치면 클라이언트에게 보여 줄 수 있는 수준이 됩니다. 그런데 클라이언트가 수정하자고 하면 짜증이 납니다. 일부러, 의도적으로 쓴 문장이니까요.

이 모든 과정은 더디고 지난한 작업입니다. 다른 카피라이터들은 훨씬 스마트하게 일하는지 몰라요.

진심을 담아,
D.O. (데이비드 오길비)

출처: Copywriting.com

---

[4] 신문이나 잡지 광고의 표현 효과를 측정하기 위한 분할 테스트이다. 전설적인 카피라이터였던 존 케이플스(John Caples)가 만든 카피 테스팅 유형이다.
[5] 오라토리오(oratorio)는 종교적 내용을 담은 줄거리가 있는 음악을 말한다.
[6] 원문에는 'I am a lousy copywriter'로 표현되었는데, 겸양의 표현이라고 할 수 있다.

이 편지는 단순한 글쓰기 기술을 넘어 광고 크리에이티브의 본질과 설득력 있는 메시지를 만들어 내는 전략적 사고과정을 엿볼 수 있는 중요한 자료이다. 오길비는 카피 라이팅을 단순한 문장 작성이 아닌 깊이 있는 고민과 철저한 검증을 통해 완성되는 예술이자 전략적 행위로 여겼다. 그의 작업 방식은 광고가 단순히 정보를 전달하는 수단이 아니라 소비자의 감정과 행동을 움직이는 정교한 설득의 도구임을 잘 보여 준다.

4. 성공적인 광고 카피 사례

1) 아버지가 되면, 사진은 훌륭해진다_캐논

아버지가 되는 순간, 세상은 달라 보인다. 아이의 첫 뒤집기, 첫 걸음, 첫 웃음, 첫 모험을 볼 때 어떤 심정이었는가? 눈으로만 담기에는 너무나 소중한 순간이 당신의 렌즈에 담길 때, 사진은 단순한 이미지가 아니라 사랑의 기록이 되기 때문이다.

'아버지가 되면, 사진은 훌륭해진다(父親になったら, 写真はうまくなる).'라는 40년도 넘은 이 캐논(Canon) 카메라의 카피는, 사진을 찍는 행동을 단순한 기술적 결과물이 아닌 관계와 사랑의 표현으로 전환함으로써 특정 소비자층에게 강한 공감을 불러일으킨다. 특히 책임감과 애정을 내포하는 의미로 통용되는 '아버지'라는 단어는 소비자에게 깊은 감정적 공감을 자아낸다. '피사체를 사랑하는 것보다 더 좋은 기술은 없다.'라는 누군가의 표현처럼 이 카피는 카메라가 가족의 소중한 순간을 담아 주는 도구임을 감성적으로 전달함과 동시

4. 성공적인 광고 카피 사례   211

>> 그림 5-3. 캐논 카메라 광고 카피

에 브랜드가 제공하는 가치의 깊이를 강조하고 있다.

2) 손에서는 녹지 않고 입에서만 녹는 초콜릿_엠앤엠즈

엠앤엠즈(M&M's)의 유명한 광고 카피 '손에서는 녹지 않고 입안에서만 녹는다(Melt in your mouth, not in your hand).'는 1954년에 처음 등장했다. 당시 엠앤엠즈는 군납용 초콜릿에서 대중 소비자용 브랜드로 전환하는 과정에 있었으며 특히 미국 시장에서 경쟁력을 확보해야 하는 상황이었다. 기존 초콜릿 제품들은 쉽게 녹아 손에 묻는 단점이 있었고 소비자들도 이러한 불편함을 자주 경험했다. 엠앤엠

 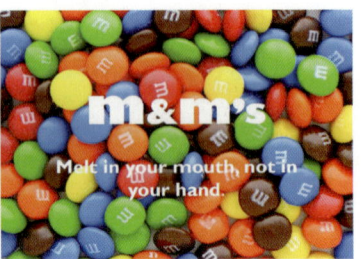

> 그림 5-4. 엠앤엠즈 초콜릿 광고 카피

즈는 자사의 초콜릿이 설탕 코팅으로 보호되어 손에 묻지 않고 입안에서만 부드럽게 녹는다는 점을 강조함으로써 경쟁 제품과 차별화를 시도했다.

이 광고 메시지는 소비자들이 겪는 불편을 직접적으로 해결했다는 점에서 강력한 설득력을 가진다. 기존 초콜릿 제품이 손에서 녹아 끈적이는 경험을 제공했던 반면, 엠앤엠즈는 이러한 문제를 해결하는 제품임을 강조하여 소비자들에게 명확한 선택의 이유를 제시했다. 결과적으로 이 카피는 엠앤엠즈의 브랜드 정체성을 확립하는 데 중요한 역할을 했으며, 수십 년이 지난 지금까지도 소비자들이 기억하는 상징적인 광고 메시지로 남아 있다.

슬로건의 호감도와 회상 효과를 측정한 한 연구는 슬로건에 대한 호감도를 결정하는 주요 요인을 탐구하며, 대규모 실증 연구(field study)를 통해 슬로건의 특징, 미디어 광고비 지출, 응답자의 특성 등이 슬로건 호감도에 미치는 영향을 분석했다(Dass et al., 2014). 연구 결과에 따르면, 슬로건에 대한 호감도는 미디어 광고비 지출과 큰 관련이 없으며, 오히려 메시지의 명확성이나 혜택의 명시, 운율(rhyme), 창의성이 중요한 영향을 미치는 요인으로 나타났다. 이는 슬로건의 성공 여부가 단순한 광고 지출보다는 메시지 자체의 특성과 전달 방식에 의해 좌우될 수 있음을 시사한다. 따라서 브랜드가 효과적인 슬로건을 개발할 때는 명확한 메시지와 함께 차별화된 가치 전달, 감각적인 표현 기법을 고려해야 한다. 이 연구에서 소비자들이 특히 호감을 가지거나 회상하기 쉬운 광고 카피는 다음과 같다.

① 대표적인 인기 슬로건

1. Melt in your mouth, not in your hand. (M&M's)
2. The few, the proud, the Marines (United States Marine Corps)
3. What happens in Vegas, stays in Vegas (Las Vegas tourism agency)
4. The happiest place on Earth (Disneyland)
5. Easy, Breezy, Beautiful, CoverGirl (CoverGirl)
6. Eat Fresh. (Subway)
7. Red Bull gives you wings. (Red Bull)
8. Think outside the bun. (Taco Bell)
9. Got milk? (Milk Processor Education Program)
10. Get in the Zone. (AutoZone)

② 가장 기억에 남는 슬로건

1. Just do it. (Nike)
2. I'm lovin' it. (McDonald's)
3. Have it your way. (Burger King)
4. Melt in your mouth, not in your hand. (M&M's)
5. Got milk? (Milk Processor Education Program)
6. Eat Fresh. (Subway)
7. Mmmm-mmm good! (Campbell Soup Company)

8. You're in good hands with Allstate. (Allstate)
9. Think outside the bun. (Taco Bell)
10. The ultimate driving machine (BMW)

3) 다이아몬드는 영원하다_드비어스

드비어스의 '다이아몬드는 영원하다(A Diamond is Forever)' 캠페인은 광고 역사상 가장 상징적이고 성공적인 캠페인 중 하나로, 다이아몬드를 결혼과 영원한 사랑의 상징으로 자리 잡게 만들었다. 1940년대 중반, 드비어스는 다이아몬드의 수요를 증가시키기 위한 광고 캠페인을 기획했다. 당시 다이아몬드는 필수품이 아니었으며 특히 대공황과 전쟁의 여파로 인해 소비자들은 사치품에 대한 관심이 낮았다. 이러한 상황에서 드비어스는 다이아몬드를 단순한 보석

그림 5-5. 드비어스의 다이아몬드 광고 카피

이 아닌 사랑과 헌신, 결혼의 영속성을 상징하는 매개체로 자리 잡게 하는 전략을 세웠다.

이러한 배경에서 '다이아몬드는 영원하다.'라는 짧고 간결한 문구가 탄생했다. 이 카피는 다이아몬드가 변하지 않는 사랑을 의미하며 결혼반지의 필수 요소가 되어야 한다는 인식을 소비자들에게 심어 주었다. 1940년대 이전까지만 해도 결혼반지로 다이아몬드를 선택하는 비율은 약 10%에 불과했지만 이 캠페인 이후 다이아몬드는 결혼과 사랑의 상징으로 자리 잡으며 오늘날 거의 필수적인 존재가 되었다. 20세기 말, 『애드버타이징 에이지(Advertising Age)』[7]는 이 카피를 '20세기의 최고의 광고 문구'로 선정했으며, 이 카피는 약 80년이 지난 오늘날까지도 사용되고 있다.

4) 작게 생각하세요 & 불량품_폭스바겐

독일의 자동차 제조업체인 폭스바겐(Volkswagen)의 비틀(Beetle)은 1938년 독일에서 처음 생산되었지만 미국 시장에서 본격적으로 성공을 거둔 것은 1950~1960년대였다. 당시 미국 자동차 시장은 크고 화려한 디자인의 대형 차량이 주류였으며 작은 차는 시장성이 낮다고 평가받았다. 비록 저렴한 가격과 실용성으로 젊은 층과 중산층 소비자들의 관심을 끌기는 했지만 작은 크기와 독특한 디자인으로 인해 기존 대형 자동차 브랜드들과 경쟁하는 것이 쉽지 않았다. 이러한 약점을 극복하고 비틀의 성공을 견인한 데에는 광고 대행사

---

[7] 미국 자동차 전문지 『오토모티브 뉴스(Automotive News)』의 자매지이자 미국의 유력 광고 전문지이다.

Doyle Dane Bernbach(DDB)가 제작한 혁신적인 광고 카피와 마케팅 전략이 큰 영향을 미쳤다. 당시 대부분의 자동차 광고는 성능과 디자인을 강조한 것과 달리 폭스바겐은 정직함과 실용성을 강조하는 역발상 마케팅 전략을 활용했다.

(1) '작게 생각하세요'

1959년 출시된 '작게 생각하세요(Think Small).' 광고 캠페인은 당시 미국 자동차 시장의 흐름을 거스르는 파격적인 메시지를 담고 있었다. 소비자들이 선호하던 대형차 대신 작은 차를 선택해야 하는 이유를 강조하며 비틀의 경제성과 효율성, 실용성을 강점으로 내세웠다. 또한 이 광고는 미니멀한 디자인과 여백을 적극적으로 활용하며 기존 자동차 광고와는 전혀 다른 스타일을 선보였다. 결과적으로 'Think Small.' 광고는 단순한 자동차 광고를 넘어 소비자의 인식을 변화시키는 캠페인으로 자리 잡았고 비틀의 차별화된 브랜드 이미

그림 5-6. 폭스바겐의 'Think Small.' 카피

4. 성공적인 광고 카피 사례

지를 확립하는 데 크게 기여했다.

(2) '불량품'

이듬해인 1960년 등장한 '불량품(Lemon).' 광고는 당시 광고 업계에서 보기 드문 역설적인 표현 기법을 활용한 사례였다. 일반적으로 'Lemon'이라는 단어는 불량품을 의미하지만 폭스바겐은 이를 반대로 활용해 엄격한 품질 검사를 통해 소비자에게 완벽한 제품만 제공한다는 메시지를 전달했다.

광고에서는 '이 폭스바겐은 출하되지 못했습니다.'라는 문장을 사용하며 작은 결함도 용납하지 않는 철저한 품질 관리 과정을 강조했다. 기존 자동차 브랜드들이 강력한 성능과 고급스러움을 강조하는 것과 달리 폭스바겐은 정직한 브랜드 이미지와 신뢰성을 차별점으로 내세웠다. 소비자들은 이 광고를 통해 '폭스바겐을 사면 철저한 검사를 통과한 완벽한 차를 받는다.'는 확신을 가지게 되었고, 이는

▶▶ 그림 5-7. 폭스바겐의 'Lemon.' 카피

브랜드 충성도로 이어졌다.

5) 우리가 더 노력하기 때문입니다_에이비스

브랜드의 약점을 강점으로 전환한 대표적인 광고 캠페인 중 하나가 에이비스(Avis)의 '우리가 더 노력하기 때문입니다(We Try Harder).' 캠페인이다. 이 재치 있는 광고는 즉각적인 성공을 거두며 소비자들에게 강한 인상을 남겼고, 오랜 적자 상태를 청산한 에이비스는 처음으로 흑자를 기록하는 성과를 거두었다. 에이비스의 놀랍도록 인간적인 슬로건은 약 50년 동안 유지되며 브랜드의 핵심 메시지로 자리 잡았다.

이 캠페인의 성공 요인은 단순히 신선하고 재미있는 광고를 선보인 것이 아니라 무엇보다도 소비자들에게 신뢰할 수 있는 메시지를 전달했다는 점에 있다. 브랜드를 선택할 때 신뢰도는 중요한 요소이

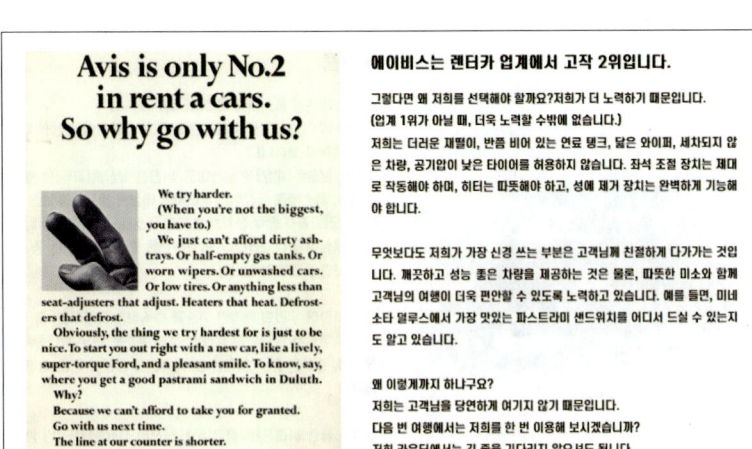

▶ 그림 5-8. 에이비스의 광고 카피

며 에이비스의 광고는 이러한 신뢰를 효과적으로 구축하는 데 성공했다. 특히 브랜드가 시장 리더가 아닐 때 어떻게 경쟁력을 갖출 수 있는지에 대한 전략적인 해답을 제시했다는 점에서 의미가 크다. 에이비스는 경쟁사의 강점에 정면으로 맞서기보다는 자신의 위치를 솔직하게 인정하고 이를 차별화 전략으로 활용했다. 업계 2위라는 현실을 단점이 아니라 소비자를 위해 더 열심히 노력할 수밖에 없는 이유로 전환하면서 브랜드의 차별성을 강조한 것이 성공의 핵심이었다.

6) 도넛은 당신에게 해롭습니다_크리스피 크림

크리스피 크림(Krispy Kreme)은 역설적인 방식으로 독자들에게 다가가는 전략을 사용하고 있다. 일반적으로 패스트푸드나 단 음식은 건강에 좋지 않다는 인식이 강해 부정적으로 평가받는 경우가 많다. 크리스피 크림은 이러한 소비자 인식을 반전시키기 위해 '결국 모든 사람은 죽기 때문에 인생 자체가 우리에게 해롭다.'는 아이러니한 논리를 펼친다. 이를 통해 건강에 대한 지나친 강박보다는 삶의 균형을 유지하며 즐길 것은 즐기는 것이 중요하다는 메시지를 전달하고 있다.

크리스피 크림이 강조하는 핵심은 균형 잡힌 삶의 중요성이다. 건강을 위해 무조건적으로 단 음식을 피하는 것이 아니라 음식이 주는 작은 즐거움 또한 삶의 일부라는 점을 유머러스하게 전달하고 있다. 광고는 이러한 메시지를 극대화하며 '크리스피 크림 도넛을 한 번도 먹어 보지 않고 세상을 떠난다면 그것이야말로 가장 안타까운 일'이라는 문구로 마무리한다. 결과적으로 크리스피 크림은 패스트푸드

> 그림 5-9. 크리스피 크림의 광고 카피

나 단 음식에 대한 부정적인 인식을 완화하고 소비자들이 도넛을 죄책감 없이 즐길 수 있도록 유도하는 전략을 사용하고 있다.

7) 덜 사고, 더 많이 요구하세요_파타고니아

파타고니아는 1972년 첫 번째 카탈로그에서 '우리는 지구의 자원이 무한하지 않음을 깨달아야 합니다.'라는 메시지를 전하며, 자원의 유한성과 환경 문제에 대한 경각심을 강조했다. 이후 의류 산업이 전 세계 탄소 배출의 약 10%를 차지하고 노동자들이 세계에서 가장 낮은 수준의 임금을 받고 있는 현실을 지적하며, 소비자의 윤리적 선택이 산업 변화를 이끌어 낼 수 있는 힘이 됨을 강조해 왔다.

이러한 인식을 바탕으로, 파타고니아는 2011년 '이 재킷을 사지 마세요(Don't Buy This Jacket).' 캠페인을 통해 과잉 소비 문제를 직접적으로 비판했다. 이후 2020년에는 '덜 사고, 더 많이 요구하세요

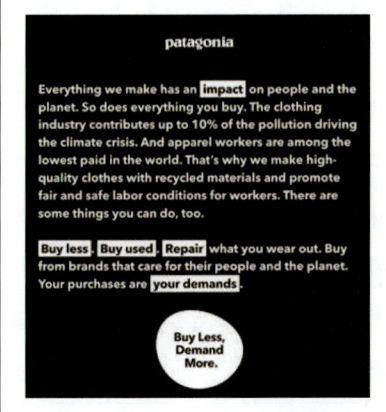

>> 그림 5-10. 파타고니아의 광고 카피

'(Buy Less, Demand More).' 캠페인을 전개하며 의류 산업의 근본적인 변화를 요구했다. 이 캠페인은 소비가 가장 많이 발생하는 블랙 프라이데이(Black Friday)를 기점으로 전 세계적으로 진행되었으며, 지속 가능한 소비와 기업의 사회적 책임을 강조했다.

파타고니아의 '덜 사고, 더 많이 요구하세요.' 캠페인은 단순히 소비를 줄이는 것을 넘어 소비자와 기업 모두가 환경적 책임을 져야 한다는 강력한 메시지를 전달하는 상징적인 사례가 되었다. 이는 단순한 마케팅 전략이 아니라 환경 보호와 소비문화 변화를 이끄는 중요한 운동으로 평가받고 있다. 파타고니아는 이를 통해 패션 업계가 탄소 배출과 환경 파괴의 주요 원인이라는 점을 환기시키며 기업 스스로 지속 가능성을 위한 변화를 주도하는 브랜드로 자리 잡았다.

8) 레드불은 당신에게 날개를 달아 드립니다_레드불

레드불은 1987년 오스트리아에서 디트리히 마테쉬츠(Dietrich Mateschitz)와 태국의 찰레오 유위디아(Chaleo Yoovidhya)가 공동 설립한 에너지 드링크 브랜드이다. 마테쉬츠는 태국 출장 중 찰레오가 만든 '크라팅 다엥(Krating Daeng)'이라는 에너지 드링크를 접하고 이를 서구 시장에 맞게 개발할 아이디어를 떠올렸다. 두 사람은 기존 태국 음료의 레시피를 조정해 1987년 오스트리아에서 레드불을 처음 출시했다. 이후 레드불은 전통적인 광고 방식 대신 익스트림 스포츠 스폰서십과 바이럴 마케팅 같은 혁신적인 전략을 통해 소비자들에게 다가갔다. 이를 통해 젊은 층을 중심으로 강렬한 브랜드 정체성을 확립하며 에너지 드링크 시장의 선두주자로 자리 잡았다.

오늘날 레드불은 전 세계에서 매년 90억 캔 이상을 판매하며 단순한 음료 브랜드를 넘어 스포츠, 이벤트, 미디어 사업으로 확장하며 독창적인 브랜드 제국을 구축했다. 특히 레드불의 대표 슬로건 '레드불이 당신에게 날개를 달아 드립니다(Red Bull Gives You Wings)'는 단순한 마케팅 문구를 넘어 브랜드의 철학과 아이덴티티를 담은

그림 5-11. 레드불의 카피와 레드불이 진행한 다양한 익스트림 스포츠

강력한 메시지로 자리 잡았다.

　레드불은 그동안 스카이다이빙을 비롯해 베이스 점프, 모터스포츠, BMX, 서핑, 레드불 스트라토스 프로젝트(Red Bull Stratos Project) 등 한계를 뛰어넘는 익스트림 스포츠 이벤트를 지속적으로 개최하고 후원해 왔다. 이러한 활동들은 '날개를 달아 준다'는 브랜드 메시지를 시각적으로 구현하며 레드불이 단순한 음료가 아니라 모험과 도전의 상징임을 강조하는 데 기여했다.

　그러나 2014년, 레드불의 슬로건이 소비자들에게 실제로 날개를 제공한다는 오해를 불러일으켰다는 이유로 소송에 휘말렸다. 이 사건으로 레드불은 약 1,300만 달러의 합의금을 지불해야 했으며, 이후 법적 문제를 해결하기 위해 슬로건의 철자 i를 3개로 변경해 'Red Bull Gives You Wiiings.'로 수정해야만 했다.

9) 하인즈 좀 건네줘_ 하인즈

　2017년, 하인즈(Heinz)[8]는 독특한 마케팅 전략으로 주목받았다. 인기 드라마 〈매드맨(Mad Men)〉의 허구 속 광고를 현실로 가져온 것이다. 드라마 속 인물인 돈 드레이퍼(Don Draper)는 1960년대 광고업계에서 활동하는 캐릭터로 시즌 6에서 '하인즈 좀 건네 줘(Pass the Heinz).'라는 광고 아이디어를 제안했다. 이 광고는 제품이나 브랜드 로고를 전혀 노출하지 않고 단지 'Pass the Heinz.'라는 문구와 미국인이 즐겨 먹는 음식(감자튀김, 버거, 스테이크)을 보여 주는 방식

---

8 케첩으로 가장 널리 알려진 미국의 종합 식품회사이다.

▶▶ 그림 5-12. 드라마 〈매드맨〉의 한 장면

으로 구성되었다. 드레이퍼는 광고주 앞에서 이렇게 제안한다.

"광고주를 위해 일하는 가장 훌륭한 것은 사진이나 그림 따위가 아니라 소비자의 상상력입니다. 상상력에는 예산도, 시간제한도 없죠. 그 공간에 들어갈 수만 있다면 무제한으로 광고가 가능합니다."

아쉽게도 드라마에서는 제품이 직접 등장하지 않는다는 이유로 드레이퍼의 아이디어는 채택되지 않았다. 그러나 약 50년 후, 하인즈는 이 가상의 캠페인을 실제로 구현하기 위한 도전에 나섰다. 이 캠페인은 인쇄매체와 옥외매체를 활용했으며 하인즈 케첩의 이미지뿐만 아니라 브랜드의 상징적인 색상이나 로고조차 포함되지 않았다. 대신 소비자가 음식을 볼 때 자연스럽게 케첩을 떠올리도록 유도하고, 'Pass the Heinz.'라는 문구가 이를 뒷받침하는 방식으로 설계되었다.

이러한 역발상의 방식은 제품이나 브랜드를 직접적으로 드러내지 않으면서도 소비자의 인지 속에서 강렬한 연결을 형성했다. 이

4. 성공적인 광고 카피 사례   225

>> 그림 5-13. 드라마의 한 장면을 실제 구현한 하인즈 광고

캠페인은 '최초의 리버스 PPL(Reverse Product Placement)[9]'로 불리며, 인쇄 및 옥외 광고를 통해 총 26억 건의 미디어 노출과 5,500만 달러의 미디어 수익을 창출했다. 〈매드맨〉의 가상을 현실로 옮긴 'Pass the Heinz.' 캠페인은 마케팅 역사에서 대담한 아이디어와 브랜드 전략의 성공 사례로 평가되고 있다.

[9] 기존의 PPL과 반대되는 개념으로 역 PPL이라고도 한다. 드라마나 영화 등에 등장했던 상품이나 브랜드가 현실에서 실제로 사용되는 것을 의미한다.

Chapter 06
미디어와 크리에이티브

Chapter 06
미디어와 크리에이티브

학습 목표

- 이 장에서는 다양한 미디어를 활용한 광고 크리에이티브 전략을 이해하는 것을 목표로 한다. 이를 위해 전통 미디어를 비롯해 뉴미디어, 옥외 미디어의 특성과 효과적인 광고 활용 방안을 학습한다.
- 전통 미디어에서는 TV와 인쇄물을 활용한 광고 기법을 익히며, 뉴미디어에서는 소셜 미디어 광고의 타기팅 및 실시간 소통 방식에 대해 배운다. 또한 옥외 미디어는 옥외광고, 앰비언트 광고, 인터랙티브 광고의 세 가지 유형으로 구분되며, 이들의 차이점과 공통점을 비교하며 학습한다.
- 이를 통해 각 미디어의 특징을 이해하고 효과적인 광고 전략을 수립하는 능력을 기르는 것을 주요 학습 목표로 삼는다.

1. TV 크리에이티브

1) 정의

TV 크리에이티브(TV creative)는 텔레비전이라는 매체를 활용하여 브랜드 메시지를 시청자에게 전달하는 광고 콘텐츠를 의미한다. 영상과 음향, 스토리텔링의 조합을 통해 강렬한 감각적 자극을 제공함으로써 대중들에게 브랜드의 가치를 효과적으로 각인시키는 데 사용된다. TV라는 매체를 최대한 활용해 단순히 제품을 알리는 데 그치지 않고 브랜드와 소비자 간의 정서적 유대감을 형성해 브랜드 이미지를 강화하는 중요한 역할을 하는 것이다.

2) 주요 특징

TV 광고는 시각과 청각을 동시에 활용할 수 있는 매체라는 점에서 강력한 크리에이티브 플랫폼으로 기능한다. 영상과 음성, 음악, 자막 등을 결합해 다감각적 자극을 줄 수 있으며, 이를 통해 시청자의 주의를 끌고 메시지가 기억에 오래 남게 하는 효과를 기대할 수 있다.

특히 감동적이거나 유머러스한 이야기, 강렬한 캐릭터, 긴장감 있는 내러티브 등을 담아내는 스토리텔링 기법이 효과적으로 활용되며, 이를 통해 브랜드에 대한 긍정적인 감정 이입과 이미지 구축이 가능하다. 또한 TV는 여전히 많은 가정에서 접근성이 높고, 다양한 연령층과 계층에 도달할 수 있는 매스미디어로서의 영향력을 유지하고 있다.

하지만 TV 광고는 제작비와 송출비용이 커서 예산이 한정된 광고주에게는 부담이 될 수 있으며, 광고 길이가 제한적이기 때문에 짧은 시간 안에 핵심 메시지를 명확히 전달해야 하는 압박이 존재한다. 더불어 디지털 광고에 비해 성과 측정이 어렵고, 노출의 지속성이 낮다는 한계도 있다. 최근에는 스트리밍 서비스나 모바일 영상 소비의 확산으로 인해 전통적인 TV 시청률이 감소하는 추세이며,

이에 따라 광고의 도달력도 점차 감소하고 있는 점은 크리에이티브 전략 수립 시 고려해야 할 요소이다.

3) TV 크리에이티브 사례

(1) 애플의 '1984' 광고

애플(Apple)의 '1984' 광고는 매킨토시(Macintosh) 개인용 컴퓨터를 소개하며, 기존의 기술 독점과 획일화된 환경에 맞서 창의성과 자유를 강조한 혁신적인 메시지로 광고 역사에 한 획을 그은 작품으로 평가된다. 이 광고는 조지 오웰(George Orwell)의 소설 『1984』에서 영감을 받아 전체주의적인 세계관을 디스토피아(Dystopia)[1]적 배경으로 묘사했다.

당시 IBM은 개인용 컴퓨터 시장을 지배하고 있었으며 애플은 이를 '기술의 독점적 지배'로 간주했다. 애플은 매킨토시를 통해 획일화된 컴퓨터 환경을 깨고 개성과 창의성을 강조하는 도구로 자리 잡

▶▶ 그림 6-1. 애플의 '1984' 광고

1 이상향인 유토피아(utopia)와 대비되는 부정적인 모습의 가공의 세계이다.

길 원했다. 이를 반영하여 광고의 핵심 콘셉트는 '다수에 맞서는 소수의 투쟁'으로 설정되었으며 기술의 통제에 맞서 자유와 독창성을 강조하는 메시지를 담았다. 광고 속 반항적인 여주인공이 해머를 던져 거대한 스크린을 부수는 장면은 매킨토시가 기술 독점에서 벗어나 창의적 자유를 제공하는 혁신적인 도구임을 상징적으로 표현했다.

애플의 전설적인 '1984' 광고는 원래 슈퍼볼 XVIII에서 96초짜리 버전으로 방영될 예정이었으나 높은 광고비 부담으로 인해 실제 경기 중에는 단 한 번, 60초 버전만이 공개되었다. 그럼에도 불구하고 이 광고는 대중과 광고 업계 모두에게 강한 인상을 남기며 슈퍼볼을 미국 최대의 광고 쇼케이스로 자리매김하게 만든 결정적 계기가 되었다.

많은 광고 전문가가 '무엇을 말하느냐보다 얼마나 자주 말하느냐가 더 중요'하다는 점을 강조하며 반복 노출이 광고 효과의 핵심이라고 말한다. 그러나 애플의 '1984' 광고는 이 반복의 법칙에서 유일하게 예외로 간주되는 사례로 언급된다. 단 한 번의 방영만으로도 브랜드 메시지를 강력하게 각인시켰다는 점에서 광고 역사상 전례 없는 성공 사례로 평가받는다(Shore, 2014).

(2) 볼보의 '에픽 스플릿' 광고

볼보 트럭(Volvo Truck)은 2013년 'Live Tests' 광고 캠페인의 여섯 번째 작품으로 75초 길이의 인상적인 광고인 '에픽 스플릿(The Epic Split, feat. Van Damme)'을 제작했다. 이 광고는 다이내믹 스티어링 시스템의 안정성과 정밀성을 강조하기 위해 배우이자 액션 스타인 장 클로드 반담(Jean-Claude Van Damme)을 기용했다.

>> 그림 6-2. 볼보 트럭 광고

광고에서는 두 대의 볼보 트럭이 후진하는 동안 반담이 트럭 사이에서 완벽한 '스플릿(split, 다리 찢기)'을 선보이며 차량의 정밀한 조향 성능을 극적으로 보여 준다. 배경 음악으로 사용된 엔야(Enya)의 〈Only Time〉은 긴장감 넘치는 장면과 대조되는 차분한 분위기를 연출하며 광고의 독창성을 더욱 부각시킨다.

(3) 멜버른 메트로의 'Dumb Ways to Die' 광고

멜버른 메트로(Melbourne Metro)는 2012년 철도 안전 캠페인을 위해 기존의 경고 중심의 공익광고(Public Service Advertisement: PSA)와 차별화된 접근 방식을 선택했다. '어리석게 죽는 방법들(Dumb Ways to Die)'이라는 제목의 이 애니메이션 광고는 밝고 귀여운 캐릭터와 경쾌한 음악을 활용하여 철도 사망사고의 위험성을 효과적으로 전달했다.

광고에서는 엉뚱하고 어리석은 방법으로 죽음을 맞이하는 다양한 캐릭터들이 등장하며 마지막에는 철도에서의 부주의한 행동이 가장 어리석은 죽음이라는 메시지를 강조했다. 특히 중독성 강한 멜로디와 유머러스한 연출이 결합되면서 기존의 무거운 안전 캠페인

>> 그림 6-3. 멜버른 메트로의 광고

과 차별화되었고 대중의 강한 공감을 이끌어 냈다.

(4) 버드와이저의 'Wassup' 광고

버드와이저(Budweiser)는 1999년 '별일 없어(Wassup)' 광고 캠페인을 통해 맥주를 단순한 음료가 아닌 친구들과 함께하는 순간을 상징하는 브랜드로 자리 잡게 했다. 광고는 친구들이 전화를 통해 'Wasssssssssssup!(와썹~)'이라고 인사하며 맥주를 마시며 일상을 공유하는 단순하지만 강렬한 장면을 연출했다.

이 광고는 방영 후 엄청난 반향을 일으켰다. 버드와이저의 판매량이 240만 배럴 증가했으며 TV 뉴스 특집과 신문 기사에서 이 문구가 등장한 횟수를 기준으로 2천만 달러의 무료 홍보 효과를 창출한 것으로 보고됐다. 또한 온라인에서 수많은 패러디가 등장했고 토크쇼 진행자와 DJ들이 농담 소재로 활용하는 등 대중문화 전반에 깊이 스며들었다. 그 결과, 광고가 방영되지 않은 국가에서도 'Wassup'이라는 캐치프레이즈가 유행할 정도로 글로벌한 인지도를 확보하는 데 성공했다.

> 그림 6-4. 버드와이저의 광고

2. 인쇄물 크리에이티브

1) 정의

인쇄물 크리에이티브(print media creative)는 잡지나 전단지, 브로슈어, 포스터 등 물리적인 인쇄 매체를 통해 전달되는 광고 콘텐츠를 의미한다. 이 유형의 광고는 주로 시각적 요소와 텍스트 중심의 설계를 통해 브랜드 메시지를 전달하며 명확한 메시지와 강렬한 비주얼을 통해 소비자의 주목을 끌고 기억에 남는 효과를 추구한다.

2) 주요 특징

인쇄물 크리에이티브는 물리적 특성과 고정된 지면이라는 한계를 전제로 설계되며 이에 따른 장단점을 고려한 전략적 접근이 요구된다. 먼저 인쇄물은 물리적으로 존재한다는 점에서 디지털 광고와 차별화된다. 독자가 손에 쥘 수 있고 반복적으로 열람할 수 있기 때문에 지속적인 노출과 보존 효과를 기대할 수 있다. 이러한 특성은 특히 브랜드의 신뢰도를 강조하거나 고급스러운 이미지를 구축할 때 효과적으로 작용한다.

또한 인쇄 광고는 한정된 지면 내에서 핵심 정보를 간결하고 명확하게 전달해야 하므로 텍스트와 비주얼의 조화와 함께 강렬한 시각적 인상이 중요한 요소로 작용한다. 이미지나 색상, 타이포그래피를 통해 독자의 시선을 유도하고 짧은 시간 안에 메시지를 각인시키는 것이 핵심이다. 특히 프리미엄 용지나 고급 인쇄 기법을 활용할 경우 브랜드의 고급성과 세련된 감성을 전달하는 데 유리하다.

매체 특성상 정밀 타기팅이 가능하다는 점도 인쇄물의 강점이다. 예를 들어, 특정 독자층이 구독하는 잡지나 전문 분야의 간행물을 활용하면 관심사 기반의 정밀한 마케팅이 가능하다. 골프나 요리, 여행, 예술 등 다양한 주제의 매체를 통해 브랜드가 도달하고자 하는 집단에게 메시지를 효과적으로 전달할 수 있다.

반면, 인쇄물 크리에이티브는 몇 가지 한계를 수반한다. 가장 큰 제약은 디지털 광고에 비해 실시간 반응을 유도하기 어렵다는 점이다. 클릭이나 전환을 유도할 수 있는 기능이 없고 효과 측정 또한 간접적이기 때문에 ROI[2] 분석에 한계가 존재한다. 또한 제작 이후에는 수정이 어려워 초기 기획과 검토의 완성도가 매우 중요하다.

아울러 디자인이나 인쇄, 배포 등 생산 전반에 걸쳐 높은 비용과 시간이 소요되며 주로 해당 인쇄물을 접한 사람에게만 도달하기 때문에 노출 범위의 제한성도 고려해야 한다. 디지털 광고처럼 콘텐츠를 확산하거나 재가공하기도 어려운 편이다.

결론적으로 인쇄물 크리에이티브는 디지털 미디어와는 다른 차원의 물리적 신뢰성과 시각적 임팩트를 바탕으로 브랜드의 정체성과 감성적 메시지를 전달하는 데 유용한 매체이다. 그러나 명확한 타깃 설정과 콘텐츠 완성도를 전제로 계획적으로 활용해야 그 효과를 극대화할 수 있다.

3) 인쇄물 크리에이티브 사례

(1) 브랜드 사례 1: 썬키스트 오렌지 주스

1907년, 캘리포니아의 오렌지 재배 농가들은 과잉 생산 문제에 직면했다. 이에 대응하여 농가들은 'Sunkist(썬키스트)'[3]라는 브랜드를 도입하였고, 오렌지와 오렌지 주스를 건강하고 필수적인 아침 식사의 상징으로 자리 잡게 하는 전략을 수립했다.

썬키스트는 '오렌지 주스는 건강에 필수적'이라는 메시지를 중심으로 인쇄 광고를 적극 활용했다. 싱싱한 오렌지 이미지와 효능을 뒷받침하는 통계자료뿐만 아니라 상세한 정보를 조화롭게 구성하여 오렌지가 신선하고 영양가 높은 과일임을 강조하는 동시에 오렌지

---

2 ROI는 Return on Investment(투자수익률)의 약자로 투자에 지출한 금액에 비해 얼마나 많은 돈을 벌었는지를 나타내는 지표이다.
3 'Sunkist'는 과일이 캘리포니아의 강렬한 햇빛을 받고 자란다는 것을 상징하기 위해 '태양의 입맞춤'이란 뜻의 'sun-kissed'를 소리 나는 대로 붙인 이름이다.

▶ 그림 6-5. 이미지와 텍스트를 활용한 썬키스트 오렌지 광고

주스를 매일 아침 필수적으로 섭취해야 할 건강식품으로 포지셔닝했다. 이러한 전략을 통해 단순한 제품 홍보를 넘어 소비자의 식습관을 변화시키는 데 성공했다. 그 결과, 썬키스트 오렌지 주스는 미국 가정에서 아침 식사의 필수품으로 자리 잡았으며 브랜드 인지도 향상과 소비자 행동 변화에 크게 기여한 사례가 되었다.

(2) 브랜드 사례 2: 하인즈 토마토 케첩

하인즈는 인쇄 광고를 통해 자사 케첩이 단순한 소스가 아니라 음식의 맛을 완성하는 필수 요소임을 일관되게 강조해 왔다. 광고 전략의 핵심은 소비자의 미각을 시각적으로 자극하고 하인즈 케첩 없이는 음식의 완성도가 떨어진다는 점을 설득력 있게 전달하는 데 있다.

'누구도 하인즈처럼 케첩을 잘 키울 수 없다(No one grows ketchup like Heinz).' 캠페인에서는 재료의 신선함과 품질의 우수성을 내세워 브랜드의 신뢰를 구축했다. 하인즈가 직접 재배한 토마토를 사용한다는 메시지를 통해 단순한 가공식품이 아닌 농장에서 식탁까지 연결된 브랜드로서의 이미지를 강화한 것이다.

'Without' 캠페인은 하인즈 케첩이 없는 감자튀김과 스테이크를 골판지에 비유하며 음식의 즐거움을 완성하는 필수 조건으로서 케첩의 존재감을 강조했다. 이처럼 결핍을 통한 가치를 드러내는 방식은 제품의 필요성을 강하게 인식시키는 효과적인 전략으로 작용했다.

또 다른 인쇄광고에서는 음식 사진에서 메인 요리를 투명하게 처리하고 오직 케첩만을 선명하게 강조함으로써 '케첩 없이는 음식도 의미 없다.'는 메시지를 강렬한 시각적 대비를 통해 전달했다. 이는 케첩을 부가 요소가 아니라 중심 요소로 자리매김하는 효과를 만들

▶▶ 그림 6-6. 다양한 하인즈 케첩 광고

어 냈다.

'오직 하인즈여야만 해(It has to be Heinz).' 캠페인에서는 실제 소비자의 경험담을 활용하여 브랜드에 대한 감성적 충성심을 부각시켰다. 하인즈 케첩이 없으면 식당에서조차 음식을 거절하거나 다른 브랜드 케첩을 바꾸려는 행동을 통해 브랜드 일관성과 팬덤의 힘을 표현했다.

이처럼 하인즈는 인쇄 광고를 통해 제품의 기능적 우수성과 함께 감성적 필수성을 함께 전달하며, 단순한 케첩 브랜드를 넘어 식문화의 일부로서의 정체성을 성공적으로 구축해 왔다.

(3) 브랜드 사례 3: 네스카페

졸음을 쫓기 위해 커피를 찾는 사람들이 많아지면서 네스카페(Nescafé)는 이를 창의적으로 표현한 광고를 선보였다. 단순한 시각적 요소를 활용해 커피가 졸음을 깨우는 순간을 직관적으로 전달하며 네스카페가 아침을 시작하는 필수적인 존재임을 강조했다.

타이포그래피(typography)[4]를 활용한 광고는 행과 열로 배열된 지그재그(Z) 모양의 문자들로 구성되어 있다. 처음에는 잠을 상징하는 'Z'가 형성되지만 점차 깨어나는 듯한 변화를 거쳐 Nescafé의 'N'으로 전환되는 구조이다. 이러한 창의적인 전환 방식은 'Nescafé만큼 당신을 깨우는 것은 없습니다.'라는 태그라인과 조화를 이루며 네스카페의 강력한 각성 효과를 상징적으로 보여 준다.

또한 알람시계의 둥근 프레임을 커피잔과 결합한 시각적 구성은

---

[4] 타이포그래피는 글자를 배치하고 디자인하는 기술과 예술로, 활자(type)와 기술(graphy)을 합친 용어이다.

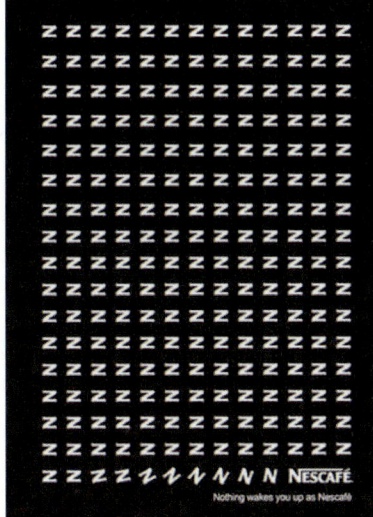

▶ 그림 6-7. 잠을 깨운다는 메시지를 전달하는 다양한 네스카페 광고

네스카페가 아침을 여는 필수적인 존재임을 상징적으로 드러낸다. 커피잔의 가장자리를 시계 테두리로 활용하고 시곗바늘 대신 커피에서 피어오르는 김을 배치함으로써 '모닝 커피'의 역할을 직관적으로 표현했다. 특히 부드럽게 피어오르는 김의 이미지는 카푸치노 특유의 부드러운 질감을 연상시키며 날카롭고 시끄러운 알람 대신 따뜻하고 부드러운 커피로 하루를 시작하자는 감성적 메시지를 전달한다. 일상적인 오브제 두 개를 창의적으로 결합한 이미지는 하루의 시작과 커피의 밀접한 관계를 감성적으로 드러내며 브랜드에 대한 공감과 친밀감을 유도한다.

(4) 브랜드 사례 4: 아디다스

아디다스(Adidas)의 '스포츠는 영원히(Forever Sports)' 캠페인은 잠

>> 그림 6-8. 잡지의 넘김을 활용한 아디다스 광고

지 형식을 창의적으로 활용한 훌륭한 광고 사례이다. 이 광고는 독자의 참여를 유도하고 브랜드의 역동적인 이미지를 효과적으로 전달하기 위해 잡지의 오프닝 페이지와 클로징 페이지를 활용했다.

오프닝 페이지에서 모델은 단순히 바닥에 누워 있는 모습으로 시작하지만 클로징 페이지를 넘기는 상황에서는 운동 동작인 크런치(crunch)를 수행하거나 아령을 들어 올리는 모습, 스트레칭을 하는 모습으로 변화한다. 이 연출은 한 장의 이미지로 끝나는 전통적인 인쇄 광고에서 벗어나 독자의 상상력을 자극하며 페이지를 넘기는 행동 자체를 브랜드 메시지 전달의 일부로 만든다.

(5) 브랜드 사례 5: 푸조

푸조(Peugeot)는 신차 모델 408의 주요 장점인 안전성을 강조하기 위해 브라질에서 독특한 잡지형 에어백 광고 캠페인을 실행했다. 이 캠페인을 통해 푸조는 독자들에게 에어백의 중요성과 효과를 직접 체험하도록 50,000개의 소형 에어백을 제작해 잡지에 삽입했다.

독자들은 푸조 이미지에 충격을 주었을 때 잡지의 에어백이 자연스럽게 팽창하는 방식으로 실제 차량의 사고 상황에서 에어백이 작

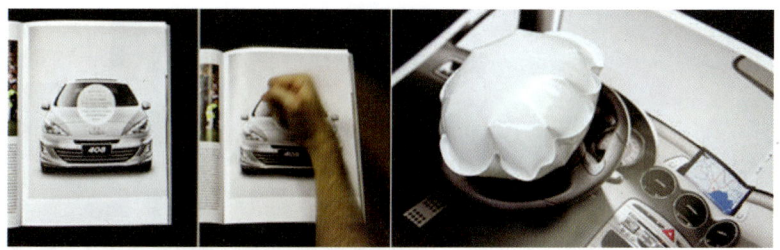

>> 그림 6-9. 푸조의 잡지 광고

동하는 모습을 간접 경험할 수 있었다. 푸조의 에어백 광고는 단순히 정보를 전달하는 데 그치지 않고 독자가 직접 경험하게 함으로써 메시지의 설득력을 높였다.

(6) 공익 주제 1: 알츠하이머

알츠하이머와 같은 퇴행성 뇌 질환은 단순한 의학적 문제를 넘어 사회 전체의 관심과 공공의 경각심을 필요로 하는 주제로 인쇄 광고에서 공익 메시지를 전달하는 데 자주 활용된다. 특히 인지적 상실이나 정체성의 혼란 그리고 가족과의 단절이라는 질병의 특성이 시각적으로 표현하기에 적절한 소재로 기능한다.

벨기에 알츠하이머 리그(Belgian League of Alzheimer)는 잡지 매체를 활용한 창의적인 캠페인을 통해 이러한 질병의 본질을 효과적으로 전달했다. 기사나 사진 일부가 삭제된 잡지를 독자에게 그대로 제공함으로써 환자들이 겪는 기억의 공백과 혼란을 독자 스스로 체험하게 유도한 것이다. '기억이 이렇게 사라진다면 어떨까요?'라는 문구는 시각적 불완전성과 결합해 알츠하이머의 실체를 직관적으로 느끼게 한다.

또 다른 사례로 한 광고는 중년 여성이 한 손에 성냥, 다른 손에 다

▶ 그림 6-10. 다양한 알츠하이머 인쇄물 광고

이너마이트를 들고 있는 이미지를 통해 단순한 기억력 감퇴를 넘어서 알츠하이머가 가져올 수 있는 일상 속 위험성을 경고한다. 이는 질병이 개인의 안전뿐 아니라 타인에게도 위협이 될 수 있음을 상징적으로 강조하면서 공익광고가 사회적 경각심을 어떻게 자극할 수 있는지를 보여 준다.

이탈리아의 그래픽 디자이너 도메니코 리베르티(Domenico Liberti)는 한층 감정적인 접근을 시도했다. 그는 가족사진 속 인물의 얼굴을 지움으로써 기억이 희미해지는 과정을 시각화했으며 텍스트 없이 단 하나의 단어 'Alzheimer'만을 삽입하여 강한 인상을 남겼다. 이 광고는 알츠하이머가 단지 개인의 기억을 지우는 질병이 아니라 사랑하는 사람과의 정서적 연결마저 희미하게 만든다는 점을 부각한다.

(7) 공익 주제 2: 안전벨트 착용

안전벨트 착용을 장려하는 인쇄 광고는 강렬한 시각적 메시지를 활용하여 교통안전의 중요성을 강조하는 데 효과적이다. 많은 캠페인이 충격적인 이미지나 은유적 표현, 감성적인 연출 등을 통해 안전벨트의 필요성을 직관적으로 전달한다.

캐나다 퀘벡 자동차 보험 협회(Quebec Automobile Insurance Society)는 안전벨트 착용의 중요성을 직관적으로 전달하는 인쇄 광고를 선보였다. 광고에는 카시트에 운전자의 생년월일과 사망 연도가 적혀 있지만 안전벨트가 사망 연도를 가리고 있는 모습이 담겨 있다. 이 간결한 시각적 표현은 안전벨트를 착용하는 것이 곧 생명을 연장하는 선택임을 강렬하게 전달한다. 또한 '안전벨트를 매고, 생명을 지키세요(Buckle up, stay alive).'라는 메시지를 더해 안전벨트 착용의 필요성을 더욱 강조했다.

그림 6-11. 다양한 안전벨트 착용 장려 광고

독일 도로 안전 기구(DVW)는 독일 자동차 운전자들에게 이 메시지를 강력하게 전달하기 위해 창의적인 인쇄 광고를 선보였다. 이 광고에서는 안전벨트를 착용한 사람을 제외한 나머지 탑승자들이 검은 띠를 두른 영정 사진으로 표현되어 안전벨트가 생사를 가르는 중요한 요소임을 직관적으로 보여 준다.

'안전벨트를 매기에는 너무 늦었습니다(Too Late to Fasten Your Seatbelt).'는 세계보건기구(WHO)의 '노면표시(Road Marks)' 시리즈 중 하나로, 교통사고 시 안전벨트 착용이 중대한 부상이나 사망 위험을 줄일 수 있음을 강조하는 포스터 광고이다. 이 캠페인은 안전벨트 착용이 선택이 아니라 생명을 지키는 필수적인 행동임을 상기시키며 늦기 전에 안전벨트를 매야 한다는 강력한 메시지를 전달한다.

3. 소셜 미디어 크리에이티브

1) 정의

소셜 미디어 크리에이티브(social media creative)는 페이스북(Facebook)이나 인스타그램(Instagram), 틱톡(TikTok), X(舊 트위터) 등 다양한 소셜 미디어 플랫폼을 통해 사용자와 브랜드가 상호작용하며, 시각적 형태를 포함해 텍스트적 또는 동영상 형태로 창의적인 콘텐츠를 제작하고 배포하는 것을 의미한다. 이는 브랜드 메시지를 전달하고 소비자와의 정서적 연결을 강화하며 공유와 참여를 통해 널리 확산되는 것이 주요 목적이다.

2) 주요 특징

소셜 미디어 크리에이티브는 디지털 환경에서 가장 역동적인 콘텐츠 유형 중 하나로 플랫폼 특유의 형식성과 실시간 상호작용성이라는 두 가지 핵심 특성을 가진다. 인스타그램이나 틱톡, 유튜브 쇼츠, 페이스북 등 각 플랫폼은 짧은 동영상을 비롯해 이미지 슬라이드, 라이브 방송 등 서로 다른 콘텐츠 형식을 요구하며, 이에 따라 크리에이티브는 플랫폼에 최적화된 방식으로 설계되어야 한다.

또한 댓글 및 좋아요, 공유, 멘션 등의 사용자 반응이 실시간으로 발생하기 때문에 브랜드는 소비자와의 즉각적인 상호작용을 통해 지속적인 관심과 참여를 유도할 수 있다. 해시태그(#) 캠페인이나 사용자 생성 콘텐츠(UGC), 챌린지 영상과 같은 방식은 자발적 확산을 촉진하며 콘텐츠의 파급력을 극대화하는 데 중요한 역할을 한다.

이러한 특성은 몇 가지 전략적 장점으로 이어진다. 무엇보다 콘텐츠가 소비자 간에 공유되기 때문에 확산성(virality)이 강하고, 댓글과 메시지 등을 통해 소비자와의 직접 소통이 가능하다는 점은 전통 매체와 차별화되는 중요한 강점이다. 또한 소셜 미디어 분석 도구를 활용하면 콘텐츠에 대한 반응을 실시간으로 수집하고 전략을 즉각적으로 수정할 수 있다. 상대적으로 낮은 제작비로도 높은 노출 효과를 기대할 수 있어 비용 대비 효율성 또한 높다.

반면, 소셜 미디어 크리에이티브는 몇 가지 위험 요소와 제약 조건도 내포한다. 콘텐츠의 반응이 소비자의 참여에 크게 좌우되기 때문에 부정적인 댓글이나 이슈가 빠르게 확산될 수 있는 위험이 있다. 특히 브랜드 이슈가 '밈(meme)'이나 패러디로 소비될 경우 통제 불가능한 방향으로 번질 가능성도 존재한다. 또한 플랫폼 알고리즘의 변화나 경쟁 콘텐츠의 증가로 인해 유기적 도달 범위가 제한될 수 있으며, 각 플랫폼별로 콘텐츠를 별도 제작해야 하기 때문에 시간과 자원 소모가 크다는 점도 고려해야 한다.

결과적으로 소셜 미디어 크리에이티브는 높은 유연성과 확장성을 지닌 반면, 빠른 반응성과 정교한 운영 역량이 요구되는 고위험·고효율 매체로 이해할 수 있다. 브랜드는 플랫폼의 특성과 사용자 행태를 면밀히 분석하고 이와 조응하는 콘텐츠 전략을 지속적으로 개발해 나가야 한다.

3) 소셜 미디어 크리에이티브 사례

(1) 제너럴 밀스의 'Hello, Cereal Lovers.'

제너럴 밀스(General Mills)는 설탕이 많이 든 아침 시리얼에 대한 부정적인 인식을 전환하고 시리얼의 다양한 활용 가능성을 보여 주기 위해 '안녕, 씨리얼 애호가들(Hello, Cereal Lovers).'이라는 디지털 캠페인을 런칭했다. 이 캠페인은 시리얼이 단순히 그릇에 우유를 부어 먹는 아침 식사라는 고정관념에서 벗어나 다양한 요리에 활용될 수 있는 창의적인 방법을 소개하며 소비자들의 주목을 받았다.

캠페인에서는 웹사이트나 텀블러(Tumblr), 페이스북, X[당시 트위터(Twitter)] 등 다양한 디지털 플랫폼을 통해 매일 새로운 콘텐츠를 제공했다. 특히 시리얼을 활용한 기발한 요리법과 독특한 레시피 영상은 소비자들에게 신선한 영감을 주었으며, 재미있는 GIF[5]와 유

---

[5] GIF는 Graphics Interchange Format의 약자로 웹에서 널리 사용되는 이미지 파일 형식이다. 움직이는 이미지를 표현하는 데 자주 사용되어 '움짤'이라고도 불린다.

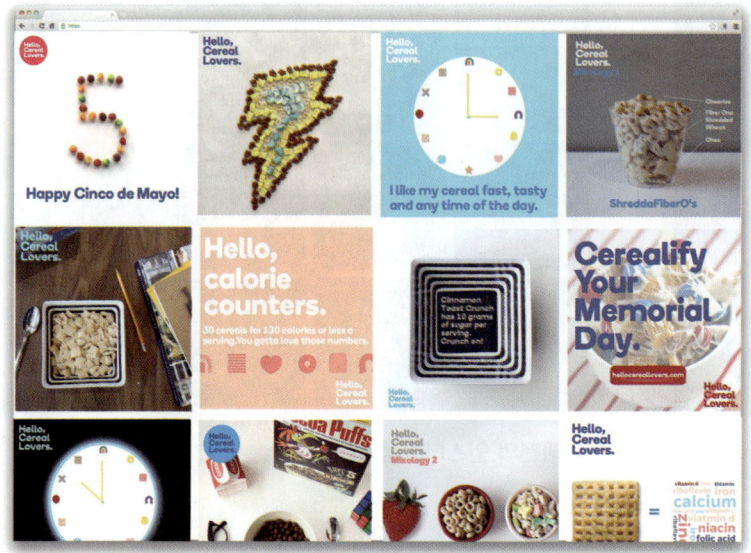

▶▶ 그림 6-12. 제너럴 밀스의 소셜 미디어 캠페인

머스한 게시물은 참여도를 높였다. 이러한 노력은 시리얼의 활용 가능성을 넓히는 동시에 브랜드에 대한 긍정적인 이미지를 구축하는 데 기여했다.

이 캠페인은 포스타노(Postano)가 선정한 최고의 소셜 미디어 캠페인 13개 중 하나로 뽑혔으며 『뉴욕 타임스(New York Times)』의 표지에 실리며 화제성을 증명했다. 또한 새로운 접근 방식을 통해 판매량 증가와 브랜드 인지도 강화라는 두 마리 토끼를 잡는 데 성공했다.

(2) 하이네켄의 'Crack US OPEN'

하이네켄(Heineken)은 2014년 US OPEN의 공식 스폰서로서 브랜드 인지도를 높이고 관중들에게 즐길 수 있는 경험을 제공하기 위해 독창적인 인스타그램 캠페인을 선보였다. 해당 캠페인은 가상의 테

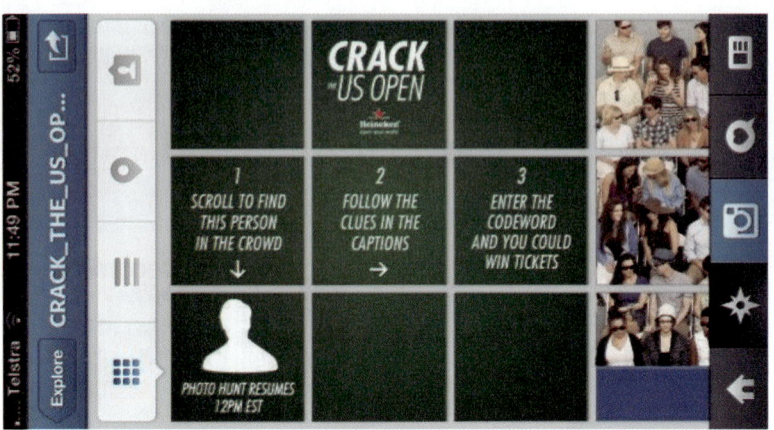

▶▶ 그림 6-13. 하이네켄의 인스타그램 광고

니스장 콘셉트로 설계되었으며 이를 구현하기 위해 200개의 사진을 인스타그램에 업로드했다. 각 사진은 단서를 포함하고 있었고 참가자들은 이를 따라 특정 인물을 찾아야 했다. 마지막 인물을 최초로 찾아 댓글을 단 두 명에게 US OPEN 티켓을 증정하는 방식이었다. 이 캠페인은 단순한 이벤트를 넘어 소비자들에게 게임과 같은 재미를 제공했다.

 결과적으로 3일 동안 1,500명의 참여를 유도했으며 하이네켄의 인스타그램 팔로워 수는 20% 증가했다. 이 캠페인은 소비자에게 단순히 메시지를 전달하는 데 그치지 않고 참여와 재미를 통해 광고를 긍정적인 경험으로 바꾼 성공 사례로 평가받는다. 소비자들이 광고를 스킵하거나 무시하는 대신 스스로 브랜드와 상호작용하도록 유도한 점이 큰 차별화 요소였다.

(3) 오레오의 'Dunk in the Dark'

 오레오(Oreo)는 1987년부터 '쿠키를 비틀어 분리하고, 속을 핥거나, 우유 한 잔에 적셔 먹으세요(Twist, Lick, Dunk).'라는 태그라인을 활용해 쿠키를 맛있게 먹는 방법을 알려 왔다. 그리고 2013년 슈퍼 볼 경기 중 발생한 정전 사태를 기회로 삼아 기발한 소셜 미디어 캠페인을 선보였다.

모든 사람이 우왕좌왕하던 정전이 발생한 시간 동안 오레오는 자사 트위터 계정에 "전기가 나갔다구요? 걱정마세요(Power Out? No problem)."라는 문구와 함께 '어둠 속에서도 덩크할 수 있습니다(You can still dunk in the dark).'라는 트윗을 재빠르게 게시했다. 게시물에는 희미한 조명 아래 놓인 오레오 쿠키 이미지가 삽입되어 브랜드 메시지를 감각적으로 전달했다. 이 즉각적인 반응과 창의적인 메시지 덕분에 오레오는 트위터에서 8,000명, 인스타그램에서 34,000명의 신규 팔로워를 확보하는 성과를 거뒀다.

그림 6-14. 오레오가 진행한 소셜 미디어 캠페인

『허핑턴 포스트(The Huffington Post)』는 이를 두고 '2013년 슈퍼볼에서 가장 화제가 된 광고 중 하나는 사실 광고가 아니라 오레오의 한 줄짜리 트윗이었다.'라고 평가했다. 광고 예산이 전혀 투입되지 않았음에도 순간을 포착한 기민한 대응과 창의적인 메시지만으로 소셜 미디어에서 엄청난 바이럴 효과를 만들어 낸 대표적인 사례로 기억되고 있다.

4. 옥외광고 크리에이티브

1) 정의

옥외광고(Out of Home Advertising: OOH Advertising) 크리에이티브는 소비자가 집 밖에서 접할 수 있는 모든 형태의 광고를 포함하며 주로 공공장소나 교통수단, 상업 시설 등을 매체로 활용하는 광고 방식이다. 대표적인 예로는 광고 빌보드(billboard)나 대중교통 광고, 디지털 디스플레이, 거리 배너 등이 있다. 이러한 광고 방식은 특정 장소에서 반복적으로 노출될 수 있어 브랜드 메시지를 많은 사람에게 전달하는 데 효과적이다. 특히 이동이 많은 도시 환경에서 자연스럽게 소비자의 시선을 끌며 브랜드 인지도를 높이는 데 중요한 역할을 한다.

2) 주요 특징

옥외광고는 공공장소에서 불특정 다수에게 지속적으로 노출되는 매체로 도시 생활 공간과 소비자 일상 사이의 물리적 접점을 기반으로 작동한다. 전통적으로는 도로변 빌보드나 버스정류장 포스터 등이 대표적이었으나 최근에는 디지털 옥외광고(Digital Out-of-Home: DOOH)를 비롯해 3D 설치물, 센서 기반 인터랙티브 광고 등으로 진화하며 표현 방식이 한층 다채로워지고 있다.

이러한 광고 유형은 높은 도달률과 반복 노출이라는 장점을 갖는다. 도심의 주요 교차로나 대중교통 밀집 지역에 설치한 광고는 하루에도 수만 명이 자연스럽게 접촉하게 된다. 이는 광고 메시지의 반복 노출을 통해 브랜드 인지도를 강화하는 효과로 이어진다. 특히 광고가 위치한 장소와 연계하여 지역 맞춤형 커뮤니케이션도 가능하다. 예를 들어, 특정 지역 주민의 생활 패턴이나 동선을 고려해 광고 메시지를 설계하면 지리적 타기팅 효과를 높일 수 있다.

옥외광고는 또한 형식의 유연성과 창의적 실험 가능성을 지닌 매체이다. 시선을 끄는 대형 구조물이나 몰입형 디지털 영상, 실시간 데이터 연동 등은 소비자에게 신선한 인상을 주며 종종 소셜미디어에서 2차 확산 효과를 유도하기도 한다. 이러한 특성은 옥외광고를 단순한 정보 전달을 넘어 경험 중심의 브랜드 인식 도구로 확장시킨다.

반면, 옥외광고는 몇 가지 전략적 한계를 지닌다. 우선 광고 효과의 정량적 측정이 어렵다. 클릭 수나 전환율과 같은 디지털 지표가 존재하지 않기 때문에 소비자가 실제로 광고를 얼마나 주목했는지 혹은 행동으로 이어졌는지를 판단하기 어렵다. 또한 메시지를 전달할 수 있는 시간과 공간이 제한적이다. 소비자는 이동 중 광고를 접하게 되므로 복잡한 정보보다는 직관적이고 간결한 메시지 설계가 필수적이다.

더불어 옥외광고는 설치 비용과 유지 관리비가 많이 들고, 주요 상권의 프리미엄 위치는 비용 부담이 더 크며, 날씨나 법규 등 환경적 제약도 고려해야 한다. 특정 지역은 광고물 설치에 대해 엄격한 규제를 두고 있으며, 기상 조건에 따라 광고물의 훼손 가능성도 존재한다.

3) 옥외광고 크리에이티브 사례

(1) 박카스

옥외광고는 특정한 시간과 장소에서 소비자의 니즈를 정확히 충족할 때 가장 효과적으로 작용한다. 박카스의 옥외광고는 이러한 TPO(Time, Place, Occasion) 전략을 활용한 대표적인 사례이다.

고속도로에서 서울로 진입하는 길목은 교통량이 많아 운전자와 탑승자 모두 쉽게 피로를 느낄 수 있다. 특히 꽉 막힌 도로 위에서 장

그림 6-15. 박카스 옥외광고

시간 운전하는 상황이라면 작은 자극에도 민감하게 반응하게 된다. 실제로 저자가 도로변에서 본 박카스의 야립광고[6]는 이러한 맥락에서 매우 시기적절한 광고였다. 박카스 광고는 운전자에게 피로 회복에 대한 즉각적인 니즈를 환기시키며 '지친 몸, 박카스로 회복하세요.'와 같은 단순한 메시지를 통해 상황에 맞는 강력한 설득력을 발휘한다.

이 사례는 광고가 단순히 노출되는 것이 아니라 소비자가 광고를 가장 필요로 하는 순간에 등장할 때 그 효과가 극대화될 수 있음을 보여 준다. 광고의 위치 선정과 메시지 전략이 소비자의 순간적인 감정과 필요를 정확히 반영할 때, 브랜드에 대한 긍정적인 인식을 형성할 수 있으며 실제 구매로 이어질 가능성이 높아진다.

(2) BBC 드라큘라

BBC는 브램 스토커(Bram Stoker)의 '드라큘라(Dracula)'를 기반으로 한 새로운 한정 시리즈를 홍보하기 위해 뱀파이어 신화에서 영감을 얻은 독창적인 옥외광고를 선보였다. 이 광고는 뱀파이어가 밤에만 활동한다는 설정을 활용해 낮과 밤의 대조를 통해 강렬한 시각적 효과를 만들어 냈다.

광고의 핵심 아이디어는 밤이 되어야 드라큘라의 실루엣이 나타나는 독창적인 방식에 있었다. 낮에는 불길한 피 묻은 3D 말뚝만 보이고 밤이 되면 스포트라이트와 말뚝이 만드는 그림자가 드라큘라의 무시무시한 실루엣을 형성하도록 설계되었다. 이 광고는 그림자 예술에서 영감을 받아 드라큘라가 빛을 싫어한다는 특징과도 완벽

---

[6] 도로변, 특히 고속도로나 국도변에 설치된 옥외광고판이다.

 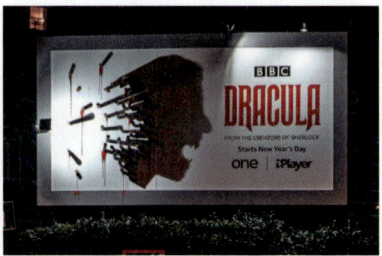

▶▶ 그림 6-16. BBC 드라큘라 옥외광고

히 부합했다.

2019년 12월 30일, 이 조형물은 버밍엄과 런던의 주요 장소에 설치되었고, 높은 가시성을 확보한 이 캠페인은 대중과 언론의 큰 주목을 받았다. 40개 이상의 기사와 콘텐츠가 제작되어 온라인에 공유되었으며 타임랩스 형식으로 제작된 광고 빌드 영상은 소셜 미디어에서 700만 회 이상의 조회 수를 기록했다.

(3) 다양한 옥외광고

버스정류장은 유동 인구가 많고 대기 시간이 발생하는 특성 때문에 옥외광고에서 가장 효과적이고 선호되는 광고 스팟 중 하나로 꼽힌다.

뉴욕시에서 진행된 이 택시 광고 캠페인은 도심의 교통 흐름을 활용하여 효과적으로 메시지를 전달한 옥외광고 사례이다. 특히 경쟁사의 주요 거점인 버스정류장에 광고를 게재함으로써 직접적인 경쟁 구도를 형성하며 눈길을 끌었다. 이 광고는 도시 거주자 중 차량을 소유하지 않은 성인, 특히 버스를 이용하는 사람들을 주요 타깃층으로 설정했고, 짧고 명확한 메시지인 '기다리는 게 싫다면 손만 올리세요(If you hate waiting, raise your hand).'로 설득력을 극대화했다.

4. 옥외광고 크리에이티브   257

그림 6-17. 버스정류장에 설치한 옥외광고

　독일의 해산물 레스토랑 피쉬 프랑케(Fisch Franke)는 신선한 해산물을 강조하기 위해 독창적인 버스 전광판 광고를 선보였다. 이 광고는 흰 접시와 나이프, 포크가 세팅된 이미지를 배경으로 삼아 실제 물과 살아 있는 물고기들이 전광판 내부에서 헤엄치는 방식으로 구현되었다. 이를 통해 레스토랑의 신선한 해산물 콘셉트를 직관적으로 전달하였으며 소비자들의 시선을 사로잡는 효과를 높였다.
　세계적인 피트니스 센터 체인인 피트니스 퍼스트(Fitness First)는 운동의 필요성을 직관적으로 전달하기 위해 특별한 의자를 활용한 옥외광고를 선보였다. 이 광고는 버스를 기다리는 승객이 의자에 앉으면 즉시 자신의 몸무게가 표시되도록 설계되어 이용자가 현재 체중을 인식하고 운동에 대한 동기를 부여받도록 유도한다. 단순하지만 강력한 메시지를 전달하는 이 광고는 운동의 필요성을 자연스럽게 각인시키고 있다.
　그러나 옥외광고가 반드시 긍정적인 효과만을 가져오는 것은 아니다. 경우에 따라 광고 메시지가 적절하지 않거나 소비자에게 거부감을 줄 경우 부정적인 반응을 초래할 수도 있다.
　패션피플의 성지라고 불리는 뉴욕 소호(SoHo)[7]에 설치된 캘빈클라인의 거대한 광고판은 지나치게 선정적인 이미지로 인해 논란이 되었다. 광고판에 대해 인근 주민들은 불쾌감을 표하며 미국가족협회에 항의하였고 이에 따라 캘빈클라인에 15,000통 이상의 항의 메일이 발송되었다. 이 사례는 옥외광고가 공공장소에 설치됨으로써 특정 광고가 부적절하다고 느껴질 경우 대중의 반발을 초래할 수 있음을 보여 준다. 특히 지나치게 도발적이거나 민감한 주제를 다룬 광고는 브랜드 이미지를 손상시킬 뿐 아니라 지역사회와의 갈등을 유발할 가능성이 있다. 이처럼 옥외광고는 공공성과 시각적 충격으로 대중의 주목을 끄는 데 효과적이지만 동시에 광고 내용과 형식이 사회적·윤리적 기준에 부합하지 않을 경우 부정적인 여론을 불러

▶ 그림 6-18. 선정성으로 논란이 되었던 캘빈클라인 옥외광고

7 '휴스턴 가의 남쪽(SOuth of HOuston Street)'에서 따왔으며, 런던의 소호를 흉내 낸 이름이기도 하다.

일으킬 수 있다는 단점이 있다. 따라서 옥외광고는 제작 시 공공의 반응과 문화적 맥락을 신중히 고려해야 한다.

5. 앰비언트 미디어 크리에이티브

1) 정의

'앰비언트(ambient)'는 '주위의, 주변의'라는 의미를 가진 용어로 앰비언트 미디어 크리에이티브(ambient media creative)는 기존의 광고 매체를 벗어나 예상치 못한 '주위의' 공간과 환경을 활용하여 소비자에게 메시지를 전달하는 창의적인 광고 형식이다. 거리나 건물, 공공장소, 제품 자체 등 다양한 요소를 광고 매체로 활용하며 소비자가 일상에서 자연스럽게 광고를 접할 수 있도록 설계된다.

2) 주요 특징

앰비언트 광고는 기존의 미디어 틀을 벗어나 일상적인 환경을 광고 공간으로 전환함으로써 소비자와의 새로운 접점을 창출하는 전략적 접근 방식이다. 전통적 광고 매체인 TV나 라디오, 신문과 달리 이 광고는 버스정류장이나 계단, 벽, 바닥, 엘리베이터, 공중화장실 거울 등 소비자의 실제 생활 공간에 직접 스며든다. 이처럼 비전통적 장소의 활용은 소비자가 예기치 못한 순간에 광고를 접하게 하여 신선하고 강렬한 인상을 남기는 데 기여한다.

앰비언트 광고는 단순한 공간 점유가 아니라 환경과 유기적으로 상호작용하는 디자인적 기획을 특징으로 한다. 예를 들어, 버스정류장 벤치가 햄버거처럼 생겼거나, 계단 전체가 치약 색상과 질감으로 랩핑되는 식의 표현은 시각적 자극뿐 아니라 메시지의 상황적 맥락성을 강화한다. 이처럼 환경과의 융합은 브랜드를 일상과 연결하며 소비자 경험을 증폭시키는 역할을 한다.

이러한 광고는 대중이 인지하지 못한 채 지나치는 환경을 활용하여 브랜드 메시지를 몰입적으로 체험하게 만들며 소비자가 광고를 단순히 '보는' 차원을 넘어 '발견'하고 '경험'하게 한다는 점에서 차별성을 지닌다. 특히 창의성과 독창성은 앰비언트 광고의 생명력이며 이는 브랜드에 도전적이고 혁신적인 이미지를 부여한다.

그러나 이러한 비정형 광고는 효과 측정이 어렵다는 한계를 가진다. 클릭률이나 조회 수와 같은 디지털 지표가 없기 때문에 소비자 인지나 태도 변화를 정량화하기 까다롭다. 또한 메시지 해석의 모호성도 존재한다. 광고가 주변 환경과 제대로 융합되지 않거나 상징성이 불분명할 경우 소비자는 혼란을 느끼거나 광고 자체를 인식하지 못할 수 있다.

법적·윤리적 고려도 필수이다. 공공장소 활용에 따른 허가 문제나 시민 불편 유발 가능성, 때로는 브랜드 이미지에 부정적 영향을 미칠 위험이 존재하므로 공간 선정과 메시지 설계에 있어 지역사회와의 조율이 중요하다.

지속성과 반복 노출 면에서도 제약이 있다. 앰비언트 광고는 그 자체로 강한 주목도를 가지지만 장기적 브랜드 메시지를 축적하기엔 한계가 있으며 단발성 이벤트 광고로 소비되는 경우도 많다. 따라서 앰비언트 광고는 소셜 미디어 바이럴 전략이나 브랜드 캠페인과의 연계, 지속 가능한 리마인드 장치와 결합할 때 효과가 극대화된다.

결국 앰비언트 광고는 예상 밖의 공간에서 예상 밖의 방식으로 등장함으로써 소비자에게 새로운 형태의 감각적 경험을 제공하고 브랜드와 소비자의 일상적 거리를 단축시키는 데 의의가 있다. 창의성과 장소성, 문화적 맥락을 유기적으로 연결할 수 있는 브랜드에게 특히 유효한 전략이라 할 수 있다.

3) 앰비언트 크리에이티브 사례

(1) 인물: 이제석

'광고 천재'로 일컬어지는 이제석은 광고계에서 창의적인 아이디어로 잘 알려진 인물로 주로 독창적인 앰비언트 광고를 다수 제작하며 큰 주목을 받아 왔다. 그는 광고를 단순한 메시지 전달 도구가 아닌 공공 공간과 환경을 활용한 예술적인 표현으로 승화시키는 능력을 보여 주었다. 이러한 그의 접근 방식은 많은 광고인에게 영감을 주었으며 수많은 국내외 광고제 수상 경력을 통해 인정받았다.

그의 대표작 중 하나는 공장 굴뚝과 권총 이미지를 결합한 작품이다. 이 광고는 공해 문제를 시각적으로 강렬하게 전달하며 공장의 연기가 마치 총구에서 발사되는 것처럼 표현함으로써 환경오염의 심각성을 강조했다. 단순한 시각적 조작만으로도 메시지 '대기오염으로 한 해에 60,000명이 사망합니다(Air pollution kills 60,000 people a year).'를 더욱 강렬하게 전달하고 있다.

또한 그는 계단에 에베레스트 산의 이미지를 덧입히고, '누군가에겐 에베레스트산입니다. 장애인 편의시설을 더 지을 수 있도록 도와주세요(For some, it's Everest. Help build more handicap facilities).'라는 메시지를 삽입한 광고를 제작했다. 이 광고는 계단을 오르는 것이

▶ 그림 6–19. 이제석이 제작한 앰비언트 광고물

장애인들에게 얼마나 큰 도전이 될 수 있는지를 시각적으로 강조하며 장애인 이동권을 보장하는 시설 확충의 필요성을 전달하고 있다.

전봇대를 활용한 반전(anti-war) 광고 또한 그의 대표작 중 하나다. 이 광고는 전봇대의 원형 구조를 활용하여 '뿌린대로(What goes around)'와 '거두리라(comes around)'라는 개별 문구가 자연스럽게 연결되도록 설계되었다. 특정 각도에서 보면 저격수가 목표를 겨냥하는 이미지가 전봇대를 중심으로 반전되어 총구가 결국 자신의 방향으로 돌아오는 구조를 형성한다. 이는 '선한 행동은 선한 결과로, 악한 행동은 악한 결과로 되돌아온다.'는 사필귀정의 메시지를 전달하며 전쟁과 폭력의 부정적 결과를 표현한 작품이다. 이 광고는 공간의 특성을 창의적으로 활용하여 관객들에게 깊은 인상을 남기는 동시에 강력한 사회적 메시지를 전달하는 데 성공했다.

그네를 활용한 학교폭력 근절 광고도 주목할 만하다. 이 광고는 어린이들의 놀이기구인 그네를 활용하여 강한 메시지를 전달한다. 광고에는 강인한 여성 경찰의 팔에 그네가 매달린 이미지와 '누나만 믿어.'라는 문구를 함께 배치함으로써 경찰이 학교폭력 피해 아동들에게 든든한 보호자가 될 수 있음을 직관적으로 전달하고 있다. 이를 통해 친근하면서도 신뢰감을 주는 이미지로 표현되었으며 광고가 단순한 메시지 전달을 넘어 사회적 문제 해결을 위한 도구로 활용될 수 있음을 보여 준 사례라고 할 수 있다.

(2) 장소 1: 버스정류장

전술했듯 버스정류장은 옥외광고뿐만 아니라 앰비언트 광고를 효과적으로 활용할 수 있는 대표적인 공간이기도 하다. 사람들이 일정 시간 머무르는 장소로서 반복적인 광고 노출이 가능하며 소비자가 자연스럽게 광고 메시지를 접할 수 있기 때문이다.

앰비언트 광고는 주로 버스정류장의 구조물을 활용해 브랜드 메시지를 전달한다. 유리창이나 의자, 바닥, 지붕 등 다양한 요소를 광고 매체로 변형할 수 있으며 정류장의 기능을 개선하는 방식으로 소비자 경험을 극대화할 수도 있다.

브라질의 음악 기업 리얼 힙합(Real Hip-Hop)은 힙합 문화와 흑인 정체성을 강조하는 '블랙 파워(black power)' 캠페인을 선보였다. 이 광고 캠페인에서는 '흑인 음악으로 끝까지'라는 메시지와 함께 힙합 음악인의 펑키한 헤어스타일이 그려진 포스터를 활용했다. 버스정류장의 의자에 사람이 앉으면 승객의 머리가 포스터 속 헤어와 자연

>> 그림 6-20. 버스 정류장을 활용한 다양한 앰비언트 광고

스럽게 결합되면서 마치 힙합 음악인의 모습처럼 보이는 착시 효과를 만들어 내고 있다.

윈덱스(Windex)는 뉴욕시 버스정류장에 2D 착시 효과를 활용한 앰비언트 광고를 선보였다. 정류장의 유리가 더러워 보이도록 디자인한 후, 특정 영역만 깨끗하게 보이도록 스티커를 부착해 윈덱스의 세정 효과를 강조했다. 이 광고는 추가적인 공간을 차지하지 않으면서도 브랜드 메시지를 직관적이고 유머러스하게 전달하며 많은 이들의 주목을 받았다.

스페인의 대표적인 테마파크인 포르트아벤투라 공원(PortAventura Park)은 롤러코스터의 짜릿한 경험을 효과적으로 전달하기 위해 창의적인 앰비언트 광고를 선보였다. 이 광고는 일상적인 공간에서 놀이기구의 스릴을 체험할 수 있도록 설계된 것이 특징이다. 광고는 공공장소에 설치된 벤치나 의자에 롤러코스터 트랙과 배경이 그려진 패널을 배치하는 방식으로 제작되었다. 사람들이 의자에 앉으면 마치 롤러코스터를 타고 있는 것처럼 보이는 착시 효과가 연출되면서 스릴 넘치는 순간을 시각적으로 구현했다.

(3) 장소 2: 건물 바닥 및 계단

건물 바닥과 계단은 앰비언트 광고가 효과적으로 활용될 수 있는 공간 중 하나이다. 이러한 장소는 사람들이 일상적으로 오가며 시선을 자연스럽게 두는 곳이기 때문에 광고 메시지를 직관적으로 전달하는 데 유리하다.

프론트라인(Frontline)은 반려견을 위한 벼룩 및 진드기 스프레이의 효과를 강조하기 위해 쇼핑몰 로비 바닥에 거대한 광고판을 설치했다. 바닥에는 누워 있는 반려견의 이미지가 그려졌으며 위층에서 내려다보면 바닥을 걷는 쇼핑객들이 마치 개의 몸 위를 기어 다니는 벼룩과 진드기처럼 보이도록 설계되었다. 이 독창적인 광고는 반려견을 키우는 소비자에게 다소 충격적인 이미지와 '당신의 개로부터 진드기를 떨쳐 내세요(Get them off your dog).'라는 메시지를 전달함

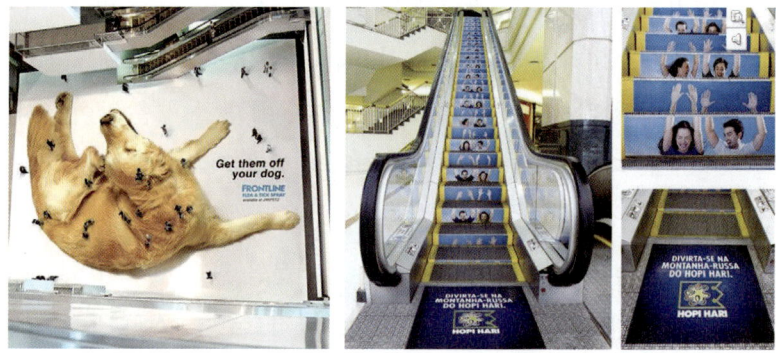

>> 그림 6-21. 건물 바닥 및 계단을 활용한 다양한 앰비언트 광고

으로써 제품의 필요성을 직관적으로 전달하며 강한 인상을 남긴다.

브라질의 테마파크 호피 하리(Hopi Hari)는 일상적인 공간에서도 놀이공원의 스릴을 체험할 수 있도록 에스컬레이터 계단을 활용한 앰비언트 광고를 선보였다. 이 광고는 에스컬레이터 계단에 롤러코스터와 같은 놀이기구 이미지를 배치하여 에스컬레이터가 작동할 때 마치 놀이기구 이용자들이 어트랙션을 타면서 스릴을 즐기는 듯한 착시 효과를 연출함으로써 놀이공원의 짜릿한 경험을 떠올리게 만들었다.

(4) 장소 3: 출입문 및 손잡이

출입문과 손잡이는 앰비언트 광고에서 효과적으로 활용될 수 있는 요소로써 소비자가 직접 접촉하고 사용하는 공간이기 때문에 자연스럽게 광고 메시지를 전달할 수 있다.

출입문은 사람들이 필수적으로 지나야 하는 경로이므로 브랜드 메시지를 노출할 수 있는 강력한 위치를 제공한다. 예를 들어, 양쪽 문을 활용해 문이 열리고 닫힐 때 특정한 이미지를 형성하거나 제품의 기능을 강조하는 방식으로 연출할 수 있다. 자동문을 활용하면 문이 열리는 동작을 통해 광고에 동적인 효과를 더할 수도 있다.

손잡이는 소비자가 직접 잡고 사용하는 공간이므로 브랜드와 물리적으로 연결되는 경험을 제공할 수 있다. 예를 들어, 손잡이를 제품 모양으로 디자인하거나 특정한 질감과 색감을 부여해 제품의 특징을 강조하는 방식이 가능하다.

뉴욕 시티 발레단(NY City Ballet)은 회전문을 활용한 앰비언트 광고를 통해 발레의 우아함과 역동성을 효과적으로 표현했다. 회전문에 발레리나의 이미지를 배치하여 문이 돌아갈 때 마치 무대 위에서

5. 앰비언트 미디어 크리에이티브   267

▶▶ 그림 6-22. 출입문이나 손잡이를 활용한 다양한 앰비언트 광고

우아하게 회전하는 듯한 효과를 연출했다. 사람들은 회전문을 통과하며 마치 발레 공연의 한 장면을 연출하는 듯한 느낌을 받을 수 있었고 이를 통해 브랜드의 품격과 예술적 가치를 자연스럽게 보여 주었다.

폴란드의 대표적인 맥주 브랜드인 티스키에(Tyskie)는 출입문의 손잡이를 활용한 창의적인 앰비언트 광고를 선보였다. 이 광고는 출입문 손잡이를 맥주잔의 손잡이처럼 디자인하여 사람들이 문을 열 때 마치 맥주잔을 쥐는 듯한 느낌을 받도록 설계되었다. 문을 잡는 순간 자연스럽게 맥주를 들고 있는 착각을 일으키며 브랜드의 시각적 연출과 유머를 효과적으로 전달했다.

실크프로(Silkpro)는 엘리베이터 문과 내부 공간을 활용한 앰비언트 광고를 통해 소비자에게 강렬한 브랜드 경험을 제공했다. 바닥에는 물방울 모양의 디자인을 배치하고, 엘리베이터 문에는 녹색 샴푸 용기 이미지를 삽입해 자연 친화적인 제품의 특징을 강조했다. 특히 엘리베이터 문이 열리면 내부에 자연을 연상시키는 이미지와 함께 은은한 바디워시 향기가 퍼지도록 설계되어, 소비자가 마치 상쾌한 자연 속에 들어서는 듯한 감각적 경험을 하도록 유도했다. 이를 통해 시각과 후각을 동시에 자극하며 브랜드의 신선하고 깨끗한 이미지를 창의적인 방식으로 보여 주고 있다.

(5) 장소 4: 벤치

벤치는 사람들이 쉬면서 자연스럽게 접하는 공간으로 광고가 눈에 거슬리지 않으면서도 소비자가 제품을 떠올릴 수 있기 때문에 앰비언트 광고의 효과적인 매체가 될 수 있다.

킷캣(KitKat)은 공원 벤치를 킷캣 초코바처럼 디자인하여 독창적인 앰비언트 광고를 선보였다. 이 벤치에 브랜드의 오리지널 슬로건인 '쉬면서 킷캣을 드세요(Have a Break, Have a KitKat).'을 자연스럽게 노출시키며 소비자들에게 브랜드 메시지를 전달했다.

그림 6-23. 벤치를 활용한 다양한 앰비언트 광고

나이키는 벤치를 활용한 창의적인 앰비언트 광고를 통해 사람들에게 스포츠에 대한 도전 의식을 불러일으켰다. 일반적인 원목 벤치 옆에 좌석이 없는 벤치를 배치하여 사람들이 앉지 못하도록 설계한 것이다. 벤치에는 나이키의 상징적인 스우시(Swoosh) 로고와 'RUN'이라는 단어만이 적혀 있을 뿐이지만 이는 마치 '뭘 기다리세요? 그냥 실행하세요!'라는 메시지를 전달하는 듯하다. 단순한 디자인 속에서도 나이키의 브랜드 철학을 직관적으로 표현한 앰비언트 광고 사례이다.

한 스키장은 의자를 활용한 창의적인 앰비언트 광고를 통해 마치 스키 슬로프를 타고 올라가는 듯한 착시 효과를 연출했다. 이 광고는 벤치나 대기석의 등받이와 바닥에 스키 리프트의 배경 이미지를 배치하여 사람들이 의자에 앉는 순간 실제로 스키 리프트를 타고 있는 것처럼 보이도록 설계되었다. 이를 통해 소비자들은 일상에서 스키장의 즐거움을 간접적으로 체험하며 브랜드에 대한 기대감을 자연스럽게 형성하도록 만들었다.

(6) 장소 5: 기타

횡단보도나 터널, 버스, 가로등과 같은 도시의 다양한 구조물은 앰비언트 광고를 효과적으로 적용할 수 있는 공간이다. 이러한 요소들은 사람들이 일상적으로 접하는 시설이므로 광고 메시지가 자연스럽게 노출되며 공간의 특성을 창의적으로 활용할 경우 강한 인상을 남길 수 있다.

맥도날드는 횡단보도를 활용한 창의적인 앰비언트 광고를 선보였다. 횡단보도의 흰색 선을 노란색으로 변경하고 한쪽 끝에 맥도날드 로고가 새겨진 붉은색 감자튀김 박스를 배치해 마치 프렌치프라이(french fries)가 담긴 듯한 시각적 효과를 연출했다. 이 디자인은 횡단보도를 건너는 순간 소비자들이 자연스럽게 맥도날드의 대표 메뉴를 떠올리도록 유도하며 브랜드를 직관적으로 각인시키는 효과를 발휘했다.

오스트리아의 대형 고속도로 휴게소 체인 올드타이머(Oldtimer)는 터널 입구를 활용한 독창적인 앰비언트 광고를 진행했다. 광고는 터널 입구를 커다란 여성의 입처럼 묘사하여 차량이 터널로 진입하는 모습을 마치 음식을 먹는 듯한 장면으로 연출했다. 터널의 입구 위에는 'All You Can Eat, Rest stop.'이라는 문구를 배치해 올드타이머 휴게소에서 '무제한으로 음식을 즐기기 위해 쉬어 가라.'라는 메시지를 직관적으로 전달했다. 이 광고는 운전자들이 이동 중 자연스럽게 브랜드 메시지를 인식하도록 유도하며 터널이라는 공간의 특성을 창의적으로 활용한 대표적인 앰비언트 광고 사례라고 할 수 있다.

맥도날드는 가로등을 활용한 창의적인 앰비언트 광고를 통해 무료

그림 6-24. 다양한 공간에 활용된 앰비언트 광고

커피 리필(free coffee refills) 프로모션을 효과적으로 진행했다. 이 광고는 가로등의 램프를 커피 포트로, 기둥을 포트에서 흘러나오는 커피로 묘사하여 멀리서도 한 잔의 따뜻한 커피를 연상시키도록 설계되었다. 가로등 아래에는 맥도날드의 로고와 함께 무료 커피 리필 메시지를 삽입해 소비자들에게 혜택을 직관적으로 전달하고 있다.

6. 인터랙티브 미디어 크리에이티브

1) 정의

인터랙티브 미디어 크리에이티브(interactive media creative)는 소비자가 광고와 상호작용할 수 있도록 설계된 광고 형태를 의미한다. 디지털 기술을 활용하여 소비자가 광고의 일부가 되거나 광고를 통해 능동적으로 경험하고 참여할 수 있도록 만들어진다. 이러한 광고 방식은 소비자의 몰입도를 높이고 브랜드와의 관계를 더욱 강화하는 데 기여한다.

2) 주요 특징

인터랙티브 미디어 크리에이티브는 소비자가 단순히 감상하는 존재가 아니라 광고와 직접 상호작용하는 주체로 전환된다는 점에서 기존 광고와 근본적인 차이를 지닌다. 이는 클릭이나 터치, 음성 명령, 제스처 인식 등 다양한 방식의 참여 행위를 통해 실현되며, 소비자가 광고 메시지를 수동적으로 수용하기보다는 직접 체험하고 탐색하도록 유도한다.

　이러한 상호작용성은 광고에 대한 몰입도와 주목도를 극대화함으로써 메시지에 대한 기억 지속 시간을 연장시키는 효과를 낳는다. 특히 사용자 경험이 브랜드 메시지와 자연스럽게 연결될 경우, 이는 곧 브랜드 충성도 형성으로 이어지며 장기적인 효과를 창출한다.

　또한 인터랙티브 광고는 데이터 기반 개인화를 통해 더욱 정교한 타기팅이 가능하다는 특징을 가진다. 사용자의 관심사나 현재의 위치, 과거의 검색, 소비 행동 등 다양한 데이터를 분석하여 각 소비자에게 맞춤형 콘텐츠를 제공함으로써 광고 효과를 극대화한다. 예를 들어, 인공지능 알고리즘은 사용자의 행동 패턴에 따라 콘텐츠 순서를 바꾸거나 추천 제품을 다르게 제시하는 등 동적인 메시지 제공 방식을 구현할 수 있다.

　기술 중심의 광고 형식이라는 점도 중요한 특징이다. AR(증강현실), VR(가상현실), 360도 영상, AI 챗봇 등은 사용자의 감각을 자극하고 몰입감을 극대화하는 수단으로 활용된다. 소비자는 단순한 정보 전달을 넘어서 브랜드를 직접 탐색하고 조작하는 과정 자체를 경험하게 되며 이는 제품에 대한 신뢰와 호감을 형성하는 데 긍정적으로 작용한다.

　그러나 인터랙티브 미디어 크리에이티브는 복잡성과 기술 의존성이라는 도전 과제를 동반한다. 상호작용을 전제로 하는 광고는 일반 광고에 비해 설계와 구현 과정이 복잡하며, 다양한 기기 환경과 네트워크 조건을 고려해야 하므로 기술적 오류나 UX(사용자 경험) 실패의 가능성도 존재한다. 또한 사용자의 기술 숙련도나 접근성 차이에 따라 광고 경험의 편차가 발생할 수 있다.

　아울러 고도의 기술과 창의성을 필요로 하는 만큼 제작비용과 유지보수 비용이 높다는 제약도 따른다. 특히 AR이나 VR을 활용한 광고는 전용 콘텐츠 개발, 사용자 테스트, 시스템 운영 등의 비용이 누적되며, 일부 브랜드에는 실행 장벽이 될 수 있다.

소비자의 참여 의지 자체가 변수로 작용하기도 한다. 일부 사용자는 광고 참여에 부담을 느끼거나 주어진 상호작용을 번거롭다고 인식할 수 있다. 특히 UI(사용자 인터페이스)가 직관적이지 않거나 기대에 미치지 못하는 콘텐츠일 경우 이탈률이 증가하고 광고 효과가 감소할 수 있다.

그럼에도 불구하고 인터랙티브 미디어 크리에이티브는 소비자 참여 기반의 브랜드 경험 설계라는 새로운 가능성을 열어 주었다. 단순한 전달이 아니라 경험과 선택, 조작, 공유라는 복합적 행동을 유도하는 플랫폼으로서의 광고는 디지털 시대의 마케팅 전략에서 필수적인 축으로 자리 잡고 있다. 전략적 기획과 기술적 완성도가 결합한다면 인터랙티브 광고는 단순한 주목을 넘어 브랜드와 소비자의 관계를 확장하는 창조적 접점으로 기능할 수 있다.

3) 인터랙티브 미디어 크리에이티브 사례

(1) 아포텍의 지하철 광고

스웨덴 제약회사 아포텍(Apotek)은 전철역 플랫폼에서 독창적인 인터랙티브 광고를 선보이며 많은 주목을 받았다. 광고 화면에는 긴 머리의 여성이 등장했으며 전철이 역에 진입하면서 강한 바람이 불자 화면 속 여성의 머리카락이 실제 바람에 반응하듯 흩날리기 시작했다.

이 광고는 화면에 부착된 센서를 활용하여 외부 자극(바람, 담배 연

>> 그림 6-25. 아포텍이 진행한 인터랙티브 광고

기 등)에 반응하도록 설계되었다. 바람이 불 때마다 머리카락이 움직이는 시각적 효과는 광고를 더욱 생동감 있게 만들었으며, 광고 뒤편에는 '건강한 머릿결을 위해'라는 문구와 함께 샴푸 이미지가 나타나 제품 메시지를 명확히 전달했다. 또한 흡연자들에게 금연 제품을 자연스럽게 소개하는 효과도 가져왔으며 주변 환경과 실시간으로 상호작용하는 방식으로 강렬한 시각적 효과를 창출하여 소비자들의 주목과 호감을 동시에 얻었다.

(2) 미제레오르의 'Social Swipe'

독일의 비영리단체인 미제레오르(Misereor)는 함부르크 공항에 대형 TV 모양의 인터랙티브 기부 광고를 설치하여 시민들의 기부를 유도했다. 이 광고는 신용카드를 한 번 긁는 것만으로도 세상을 바꿀 수 있다는 메시지를 강조하며 기부 과정에서 기부자들이 가지는 의문과 고민을 해결하는 데 초점을 맞췄다. 신용카드를 긁으면 광고 화면에서 쇠사슬이 끊어지거나 도움이 필요한 사람들이 자유를 얻는 듯한 애니메이션이 실행되며 기부금이 어떻게 사용되는지를 시

6. 인터랙티브 미디어 크리에이티브   275

▶▶ 그림 6-26. 미제레오르가 진행한 인터랙티브 광고

각적으로 전달했다.

　이 캠페인은 단 한 달간 운영되었음에도 불구하고 3,000유로를 모금하고 정기 기부자 수를 23% 증가시키는 성과를 거두며 성공적인 사례로 평가받았다. 단순하면서도 직관적인 기부 경험을 제공하여 기부의 가치를 시각적으로 체험하게 한 인터랙티브 미디어 크리에이티브의 대표적인 사례로 꼽힌다.

(3) 스마트의 'Dancing Traffic Light'
　자동차 제조업체인 스마트(Smart)는 포르투갈 리스본에서 보행자 교통안전을 위한 '춤추는 신호등' 캠페인을 진행했다. 이 캠페인은 무단횡단을 줄이기 위해 신호등 대기 시간을 즐겁게 만드는 방식으로 설계되었다. 신호등 앞 광장에 인터랙티브 컨테이너 부스를 설치하고 시민들이 부스에 들어가 직접 음악을 선택한 후 자유롭게 춤을

그림 6-27. 스마트가 진행한 '춤추는 신호등' 캠페인

출 수 있도록 했다. 이때 시민들의 춤 동작이 실시간으로 신호등의 빨간 불 모양과 연동되어 반영되며 신호등 속 캐릭터가 동일한 춤을 추는 모습이 연출되었다.

이 새로운 방식은 사람들에게 신호등을 기다리는 시간을 재미있게 변화시켰고 보행자의 신호 대기 시간이 81% 증가하는 성과를 거두었다. 이는 신호등을 기다리는 '숨은 시간(hidden time)'을 효과적으로 활용한 사례라고 할 수 있다.

Chapter 07

크리에이티브 소구

Chapter 07 크리에이티브 소구

학습 목표

- 이 장에서는 광고 크리에이티브에서 활용되는 다양한 소구 방식을 이해하는 것을 목표로 하며, 이를 위해 이성 소구와 감성 소구의 정의를 비롯해 특징, 장단점 그리고 실제 사례를 학습한다.
- 이성 소구에서는 비교 광고, 증언, 실연 기법에 대해 살펴보고, 감성 소구에서는 공포 소구와 유머 소구, 패러디, 성적 소구, 온정 소구와 같은 다양한 감성적 접근 방식을 분석한다.
- 이를 통해 각 소구 전략이 광고 효과에 미치는 영향을 평가하고 제품이나 브랜드의 특성에 맞는 최적의 소구 방식을 선택하는 능력을 함양하는 것을 주요 학습 목표로 삼는다.

1. 이성 소구

1) 이성 소구의 정의

이성 소구(rational appeal)는 논리적이고 실질적인 정보를 활용해 소비자의 합리성을 자극하는 광고 기법이다. 이 접근 방식은 제품 및 서비스의 기능, 특징, 혜택 등을 구체적으로 전달함으로써 소비자가 정보에 근거한 구매 결정을 내릴 수 있도록 돕는 데 중점을 둔다. 이는 객관적이고 신뢰할 수 있는 정보를 기반으로 제품의 가치를 설득력 있게 전달하는 것을 핵심으로 삼는다.

이성 소구는 일반적으로 기술 제품을 비롯해 가전제품이나 금융 상품, 의료 및 건강 관련 제품과 같이 소비자가 구매 결정을 내리는 데 있어 객관적 정보가 중요한 분야에서 효과를 발휘한다. 이러한 광고에서는 제품의 성능이나 품질, 가격, 안전성, 경제적 이점 등을 강조하며 이를 통해 소비자의 신뢰를 구축하고 구매를 유도한다.

이성 소구의 대표적인 유형에는 다음과 같은 방식이 포함된다.

- 비교 광고(comparative advertising): 경쟁 제품과의 성능이나 가격, 기능 등을 비교하여 자사 제품의 우위를 강조하는 방식이다. 이를 통해 소비자에게 논리적인 선택지를 제공하며 주로 가전제품을 비롯해 자동차, 금융 상품 등에서 활용된다.
- 증언 광고(testimonial advertising): 실제 소비자나 전문가가 제품을 사용한 경험을 바탕으로 신뢰성을 부여하는 방식이다. 예를 들어, 의료 광고에서는 의사나 전문가가 특정 제품을 추천하고, 금융 광고에서는 경제 전문가가 금융 상품의 장점을 설명하는 경우가 이에 해당한다.
- 실연 광고(demonstration advertising): 제품의 기능과 성능을 직접 시연하여 그 효과를 입증하는 방식이다. 예를 들어, 청소기 광고에서 강한 흡입력을 보여 주거나 자동차 광고에서 연비 테스트를 시연하는 방식이 있다.

2) 이성 소구의 특징

이성 소구는 다음과 같은 특징을 갖는다.

첫째, 사실 기반의 접근을 통해 신뢰성을 확보한다. 광고 메시지는 구체적인 데이터나 통계, 연구 결과, 기술적 설명 등을 활용하여 제품이나 서비스의 객관적인 가치를 강조한다. 예를 들어, 가전제품 광고에서 에너지 효율 등급을 명확히 제시하거나 자동차 광고에서 연비 및 안전성 테스트 결과를 강조하는 방식이 이에 해당한다. 이러한 정보는 소비자가 명확한 판단을 내릴 수 있도록 돕고 브랜드에 대한 신뢰도를 높이는 역할을 한다.

둘째, 실용성을 강조하며 소비자에게 직접적인 혜택을 부각한다. 제품의 가격 경쟁력이나 품질의 우수성, 사용의 편리함, 유지 비용 절감 효과 등 실질적인 장점을 중심으로 메시지를 구성한다. 예를 들어, 금융 상품 광고에서는 낮은 금리나 투자 수익률을 강조하고, IT 제품 광고에서는 배터리 수명 연장이나 데이터 처리 속도의 향상을 구체적으로 설명하는 방식이 활용된다. 이를 통해 소비자가 자신의 필요와 기대에 부합하는 최적의 선택을 할 수 있도록 유도한다.

셋째, 논리적인 설득 구조를 기반으로 소비자의 합리적 사고를 자극한다. 광고는 감정적 요소에 의존하기보다는 제품의 필요성과 가치를 논리적으로 설명하는 데 초점을 맞춘다. 문제 해결 능력을 강조하는 광고가 대표적인 예로, 세탁 세제 광고에서 기존 제품과의 차별점을 과학적인 실험 결과로 입증하거나 보안 소프트웨어 광고에서 위협 요소를 분석하고 자사 제품이 제공하는 보호 기능을 구체적으로 설명하는 방식이 있다.

3) 비교 광고

(1) 정의

비교 광고는 자사 제품이나 서비스를 경쟁사의 제품과 직접 비교하여 자사의 우월성을 강조하는 광고 기법이다. 이 광고 방식은 소비자에게 제품의 차별성과 장점을 명확하게 전달하며, 경쟁 제품과의 성능을 비롯한 가격, 품질, 기능 등의 요소를 논리적으로 비교하여 설득력을 높인다. 비교 광고는 소비자가 여러 제품을 고려하는 과정에서 유용한 정보를 제공함으로써 합리적인 구매 결정을 내릴 수 있도록 돕는다.

(2) 특징

비교 광고는 자사 제품과 경쟁 제품을 비교하여 차별성과 우월성을 강조하는 전략으로 다양한 방식과 특징을 가진다.

첫째, 객관적인 데이터 활용이 중요하다. 비교 광고는 단순한 주장에 그치는 것이 아니라 성능 테스트나 가격 비교, 소비자 리뷰 등 신뢰할 수 있는 객관적 자료를 기반으로 이루어진다. 이를 통해 광고의 설득력을 강화하고 소비자에게 자사 제품을 선택해야 하는 명확한 이유를 제공한다. 특히 논리적이고 합리적인 구매 결정을 유도하는 데 효과적이며 신뢰도를 높일 수 있다.

둘째, 후발주자에게 유리한 소구법이다. 선두 업체의 경우 굳이 높은 광고 비용을 들여 후발주자를 언급할 필요가 없지만 후발주자는 비교 광고를 활용하여 시장 내 입지를 효과적으로 강화할 수 있다. 비교 광고를 통해 경쟁 제품과의 격차를 좁히고 라이벌 관계를 형성함으로써 소비자에게 두 브랜드가 시장을 주도하는 것처럼 인식하게 만들 수도 있다. 이는 심리학적으로 '부분목록 단서 효과(part-list cueing effect)'로 설명할 수 있으며 소비자가 특정 브랜드를 떠올릴 때 경쟁사의 브랜드만 함께 고려하도록 유도하는 전략적 효과를 가진다.

셋째, 비교 광고 인식에 대한 문화적 차이가 존재한다. 예를 들어, 국내에서는 직접적인 비교 광고가 상도덕에 어긋난다고 인식되는 경향이 있어 적극적으로 활용되지 않는 경우가 많다. 따라서 비교 광고를 진행할 때는 해당 국가의 비교 광고 인식 수준에 대한 검토가 필요하다.

넷째, 비교 방식에 따라 다양한 유형으로 구분된다. 비교 광고는 전달 방식에 따라 직접적 비교 광고와 간접적 비교 광고로 나뉜다.

- **직접적 비교 광고**(direct comparative advertising): 경쟁사의 상표나 로고 등을 명시적으로 언급하여 자사 제품과 비교하는 방식이다. 예를 들어, '우리 제품은 A사 제품보다 2배 더 빠릅니다.'와 같이 특정 경쟁사 제품과의 차이를 명확하게 드러낸다. 이러한 방식은 강한 설득력을 갖지만 법적 규제와 윤리적 이슈를 고려해야 한다.
- **간접적 비교 광고**(indirect comparative advertising): 특정 경쟁사의 상표나 로고를 직접적으로 언급하지 않고 암시적으로 자사 제품의 우수성을 강조하는 방식이다. 예를 들어, '니가 그냥 커피였다면, 이 사람은 내 T.O.P.야.'나 '시중 제품보다 30% 더 긴 배터리 수명'과 같이 표현하여 소비자에게 자연스럽게 비교 우위를 전달한다. 이 방식은 직접적 비교보다 법적 리스크가 적으며 소비자에게 보다 중립적인 이미지를 줄 수 있다.

(3) 장점

비교 광고는 여러 가지 장점을 통해 자사 제품의 경쟁력을 효과적으로 강조할 수 있는 광고 전략이다.

첫째, 제품 차별화를 강화할 수 있다. 경쟁 제품과의 명확한 비교를 통해 자사 제품의 우월성을 부각함으로써 소비자가 보다 쉽게 차이를 인식할 수 있도록 돕는다. 이를 통해 브랜드는 시장에서 차별적인 포지셔닝을 구축할 수 있다.

둘째, 소비자의 주목도를 증가시킨다. 비교 광고는 경쟁 제품과의 직접적인 대조를 통해 소비자의 관심을 끌며 강한 메시지를 전달함으로써 광고의 기억률을 높이는 데 효과적이다. 특히 유머나 도발적인 요소를 결합한 비교 광고는 더욱 강한 인상을 남길 수 있다.

셋째, 구매 설득력을 높일 수 있다. 논리적이고 객관적인 비교를 통해 소비자의 신뢰를 얻으며 합리적인 구매 결정을 유도하는 역할을 한다. 이는 소비자가 경쟁 제품의 한계를 인식하도록 유도함으로써 자사 제품의 우수성을 강조하는 데 기여한다.

넷째, 경쟁의식을 부각할 수 있다. 비교 광고는 시장 내 경쟁 구도를 명확히 하여 브랜드의 이미지와 정체성을 강화하는 역할을 한다. 이를 통해 소비자는 브랜드를 특정 경쟁자와 연계하여 기억하게 되며 자사의 강점을 더욱 부각할 수 있는 기회를 얻게 된다.

(4) 단점

비교 광고는 강력한 마케팅 전략이 될 수 있지만 신중하지 않을 경우 여러 가지 단점과 리스크를 수반할 수 있다.

첫째, 법적 위험이 존재한다. 경쟁사를 직접 언급하거나 사실과 다른 정보를 포함할 경우 허위 광고로 간주되어 법적 소송에 휘말릴 가능성이 있다. 이는 브랜드에 심각한 재정적·평판적 타격을 줄 수 있으며 일부 국가에서는 비교 광고에 대한 엄격한 규제를 적용하고 있다.

둘째, 부정적 이미지 형성의 위험이 있다. 과도한 비교 광고는 소비자에게 공격적이거나 비윤리적인 인상을 줄 수 있으며 이는 자사 브랜드의 신뢰성을 저하시킬 수 있다. 특히 경쟁사를 깎아내리는 방식의 광고는 소비자에게 부정적으로 인식될 가능성이 크다.

셋째, 역효과 가능성이 있다. 비교 광고가 오히려 소비자가 경쟁 제품에도 관심을 가지게 만들거나 경쟁사의 브랜드 이미지를 긍정적으로 인식하게 할 위험이 있다. 즉, 광고가 경쟁 제품에 대한 홍보 효과를 가져올 수 있으며 이는 '부메랑 효과(boomerang effect)'로 작용할 가능성이 있다.

넷째, 소비자 피로를 초래할 수 있다. 반복적이고 직설적인 비교 광고는 소비자에게 피로감을 줄 수 있으며 지나치게 경쟁적인 메시지는 거부감을 유발할 수도 있다. 따라서 비교 광고는 신중하게 기획되고 적절한 톤과 방식으로 전달되어야 효과를 극대화할 수 있다.

(5) 비교 광고 사례

국외에서는 비교 광고를 비교적 쉽게 접할 수 있으며 많은 글로벌 브랜드가 이를 적극적으로 활용하고 있다. 특히 음료업계에서의 코카콜라와 펩시(Pepsi), 패스트푸드에서의 맥도날드와 버거킹, 스마트기기 제조업체인 애플과 삼성(Samsung), 운송업체 시장에서 페덱스(FedEx)와 DHL과 같은 대표적인 경쟁 브랜드들은 서로를 직접적으로 비교하는 광고를 통해 소비자의 관심을 끌고 브랜드 인지도를 강화하고 있다.

>> 그림 7-1. 직접적 비교 광고를 활용한 사례(펩시 vs. 코카콜라)

비교 광고는 단순한 경쟁을 넘어 유쾌하면서도 기발한 방식으로 풀어낸 크리에이티브를 통해 소비자들에게 긍정적인 반응을 이끌어낸다. 때로는 경쟁사를 도발하거나 조롱하는 방식으로 제작되지만 이러한 광고가 효과적으로 활용될 경우 소비자들에게 강한 인상을 남기고 이는 브랜드 충성도를 높이는 역할을 한다.

펩시는 호주에서 펩시 맥스(Pepsi Max)를 홍보하기 위해 코카콜라를 겨냥한 도발적인 광고 캠페인을 선보였다. 이 광고는 경쟁사인 코카콜라(Coca Cola, Coke) 캔에서 'ok'라는 단어가 보이는 점을 활용해 경쟁 제품이 단순히 '괜찮다'는 이미지를 전달했다. 펩시는 이를 통해 자신의 상징적인 태그라인 '펩시 맥스가 더 맛있다(Taste better with Pepsi Max).'를 강조하며 소비자들에게 제품의 차별성을 효과적으로 전달했다.

2013년 핼러윈(Halloween, 10월 31일)을 맞아 펩시가 먼저 자사 캔에 코카콜라 망토를 씌운 이미지와 함께 "오싹한 핼러윈을 보내세요(We wish you a scary Halloween)."라는 비교 광고를 게재했다. 이는 코카콜라를 '무서운 존재'로 묘사하며 경쟁사를 유머러스하게 조롱하는 방식이었다. 하지만 코카콜라도 지지 않고 기발한 방식으로 반격에 나섰다. 동일한 이미지에 '모두 영웅이 되고 싶어 한다

(Everybody wants to be a hero).'라는 카피를 바꾸어 '펩시조차 코카콜라가 되고 싶어 한다.'는 메시지를 전달하며 브랜드 우위를 강조했다. 나중에 밝혀진 바에 따르면 이 광고는 코카콜라가 공식적으로 제작한 것이 아니라 팬들이 비공식적으로 패러디하여 온라인에 게시한 것이었다. 이처럼 비교 광고가 단순한 브랜드 간 경쟁을 넘어 소비자들의 적극적인 참여와 해석에 따라 새로운 의미를 창출하며 더욱 유쾌하게 확장될 수 있음을 보여 주었던 사례라고 할 수 있다.

또 다른 대표적인 비교 광고 사례는 맥도날드와 버거킹의 경쟁이다. 2019년, 맥도날드는 자사의 매장이 버거킹보다 더 가깝고 접근성이 높다는 점을 강조하는 광고를 선보였다. 해당 광고에는 도로 옆 두 개의 표지판이 등장한다. 버거킹 매장은 258km 떨어져 있으며 복잡한 경로 안내가 길게 나열되어 있다. 반면, 맥도날드

▶ 그림 7-2. 직접적 비교 광고를 활용한 사례(맥도날드 vs. 버거킹)

는 단순히 5km 앞에 위치하고 있음을 간결한 표지판으로 보여 준다. 맥도날드는 카피 '1,000개 이상의 맥드라이브가 있습니다. 맥도날드는 당신과 더 가깝습니다(WITH MORE THAN 1,000 McDRIVE®, McDONALD'S IS CLOSER TO YOU).'를 통해 맥도날드가 더 많은 매장을 보유하고 있으며 쉽게 방문할 수 있다는 점을 강조하였다.

한편, 버거킹은 자사 대표 제품인 와퍼(Whopper)와 맥도날드의 빅맥(Big Mac)을 비교하는 광고를 선보였다. 광고에서는 와퍼와 빅맥을 나란히 배치해 크기의 차이를 강조하며 '알아요. 우리와 맞먹을 상대를 찾으세요(WE KNOW, WE KNOW. PICK ON SOMEONE OUR OWN SIZE).'라는 카피를 활용해 와퍼가 더 크고 푸짐하다는 점을 유머러스하게 표현했다. 이 광고는 제품 크기 강조, 경쟁사 도발, 소비자 선택 유도라는 세 가지 핵심 전략을 담고 있다. 버거킹은 빅맥보다 와퍼가 더 크다는 점을 직관적으로 보여 주며 경쟁사를 유머러스하게 조롱하는 방식으로 브랜드 차별성을 부각했다. 이를 통해 '더 크고 만족스러운 버거를 원한다면 버거킹을 선택하라.'라는 메시지를 소비자에게 전달했다.

최근 국내에서도 비교 광고가 활발히 제작되는 추세이다. 리챔은 '짠맛 말고 리챔 먹자.'라는 직관적인 카피를 활용해 소비자들이 자연스럽게 업계 선두 브랜드인 스팸(SPAM)을 떠올리도록 유도했다. 광고에서는 스팸을 직접적으로 언급하지 않았지만 소비자들이 '스팸은 짜다.'라는 인식을 가지고 있다는 점을 활용했다. 이를 통해 리챔이 덜 짜고 담백한 제품이라는 차별점을 강조하며 건강한 선택지로 자리 잡으려는 전략을 펼쳤다. 이러한 방식은 간접 비교 광고에 해당하며 경쟁 제품의 단점을 부각하는 동시에 자사 제품의 차별성을 강조하는 데 유용한 기법이다.

도브(Dove)는 새로운 바디 워시를 출시하면서 자사 제품의 부드러움과 보습력을 강조하기 위해 경쟁 제품과 비교 광고를 진행했다. 광고에서는 철조망으로 감싸진 바디워시 병과 부드러운 거품이 있는 도브 바디워시를 대비시켜 경쟁 제품은 피부에 자극적이고 도브는 부드러운 케어를 제공한다는 메시지를 전달한다. 카피 '당신의 피부는 더 나은 케어를 받을 자격이 있지 않나요(Doesn't your skin deserve better care)?'를 통해 소비자들에게 도브가 더 좋은 선택임을 암시하였다. 특히 충격적인 시각적 요소를 활용한 비교 광고는 특정 브랜드를 직접 언급할 경우 소비자에게 거부감이나 부정적인 감정을 야기할 가능성이 높다. 도브의 경우도 마찬가지로 특정 브랜드보다는 일반적인 브랜드와 비교하는 것이 더욱 효과적이며 이는 자사

▶▶ 그림 7-3. 다양한 간접적 비교 광고

제품의 차별성을 강조하면서도 불필요한 논란을 피하고 긍정적인 인식을 유도하는 전략적 접근 방식이라고 할 수 있다.

영국에 뿌리를 둔 콘돔 전문 브랜드 듀렉스(Durex)는 독창적인 마케팅과 유머를 활용한 강렬한 메시지의 캠페인으로 주목받았다. 특히 '경쟁사 제품을 사용하는 모든 분들께, 행복한 아버지의 날을 기원합니다(To all those who use our competitors' products: Happy Father's Day).'라는 문구는 경쟁사와 그 고객을 겨냥한 독특한 어버이날 캠페인으로 큰 화제를 모았다. 이 광고는 경쟁 제품과의 차이를 '(아버지가 된) 결과'를 통해 유머러스하게 강조했다. 경쟁사의 제품을 사용한 소비자가 부모가 될 가능성이 높다는 점을 암시하며 듀렉스의 우수한 품질과 신뢰성을 간접적이지만 유쾌하게 부각시키고 있다.

4) 증언 광고

(1) 정의

증언 광고는 특정 제품이나 서비스를 실제 사용한 일반 소비자나 유명인, 전문가 등의 경험담이나 추천을 통해 제품의 신뢰성과 설득력을 강화하는 광고 기법이다.

증언자가 직접 제품의 장점이나 효능을 언급함으로써 소비자에게 신뢰를 심어 주고 구매를 유도하는 데 초점을 맞춘다. 이는 소비자가 제품을 경험한 다른 사람들의 의견을 참고하는 '사회적 증거 효과(social proof effect)'를 활용하는 방식으로써 특히 건강이나 미용, 금융과 같이 신뢰성과 관련된 분야에서 자주 사용된다.

(2) 특징

증언 광고는 다음과 같은 특징을 가진다.

첫째, 개인적 경험을 강조한다. 증언자는 자신의 실제 경험을 바탕으로 제품이나 서비스를 추천하며 소비자가 광고 메시지를 더 신뢰할 수 있도록 유도한다. 특히 사용 전후 비교(예: 다이어트 보조제, 미용 제품)와 같은 방식은 제품 효과를 더욱 강하게 부각하는 데 유리하다.

둘째, 다양한 증언자를 활용할 수 있다. 일반 소비자뿐만 아니라 유명인이나 전문가, 인플루언서 등이 증언자로 등장할 수 있으며 각각의 증언자는 타깃 소비자층에 따라 다르게 활용될 수 있다.

- **일반 소비자**: 실생활에서 사용한 솔직한 후기 제공
- **전문가**: 제품의 신뢰성을 높이는 역할 수행(예: 의사, 엔지니어, 트레이너 등)
- **유명인·인플루언서**: 대중의 관심을 끌고 브랜드 인지도를 강화

셋째, 사회적 증거 효과를 유발한다. 다수의 사람들이 사용하고 만족했다는 메시지는 소비자의 구매 결정을 강화하는 강력한 요소가 된다. 실제로 '○○○ 명이 선택한 제품'이나 '98%의 사용자가 만족' 등의 문구는 소비자의 신뢰를 높이고 행동을 유도하는 중요한 역할을 한다.

(3) 장점

증언 광고는 다음과 같은 장점을 제공한다.

첫째, 신뢰성을 강화한다. 직접 제품을 사용한 사람들의 경험을

바탕으로 하여 제품의 효능을 입증함으로써 소비자들은 광고 내용을 더욱 신뢰하게 된다. 특히 전문가가 추천하는 광고는 소비자의 신뢰도를 더욱 높이는 효과가 있다.

둘째, 정서적 교감을 형성할 수 있다. 증언자의 생생한 이야기를 통해 소비자와 감정적으로 연결되며 공감대를 형성하여 브랜드에 대한 긍정적인 이미지를 구축할 수 있다. 예를 들어, 건강보험 광고에서 실제 보험 혜택을 받은 고객의 사연을 소개하는 방식은 소비자들에게 감동과 신뢰를 동시에 전달한다.

셋째, 구체적인 사례를 제시하여 설득력을 높인다. 제품의 효과를 직접적으로 증명할 수 있는 실제 사례(비포 & 애프터 사진, 성공 후기 등)를 제공하면 소비자는 제품의 가치를 더욱 직관적으로 이해할 수 있다.

(4) 단점

증언 광고는 다음과 같은 몇 가지 단점도 존재한다.

첫째, 진정성 논란의 위험이 있다. 만약 증언이 과장되었거나 허위로 밝혀질 경우 브랜드의 신뢰도가 크게 하락할 수 있으며, 심각한 경우 브랜드 이미지에 치명적인 손상을 입힐 수 있다. 특히 가짜 리뷰나 조작된 후기를 활용하는 광고는 소비자들에게 부정적인 인식을 심어 줄 수 있다.

둘째, 증언자 의존성이 높다. 광고 효과가 증언자의 인지도나 신뢰도에 크게 의존하기 때문에 만약 증언자가 부정적인 논란에 연루된다면 해당 광고에도 부정적인 영향을 미칠 수 있다. 예를 들어, 건강기능식품 광고에서 '○○ 박사가 추천합니다.'라는 내용이 포함되었지만 이후 해당 박사가 학위 논란이나 허위 연구 논란에 휘말릴 경우 해당 제품도 신뢰를 잃을 수 있다. 또는 A화장품 브랜드가 "이 제품을 사용한 후 피부가 정말 좋아졌어요."라는 리뷰를 광고에 사용했지만 나중에 해당 소비자가 실제 사용자가 아니라 브랜드 측에서 고용한 스태프라는 사실이 밝혀지면 소비자의 신뢰를 잃을 수 있다.

셋째, 법적 문제가 발생할 가능성이 있다. 허위 또는 과장된 증언은 소비자를 기만하는 행위로 간주될 수 있으며 이는 법적 소송의 대상이 될 수 있다. 특히 의료, 건강, 금융 관련 광고에서는 과장된 표현이 법적으로 문제가 될 가능성이 높기 때문에 광고 내용 검토가 필수적이다.

(5) 증언 광고 사례

의사는 일반적으로 금연을 권장하는 존재로 여겨지지만 아이러니하게도 과거에는 담배 광고에서 담배의 순함을 보증하는 역할을 하기도 했다. 담배 제조사인 RJ레이놀즈는 카멜(Camel) 담배 브랜드를 의료적 권위와 연결하여 신뢰성을 높이려는 증언 광고를 진행하였다. 광고에서는 의사 복장을 한 남성이 등장해 카멜 담배가 '신선하고 부드러우며 목을 편안하게 해 준다.'는 메시지를 전달하고 있다. 당시 많은 담배 광고가 의사나 과학자, 연구 데이터를 활용하여 제품이 건강에 미치는 영향을 긍정적으로 포장하는 전략을 사용했다.

2017년, 보건복지부는 흡연의 위험성을 강조하고 금연을 촉구하는 증언 광고를 진행했다. 광고 속 주인공인 허태원 씨는 40년간 담배를 피워 왔고 결국 폐암에 걸려 투병 중인 환자로, 그는 스스로의 경험을 통해 담배가 건강에 미치는 치명적인 영향을 증언하고 있다. '이 병은 낫지도 않고 평생 가는 고통이라는 거죠.' '담배, 오늘 끊지 않으면 내일은 없습니다.'라는 문구는 흡연이 단순히 나쁜 습관이

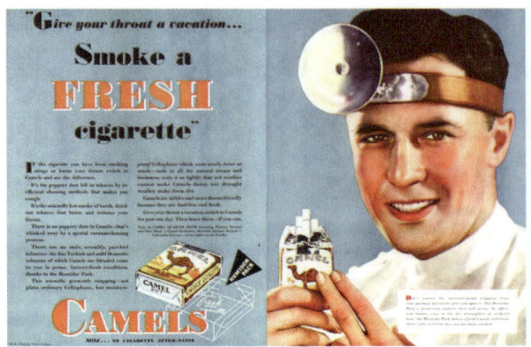

> 그림 7-4. 증언 광고를 사용한 광고물

아니라 돌이킬 수 없는 결과를 초래할 수 있음을 강조한다.

도브의 '#StopTheBeautyTest' 캠페인은 인도의 중매결혼 과정에서 여성들이 외모로 평가받고 거절당하는 현실과 그로 인한 자존감 하락 문제를 조명하는 증언 방식을 채택했다. 이 광고는 '어느 정도의 아름다움이면 충분한가'라는 질문을 던지며 외모의 결점이 아니

> 그림 7-5. 증언 광고를 활용한 도브 브랜드

라 각자의 개성을 존중하는 아름다움을 발견할 것을 촉구한다. 인도의 미모 테스트 보고서에 따르면 인도의 미혼 여성 10명 중 9명은 결혼 과정에서 외모로 평가받고 거절당한다고 느끼며, 68%는 이러한 경험이 자존감과 자신감에 부정적인 영향을 미친다고 답했다(NDTV, 2020). 도브는 실제 인도 일반인 여성들의 경험을 바탕으로 한 증언을 영상으로 담아 강렬하고 현실적인 메시지를 전달하였으며 단순한 제품 광고를 넘어 사회적 변화를 위한 브랜드의 역할을 강조하고 있다.

주얼리 브랜드 안나루이사(Ana Luisa)는 소셜 미디어 후기를 활용한 증언 광고를 인스타그램 스토리 광고로 제작했다. 이 광고는 제품 사진과 함께 실제 소비자의 긍정적인 댓글을 포함하여 소비자 경험을 강조하는 방식으로 구성되었다. '저 이거 있어요! 우편으로 받은 이후로 한 번도 빼지 않았어요!(I have these! Haven't taken them off since I got them in the mail)!'라는 한 소비자의 멘션이 안나루이사 제품의 신뢰감을 높인다.

5) 실연 광고

(1) 정의

실연 광고는 제품이나 서비스의 기능을 포함해 사용법이나 성능을 실제로 시연하여 소비자에게 명확하게 전달하는 광고 기법이다. 이를 통해 소비자는 제품이 어떻게 작동하는지 직접 확인할 수 있으며 제품의 강점을 시각적으로 경험함으로써 신뢰와 관심을 갖게 된다. 특히 기능성 제품이나 생활용품, 자동차, 전자기기 등의 광고에서 효과적으로 활용된다.

(2) 특징

실연 광고는 다음과 같은 특징이 있다.

첫째, 제품의 실제 사용 과정을 시각적으로 강조한다. 단순한 설명이나 이미지보다 제품이 실제로 작동하는 모습을 영상으로 보여 줄 때 소비자는 제품의 기능과 효능을 보다 직관적으로 받아들일 수 있다. 예를 들어, 청소기 광고에서는 바닥의 먼지를 강력하게 흡입하는 모습을 실시간으로 보여 주거나 세탁세제 광고에서는 오염된 옷이 깨끗하게 세탁되는 장면을 연출하여 효과를 입증하는 방식이 사용된다.

둘째, 구체적인 사용 사례와 결과를 제시한다. 소비자는 제품이 단순히 이론적으로 좋은 것이 아니라 실제 사용 시에도 효과적인지를 알고 싶어 한다. 실연 광고는 제품이 제시하는 혜택을 실질적으로 입증하는 데 초점을 맞추며 실험적인 환경에서 제품이 기대한 결과를 제공할 수 있음을 보여 준다. 예를 들어, 초강력 방수 스프레이 광고에서는 신발 한쪽에만 스프레이를 뿌린 후 물을 부어 방수 성능의 차이를 확인하는 장면을 연출하는 것이 중요하다.

셋째, 실제 환경과 유사한 상황을 연출하여 소비자의 공감을 유도한다. 실연 광고는 제품을 단순히 소개하는 것이 아니라 소비자가 일상에서 마주할 수 있는 문제를 해결하는 방식으로 접근한다. 소비자는 자신이 광고 속 상황과 유사한 경험을 하고 있다고 느낄 때 제품에 대한 관심이 증가하며 구매 가능성이 높아진다. 예를 들어, 스테인리스 주방세제 광고에서는 기름때가 가득 묻은 프라이팬을 보여 준 후 세제를 사용하여 쉽게 닦이는 모습을 시연함으로써 소비자가 제품의 필요성을 실감하도록 유도한다.

(3) 장점

실연 광고는 다음과 같은 장점이 있다.

첫째, 제품의 신뢰도를 강화할 수 있다. 실연 광고는 실제 작동 과정과 결과를 직접 보여 줌으로써 소비자에게 제품의 신뢰성을 입증하기 용이하다. 예를 들어, 청소기나 세탁기, 믹서기 등의 제품이 광고에서 주장하는 기능을 실제로 수행하는 모습을 시각적으로 보여 주면 소비자는 해당 제품이 효과적이라는 확신을 갖게 된다.

둘째, 소비자의 이해도를 향상시킬 수 있다. 복잡한 기능을 가진 제품이나 새로운 서비스의 사용법을 쉽게 설명할 수 있다. 제품의 사용법을 실제로 시연하면 소비자는 제품의 특징을 직관적으로 이해하고 구매 결정에 도움을 받을 수 있다. 예를 들어, 스마트폰 광고에서 새로운 카메라 기능을 설명할 때 실제 촬영 장면과 결과물을 함께 보여 주면 소비자는 해당 기능을 쉽게 익히고 활용할 수 있다.

셋째, 소비자의 구매를 유도할 수 있다. 제품의 성능과 효과를 직접 입증함으로써 소비자의 신뢰를 얻을 수 있으며 특히 실험적인 방식을 활용하면 제품의 우수성이 더욱 뚜렷하게 부각되어 소비자가 그 차이를 명확히 인식할 수 있다.

넷째, 광고 메시지가 소비자의 기억에 오래 남을 수 있다. 시청각적으로 생생한 경험을 제공하면 소비자는 광고 내용을 오랫동안 기억할 가능성이 높다. 시각적으로 강렬한 실연 장면은 소비자에게 제품의 특징을 효과적으로 각인시키는 역할을 한다.

(4) 단점

실연 광고는 다음과 같은 제약이 따른다.

첫째, 광고와 실제 사용 경험 간의 차이로 인해 소비자의 불만을 초래할 수 있다. 광고에서 보여 주는 실연이 실제 사용 환경과 다를 경우 소비자는 제품에 대한 기대와 현실의 차이를 느낄 수 있다. 예를 들어, 화장품 광고에서 즉각적인 미백 효과를 강조했지만 실제 사용 시 기대만큼의 효과가 나타나지 않을 경우 소비자가 불만을 가질 수 있다.

둘째, 경쟁 제품과의 차별성이 부족할 수 있다. 실연 광고는 특정 제품의 강점을 강조하는 데 효과적이지만 직접적인 경쟁 제품과의 비교가 포함되지 않으면 소비자가 차별성을 명확하게 인식하기 어렵다. 예를 들어, 전자제품 광고에서 특정 기능을 강조하지만 비슷한 기능을 가진 경쟁 제품과 비교하지 않으면 소비자가 상대적인 우위를 판단하기 어려울 수 있다.

셋째, 광고 제작에 높은 비용이 소요될 수 있다. 실연 광고는 제품의 성능을 극적으로 보여 주기 위해 정교한 연출이 필요하며, 이를 위해 고가의 장비나 특수 효과, 테스트 환경 조성이 요구될 수 있다. 예를 들어, 자동차 광고에서 극한의 날씨에서 제품을 테스트하거나 고속 충돌 테스트를 연출하는 장면을 촬영할 경우 상당한 제작비가 필요할 수 있다.

(5) 실연 광고 사례

실연 광고의 대표적인 사례로 볼보의 '7UP' 캠페인을 꼽을 수 있다. 이 광고는 볼보 자동차의 강력한 내구성을 강조하기 위해 시각적 실연 기법을 활용했다. 광고에서는 일곱 대의 볼보 차량이 서로 위에 쌓여 있으며 맨 아래 차량이 모든 무게를 견디고 있는 장면이 연출되었다. 이를 통해 볼보의 차체 구조와 강력한 스틸 기둥이 차량의 무게를 충분히 지탱할 수 있음을 강조함으로써 브랜드의 핵심 가치인 안전성과 내구성을 직관적으로 전달한다. 카피 역시 볼보의 견고한 차체 설계가 단순히 차량의 외형을 넘어 실질적인 안전성과 장기적인 내구성으로 이어진다는 메시지를 전달하면서 브랜드의 신뢰도를 더욱 강화했다.

LG전자는 무선 청소기 '코드제로 싸이킹'의 강력한 흡입력을 강조하기 위해 실연 광고를 활용한 마케팅 캠페인을 진행했다. 이 광고에서는 미국 익스트림 암벽등반 챔피언 시에라 블레어 코일(Sierra Blair-Coyle)이 인천 송도의 33층 빌딩(약 140m)을 오르는 도전을 선보였다. 그녀는 LG 코드제로 싸이킹 2대를 배낭처럼 메고 청소기의 흡입구와 연결된 흡착판을 이용하여 벽을 타고 올라가는 모습을 연출했다. 이 실연은 청소기의 강력한 흡입력이 약 70kg(등반가의 체중 + 청소기 무게)을 지탱할 만큼 강력하다는 점을 시각적으로 증명하며 소비자들에게 제품의 성능을 극적으로 전달하는 효과를 냈다.

>> 그림 7-6. 실연 기법을 활용한 다양한 광고물

타이레놀(Tylenol)은 15분 안에 체내에서 빠르게 효과가 나타난다는 제품의 강점을 강조하기 위해 실연 광고 기법을 활용했다. 광고에서는 약이 물에서 분해되는 모습을 실제 실험을 통해 보여 주며 이를 약 16배속으로 압축하여 전달했다. 광고는 총 15초 길이의 영상 중 10초를 타이레놀이 물에서 녹는 장면을 보여 주는 데 할애하며 제품의 빠른 작용 속도를 강조했다. 타이레놀은 장면 전환 없이 긴 호흡의 실연 방식을 활용하여 소비자가 제품의 효과를 직접 체감할 수 있도록 유도함으로써 체내에서 빠르게 분해 및 흡수된다는 메시지를 직관적으로 전달했다.

2. 감성 소구

1) 감성 소구의 정의

감성 소구(emotional appeal)는 소비자의 감정을 자극하여 브랜드나 제품에 대한 호감과 연관성을 형성하는 광고 기법이다. 이 접근 방식은 이성적인 정보 전달보다 소비자의 정서적 반응을 유도하는 데 초점을 맞추며 감정을 통해 브랜드와 강한 유대감을 형성하고 구매 결정을 유도하는 전략이다.

2) 감성 소구의 특징

감성 소구는 기쁨이나 공감, 감동, 두려움, 유머, 성적 매력, 패러디 등 다양한 감정을 활용하여 브랜드 메시지를 전달하며 특히 일반적인 제품 설명보다 더 강한 인상을 남기고 소비자의 기억에 오래 남을 가능성이 높다. 이러한 감성적 접근법은 패션 및 뷰티, 식음료, 자동차, 엔터테인먼트, 공익광고 등 소비자의 감정과 경험이 중요한 산업에서 특히 효과적으로 활용된다.

감성 소구의 대표적인 유형은 다음과 같다.

- **공포 소구**(fear appeal/threat appeal): 공포심이나 위협감을 높여 행동 변화를 유도하는 방식이다. 예를 들어, 금연 광고에서 흡연의 위험성을 강조하거나 교통안전 캠페인에서 사고 예방 메시지를 전달하는 광고가 이에 해당한다.
- **유머 소구**(humor appeal): 재미있는 요소를 활용하여 소비자의 관심을 끌고 브랜드에 대한 긍정적인 이미지를 형성하는 방식이다. 코믹한 상황을 연출하거나 예상치 못한 반전을 주는 광고가 대표적이다.
- **패러디**(parody appeal): 기존에 유명한 광고나 영화, 문화적 요소 등을 차용하여 새로운 의미를 부여하는 방식이다. 패러디 광고는 소비자에게 친숙한 요소를 활용해 재미를 주면서도 브랜드의 차별성을 강조하는 데 효과적이다.
- **성적 소구**(sexual appeal): 신체 노출이나 관능적인 연출 등을 통해 제품에 대한 관심을 유도하는 방식이다. 주로 향수나 패션, 뷰티, 주류 등의 광고에서 활용되며 소비자의 욕망과 감각을 자극하는 전략이다.
- **온정 소구**(warmth appeal): 감동적이고 따뜻한 스토리를 통해 브랜드에 대한 정서적 유대감을 형성하는 방식으로 주로 가족이나 사랑, 우정, 희망 등의 감정을 강조한다.

3) 공포 소구

(1) 정의

공포 소구는 소비자에게 특정 행동을 하지 않거나 특정 제품이나 서비스를 이용하지 않을 경우 발생할 수 있는 부정적인 결과를 강조하는 광고 전략이다. 이를 통해 두려움이나 불안을 자극하여 소비자의 행동 변화를 유도하고 광고 메시지의 효과를 극대화하는 것이 핵심 목적이다.

이 광고 기법은 소비자가 위험 요소를 인식하고 이를 회피하려는 심리를 활용하여 특정 행동을 촉진하거나 경각심을 심어 주는 데 효과적이다. 특히 공공 안전이나 건강, 사회 문제, 금융 및 보험 분야에서 자주 사용되며, 금연을 비롯해 음주운전 방지, 건강검진 독려, 보안 서비스 등의 광고에서 강력한 메시지를 전달하는 방식으로 활용된다.

(2) 특징

공포 소구는 다음과 같은 특징이 있다.

첫째, 위험 요소를 강조하여 소비자의 경각심을 높인다. 건강이나 안전, 재정적 손실, 사회적 위신 등 소비자가 민감하게 반응할 수 있는 문제를 부각함으로써 강한 메시지를 전달한다. 예를 들어, 금연 광고에서는 흡연으로 인한 폐 질환의 위험을 시각적으로 보여 주고 교통안전 캠페인에서는 음주운전으로 인한 사고 장면을 사실적으로 묘사하여 소비자의 주의를 환기시킨다.

둘째, 공포를 유발한 후 이를 해결할 수 있는 명확한 행동 방안을 제시해야 한다. 단순히 두려움을 조성하는 것만으로는 소비자의 행동 변화를 이끌어 내기 어렵다. 따라서 광고는 위험을 인식시킨 후 이를 극복할 수 있는 구체적인 방법(예: 특정 제품 사용, 예방 행동 실천, 서비스 이용 등)을 함께 제시해야 한다. 예를 들어, 보안 서비스 광고에서 해킹 피해 사례를 강조한 후 강력한 보안 소프트웨어를 해결책으로 제안하는 방식이 이에 해당한다.

셋째, 공포의 강도를 적절히 조절하는 것이 중요하다. 공포 수준이 너무 낮으면 소비자에게 강한 인상을 남기지 못하고 반대로 너무 강하면 불쾌감과 거부감을 유발하여 광고 자체를 회피할 가능성이 높아진다. 따라서 광고는 소비자가 심각성을 인식하면서도 해결책을 찾을 수 있도록 균형 잡힌 메시지를 전달해야 한다.

(3) 장점

공포 소구는 다음과 같은 장점이 있다.

첫째, 소비자의 높은 주목도를 이끌어 낼 수 있다. 강렬한 메시지를 전달함으로써 소비자의 시선을 집중시키고 광고 내용을 기억에 오래 남도록 만든다. 특히 공포를 자극하는 시각적 요소나 긴박한 스토리라인을 활용하면 소비자가 광고를 강하게 인식하고 그 의미를 깊이 새길 가능성이 높아진다.

둘째, 소비자의 행동 변화를 유도하는 데 효과적이다. 공포 소구는 위험을 회피하거나 문제를 해결하기 위한 행동을 촉진하는 데 도움을 준다. 예를 들어, 음주운전 방지 캠페인에서는 사고 장면을 사실적으로 묘사하여 시청자가 스스로 경각심을 가지게 만들고 건강 관련 광고에서는 질병의 위험성을 강조함으로써 예방적 행동을 유도할 수 있다.

셋째, 강렬한 시각적 충격을 통해 광고 메시지에 대한 몰입감을 높인다. 소비자의 감정을 직접적으로 자극하여 광고를 더욱 진지하게 받아들이게 만들며 제품이나 서비스가 제공하는 해결책을 더욱 설득력 있게 전달할 수 있다.

(4) 단점

공포 소구에는 몇 가지 단점도 존재한다.

첫째, 지나치게 강한 공포 표현은 소비자의 거부감을 유발할 수 있다. 공포가 너무 강할 경우 소비자는 광고를 불쾌하게 받아들이거나 아예 외면할 가능성이 있다. 이는 심리학자 재니스(Janis)가 제안한 '역 U자형 효과(U-shaped relationship)'로 설명할 수 있는데, 공포의 강도가 적절할 때 가장 효과적이며 너무 약하거나 강하면 효과가 감소하는 경향을 보인다.

둘째, 윤리적 논란을 초래할 수 있다. 공포를 자극하는 광고는 성인에게도 강렬한 인상을 남길 수 있으며 특히 어린이와 같은 취약한 대상에게 불안과 스트레스를 유발할 가능성이 크다. 이에 따라 일부 공포 소구 광고는 윤리적 문제로 인해 규제되거나 사회적 논란을 일으키기도 한다.

셋째, 장기적인 효과가 제한적일 수 있다. 반복적으로 강한 공포 메시지를 접한 소비자는 점차 이에 무감각해질 수 있으며 메시지가 오히려 희석될 가능성이 있다. 또한 공포에 대한 즉각적인 반응은 강할 수 있으나 시간이 지나면 기억에서 사라질 위험도 존재한다.

(5) 공포 소구 사례

세계자연기금(WWF)은 기후 변화의 심각성과 긴급성을 효과적으로 전달하기 위해 공포 소구를 활용했다. 광고는 기형적으로 변형

 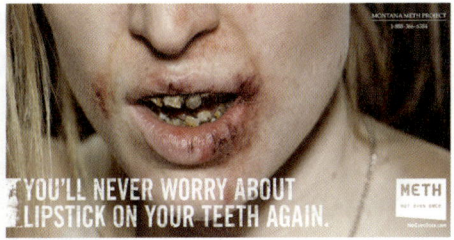

>> 그림 7-7. 공포 소구를 활용한 다양한 광고

된 반인반어(半人半魚) 이미지를 통해 기후 변화가 인간의 삶과 신체까지 변화시키는 위협적인 결과를 초래할 수 있음을 경고하며 시청자들의 시선을 강하게 사로잡는다. 광고에서는 '기후 변화가 당신을 바꾸기 전에 멈춰라(STOP CLIMATE CHANGE BEFORE IT CHANGES YOU).'라는 강렬한 메시지를 통해 기후 변화가 돌이킬 수 없는 변화를 일으키기 전에 적극적인 대응이 필요함을 강조하며 경각심을 불러일으킨다.

메스 프로젝트 재단은 강렬한 비주얼과 충격적인 메시지를 통해 메스암페타민(methamphetamine) 사용의 위험성을 경고하는 공익광고를 진행했다. 광고는 '다시는 립스틱이 치아에 묻을까 걱정할 필요가 없습니다(You'll never worry about lipstick on your teeth again).' 라는 문구와 함께 약물 중독으로 인한 심각한 치아 부식과 구강 손상의 모습을 시각적으로 강조한다. 또한 이 광고는 공포 소구를 활용하여 마약 사용이 단순한 일탈이 아니라 끔찍한 신체적 변화와 사회적 고립을 초래할 수 있는 심각한 문제임을 강조한다. 이를 통해 시청자들에게 '메스암페타민을 한 번이라도 사용하면 돌이킬 수 없는 결과를 초래할 수 있으므로 절대 시작하지 말라(Not Even Once).' 는 강한 메시지를 전달하고 있다.

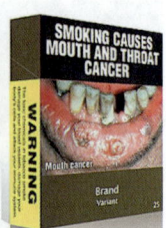

▶▶ 그림 7-8. 지나친 공포를 유발하는 금연 광고

그러나 지나치게 강한 공포 소구는 오히려 역효과를 초래할 가능성이 크다. 영국 국민건강서비스(National Health Service: NHS)는 흡연이 혈액을 끈적하고 오염되게 만들어 혈관을 막고 심장병이나 뇌졸중 등의 심각한 건강 문제를 유발할 수 있음을 경고하고 있다. 광고에서는 담배 끝에서 검붉은 피 같은 액체가 떨어지는 강렬한 이미지와 함께 '담배를 피울 때마다 당신의 혈액은 독소로 인해 끈적이고 더러워집니다(Every time you smoke, your blood gets thick and dirty with toxins).'라는 문구를 사용해 흡연의 위험성을 시각적으로 강조했다.

또한 호주는 2012년 세계 최초로 표준 담뱃갑 정책(Plain Packaging Policy)을 도입했으며 담뱃갑에서 브랜드 로고와 디자인을 제거하고 공포를 유발하는 건강 경고 이미지와 강력한 문구를 삽입하는 방식을 채택했다. 사진 속 담뱃갑에는 '흡연은 실명을 유발합니다(SMOKING CAUSES BLINDNESS).'나 '흡연은 구강 및 인후암을 유발합니다(SMOKING CAUSES MOUTH AND THROAT CANCER).'라는 강렬한 경고 문구가 삽입되어 있으며 끔찍한 건강 손상의 이미지를 함께 배치해 시각적 충격을 극대화하고 있다.

하지만 공포나 위협의 강도가 지나치면 흡연자들은 강한 위협 메시지를 접했을 때 '너무 과장된 이야기'라거나 '나는 예외'라는 생각을 하며 일종의 자기 정당화인 '인지 부조화(cognitive dissonance)'를 일으킬 수 있다. 이처럼 공포 소구에 대한 거부감이 강하면 의도한 행동 변화(금연)로 이어지기보다 오히려 해당 메시지를 무시하거나 기존 행동을 정당화하려는 심리적 방어기제를 유발할 수 있다.

4) 유머 소구

(1) 정의

유머 소구는 소비자를 웃게 하거나 즐거움을 느끼게 함으로써 광고 메시지를 전달하는 전략이다. 이 접근법은 소비자의 주의를 끌고 긍정적인 정서를 유발하며 광고에 대한 기억률을 높이는 데 효과적이다.

최근 광고 업계에서도 유머의 중요성이 강조되고 있다. 프랑스의 칸 라이언즈 광고제(Cannes Lions)는 2024년부터 '유머' 부문을 신설하여 재치와 풍자를 통해 즐거움과 기억에 남는 웃음을 주는 작품에 상을 수여하기로 했다. 이는 인공지능(AI) 기술이 광고 제작에 도입되면서 인간만이 할 수 있는 창의적 활동인 유머를 더욱 가치 있게 평가하려는 움직임으로 분석된다(아주경제, 2024. 9. 18.).

(2) 특징

유머 소구는 광고에서 소비자에게 웃음을 유발하여 메시지를 전달하는 전략으로 다음과 같은 특징이 있다.

첫째, 유머 소구는 다양한 형태로 나타난다. 언어유희나 시각적 유머, 패러디, 풍자 등 여러 기법을 활용하여 브랜드 메시지를 효과적으로 전달한다.

둘째, 유머 소구는 문화적 맥락에 의존한다. 유머는 특정 문화나 사회적 트렌드와 밀접하게 연관되어 있어 동일한 유머라도 문화적 배경에 따라 다르게 해석될 수 있다.

(3) 장점

유머 소구는 다음과 같은 장점이 있다.

첫째, 광고의 주목도를 높일 수 있다. 유머는 소비자의 관심을 끌고 메시지가 보다 효과적으로 전달될 가능성을 높인다.

둘째, 브랜드에 대한 호감도를 증가시킨다. 광고에서 유발된 긍정적인 감정은 브랜드에 대한 호감으로 전이되며 이는 브랜드 이미지와 소비자의 구매 의도에도 긍정적인 영향을 미칠 수 있다.

셋째, 광고 메시지의 기억률을 높이는 데 효과적이다. 유머는 소비자에게 강한 인상을 남기며 일반적인 광고보다 메시지를 더욱 오래 기억하게 만든다.

넷째, 바이럴 효과를 기대할 수 있다. 재미있는 광고는 소비자들이 자발적으로 소셜 미디어에서 공유할 가능성이 높아 광고의 확산력과 도달 범위를 극대화할 수 있다.

(4) 단점

유머 소구는 다음과 같은 단점이 있다.

첫째, 반복 노출로 인해 효과가 감소할 수 있다. 처음에는 유머의 효과가 크지만 반복적으로 노출될 경우 소비자가 점점 익숙해지면서 광고의 영향력이 줄어드는 '웨어 아웃(wear-out)' 현상이 발생할 수 있다.

둘째, 주의가 분산될 위험이 있다. 유머가 지나치게 강하면 소비자가 광고의 핵심 메시지보다 유머 요소만 기억하게 되어 브랜드나 제품의 정보가 효과적으로 전달되지 않을 가능성이 있다.

셋째, 부적절한 유머는 브랜드에 부정적인 영향을 미칠 수 있다. 특정 사회적 이슈나 민감한 주제를 유머로 다룰 경우 소비자들에게 불쾌감을 주거나 브랜드 이미지에 타격을 줄 수 있다.

넷째, 모든 제품이나 서비스에 적합하지 않을 수 있다. 건강이나 안전, 금융, 법률과 같이 신뢰성과 진지함이 중요한 제품 카테고리에서는 유머 소구가 부적절할 수 있으며 메시지 전달의 신뢰도를 저하시킬 위험이 있다.

(5) 유머 소구 사례

스니커즈는 오랫동안 '배고플 땐, 평소의 당신이 아니에요(You're not you when you're hungry).'라는 캠페인을 통해 배고픔이 사람의 성격과 행동을 변화시킨다는 점을 유머러스하게 표현해 왔다.

첫 번째 광고에서는 초식 동물인 얼룩말이 사냥을 하려는 장면이 등장한다. 이는 배고픔이 본능을 왜곡시키고 평소와는 전혀 다른 행동을 유발할 수 있음을 직관적으로 보여 준다. 이를 통해 스니커즈가 배고픔을 해결하는 제품임을 강조하며 단순한 초콜릿 바 이상의 가치를 지닌다는 메시지를 전달한다.

두 번째와 세 번째 광고에서는 반전 일러스트를 활용한 착시 효과가 눈길을 끈다. 캐릭터의 얼굴이 상하 반전될 때 짜증나고 예민한 표정과 평온한 표정이 대비되도록 디자인되어 있다. 이는 배고픔이 감정과 태도를 변화시키지만 스니커즈를 먹으면 다시 평소의 자신을 되찾을 수 있다는 메시지를 시각적으로 강조한다.

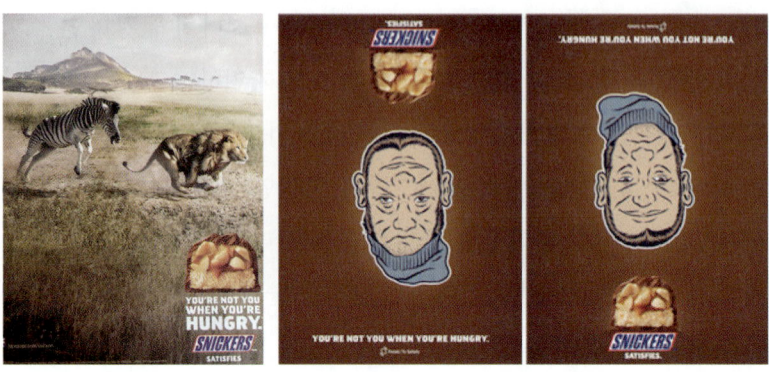

▶▶ 그림 7-9. 유머 소구를 활용한 다양한 스니커즈 광고

    에너지 드링크인 핫식스(HOT6)의 '청춘 차렷' 캠페인은 바쁜 청춘들의 일상 속 실수를 유머러스하게 담아내며 공감을 자아낸다. 광고는 대학생이 과제를 저장하려다 실수로 취소를 눌러 과제를 날려 버리거나 젊은 여성이 아르바이트에 늦지 않으려 급히 버스에 타다가

▶▶ 그림 7-10. 유머 소구를 활용한 핫식스 광고

돈 대신 휴대전화를 돈통에 넣어 버리는 우스꽝스러운 상황을 보여 준다. 이러한 장면 뒤에는 '바쁘니까 청춘이다, 청춘 차렷'이라는 카피가 등장하며 핫식스가 바쁜 청춘들에게 필요한 활력을 제공한다는 메시지를 강조하고 있다.

그러나 유머를 잘못 활용했을 때 부작용이 따를 수도 있다. 티웨이(T'way) 항공은 MZ세대를 겨냥한 광고 캠페인에서 대학생들에게 친근감을 주기 위해 인터넷 밈(Meme)[1] 표현인 '헛수고하셨습니다'를 활용한 이벤트를 진행했다. 학기를 마친 대학생들이 해외여행을 떠나도록 유도하는 유머러스한 의도였지만 일부 소비자들은 이 표현이 학업과 취업 준비로 힘든 시간을 보낸 학생들에게 부정적인 감정을 유발할 수 있다며 반감을 드러냈다. 광고는 가벼운 톤을 유지했으나 일부에서는 노력이 헛된 것처럼 해석될 가능성이 있어 논란이 발생했다. 이벤트 기간 동안 1,800개 이상의 인증 댓글이 달리는 등 관심을 끌었지만 논란이 커지면서 결국 티웨이 항공은 소비자 의견을 반영해 해당 포스터를 철거했다. 이는 유머를 활용한 광고가 소비자에 따라 다르게 해석될 수 있으며 신중한 접근이 필요함을 보여 주는 사례이다.

---

1 인터넷 커뮤니티나 SNS 등을 통해 빠르게 확산되는 문화적 유행과 이를 기반으로 한 창작물 또는 모방 현상을 의미하는 용어이다. 본래 1976년 동물학자 리처드 도킨스(Richard Dawkins)가 저서 『이기적 유전자(The Selfish Gene)』에서 처음 제시한 개념으로, 인간의 유전자(Gene)처럼 자기복제적 특징을 가지며, 종교·사상·이념과 같은 정신적 사유가 세대를 거쳐 전해지는 과정을 설명하는 개념이었다. 이후 디지털 시대에 들어서면서 밈은 온라인에서 콘텐츠가 확산되고 변형되는 현상을 뜻하는 개념으로 확장되었으며 다양한 유머·패러디·사회적 메시지 등을 담아 인터넷 문화의 중요한 요소로 자리 잡았다.

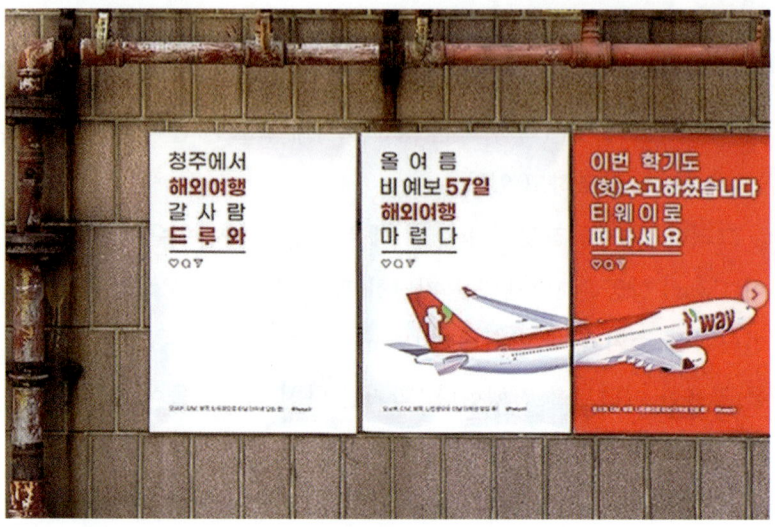

▶ 그림 7-11. 유머 소구를 잘못 사용한 사례

5) 패러디

(1) 정의

패러디(parody) 광고는 영화나 TV 프로그램, 광고, 음악 등 기존의 유명한 콘텐츠를 유머러스하게 변형하거나 풍자하여 새로운 의미를 부여하는 광고 전략이다. 소비자들에게 익숙한 요소를 활용함으로써 즉각적인 관심을 유도하고 광고 메시지를 보다 쉽고 효과적으로 전달하는 데 도움을 준다. 특히 패러디 광고는 대중문화나 사회적 트렌드, 밈 등을 반영하며 창의적이고 재미있는 방식으로 브랜드와 제품을 알리는 데 효과적이다.

(2) 특징

패러디 광고는 다음과 같은 특징이 있다.

첫째, 기존 콘텐츠를 창의적으로 변형하여 새로운 의미를 부여한다. 패러디 광고는 영화나 TV 프로그램, 유명 광고, 음악 등 대중적으로 잘 알려진 콘텐츠를 활용하여 변형하거나 재해석함으로써 소비자에게 친숙한 느낌을 주고 광고 메시지를 쉽게 전달할 수 있도록 한다.

둘째, 기존 맥락을 활용해 메시지를 간결하게 전달한다. 패러디 광고는 원작의 구조나 서사를 차용하기 때문에 별도의 설명 없이도 소비자가 쉽게 이해할 수 있으며 짧은 시간 안에 효과적으로 브랜드 메시지를 전달할 수 있다.

셋째, 사회적 트렌드와 문화적 요소를 반영하는 경우가 많다. 패러디 광고는 종종 특정 시기의 사회적 이슈나 트렌드를 반영하여 공감대를 형성하는 특징을 가진다. 이러한 특성 덕분에 소비자들은 광고를 단순한 상업적 메시지가 아니라 하나의 문화적 콘텐츠로 받아들이기도 한다.

넷째, 유머와 풍자를 적극적으로 활용한다. 패러디 광고는 원작의 특정 부분을 과장하거나 비틀어 유머를 창출하는 방식으로 제작되는 경우가 많으며 이를 통해 브랜드의 개성을 강조하고 소비자들에게 긍정적인 인상을 남긴다.

(3) 장점

패러디 광고는 다음과 같은 장점이 있다.

첫째, 소비자의 주목도를 높인다. 소비자들에게 익숙한 콘텐츠를 활용하기 때문에 광고가 즉각적으로 눈길을 끌며 광고 메시지가 자연스럽게 전달된다. 특히 패러디가 신선하고 창의적일 경우 소비자의 흥미를 더욱 높일 수 있다.

둘째, 광고 메시지를 직관적으로 이해할 수 있다. 원작의 맥락을 활용하여 소비자가 별도의 설명 없이도 광고 내용을 쉽게 파악할 수 있으며 짧은 시간 안에 효과적인 메시지 전달이 가능하다. 이는 광고의 전달력을 높이는 중요한 요소로 작용한다.

셋째, 브랜드에 대한 긍정적인 감정을 유발할 수 있다. 패러디 광고는 유머와 풍자를 활용하여 소비자들에게 즐거움을 제공하며 브랜드를 친근하고 재치 있는 이미지로 포지셔닝하는 데 기여한다. 소비자가 광고를 긍정적으로 받아들이면 브랜드에 대한 호감도와 충성도가 상승할 가능성이 크다.

넷째, 소셜 미디어에서 바이럴 효과를 기대할 수 있다. 패러디 광고는 소비자들이 흥미롭고 재미있는 콘텐츠로 인식하는 경우가 많아 자발적인 공유가 이루어질 가능성이 크다. 특히 SNS와 유튜브 같은 디지털 플랫폼에서는 패러디 광고가 빠르게 확산되면서 브랜드 인지도를 높이는 효과를 얻을 수 있다.

다섯째, 광고 제작 비용을 절감할 수 있다. 기존 콘텐츠를 변형하는 방식이기 때문에 새롭게 창작하는 광고보다 기획 및 제작 비용이 줄어들 수 있으며 소비자가 친숙한 요소를 활용하는 만큼 광고의 효과도 극대화할 수 있다.

(4) 단점

패러디 광고는 다음과 같은 단점이 있다.

첫째, 원작 콘텐츠를 변형하여 사용하는 방식이기 때문에 저작권 침해 문제로 법적 분쟁이 발생할 위험이 있다. 원작자가 패러디를 허용하지 않거나 부정적으로 받아들일 경우 브랜드는 불필요한 법적 문제에 휘말릴 수 있다.

둘째, 문화적 차이로 인해 글로벌 광고에서는 효과가 제한될 수 있다. 특정 지역에서 인지도가 높은 콘텐츠를 패러디할 경우 다른 문화권에서는 해당 맥락이 이해되지 않거나 의도와 다르게 해석될 가능성이 있다. 이는 브랜드의 글로벌 마케팅 전략에서 중요한 변수로 작용할 수 있다.

셋째, 창의성이 부족하다는 평가를 받을 수 있다. 패러디 광고가 원작의 유명세에 지나치게 의존할 경우 브랜드의 독창성이 부족하다는 비판을 받을 수 있으며 단순히 기존 콘텐츠를 따라 하는 것에 그칠 가능성이 있다. 특히 패러디가 신선하지 않거나 단순한 모방에 머무를 경우 광고의 효과가 반감될 수 있다.

넷째, 부적절한 풍자나 과도한 표현은 브랜드 이미지에 부정적인 영향을 줄 수 있다. 패러디 광고가 사회적 논란이 될 수 있는 주제를 다루거나 지나치게 공격적인 표현을 사용할 경우 소비자의 반감을 초래하거나 브랜드의 신뢰도에 악영향을 미칠 수 있다. 특히 정치적이거나 종교적인 요소를 패러디할 경우 브랜드가 원치 않는 논란에 휘말릴 수 있으며 소비자층을 분열시킬 가능성도 존재한다.

다섯째, 일시적인 유행에 의존할 위험이 있다. 패러디 광고는 특정 트렌드나 문화적 요소에 기반하기 때문에 시간이 지나면 광고의 효과가 감소할 가능성이 있다. 소비자가 원작 콘텐츠를 잊거나 유행이 지나가면 광고의 영향력이 급격히 떨어질 수 있으며 지속적인 브랜드 이미지를 구축하는 데 어려움을 겪을 수도 있다.

(5) 패러디 광고 사례

KCC 창호 광고는 배우 성동일을 중심으로 광고 속 가상의 세계, 즉 '광고 유니버스'라는 독창적인 설정을 활용하여 유머러스한 방식으로 브랜드 메시지를 전달한다. 이 광고는 성동일이 끊임없이 광고 속 상황에 갇혀 반복되는 장면들을 경험하며 결국 광고에서 벗어날 수 없는 현실을 재치 있게 연출하였다.

다음으로 신한카드의 '신한캐슬' 광고는 인기 드라마 〈SKY 캐슬〉을 패러디하여 자산 관리 역시 전략적으로 코디할 수 있다는 메시지를 유머러스하게 전달한 광고이다. 원작에서 입시 코디네이터로 등장했던 배우 김서형이 이번 광고에서는 '자산 코디네이터'로 변신해 입시 전략만큼 체계적인 금융 서비스의 필요성을 강조하며 신한카드의 맞춤형 금융 솔루션을 홍보한다. 이 광고는 긴장감 넘치는 원작의 분위기를 살리면서도 유머와 현실적인 요소를 가미해 소비자들에게 친숙하게 다가가는 전략을 활용했다.

현대자동차의 '기스학개론' 광고는 영화 〈건축학개론〉의 대표 장면을 패러디해 배우 박정민의 능청스러운 연기를 바탕으로 원작의

▶▶ 그림 7-12. 패러디를 활용한 다양한 광고

감성적 분위기를 유머러스하게 변형한 작품이다. 특히 현대차는 '현대차 SUV 오리지널'과 같은 온라인 영상 광고 시리즈를 통해 MZ세대와 색다른 방식으로 소통하며 단순한 제품 홍보를 넘어 배우와 브랜드의 시너지를 활용해 광고를 하나의 콘텐츠로 제작하는 방식을 도입함으로써 잠재 고객의 관심을 효과적으로 끌고 있다.

롯데푸드는 자사 제품인 '돼지바'의 홍보를 위해 인기 도서 『82년생 김지영』을 패러디한 '83년생 돼지바' 광고를 제작했다. 광고에서는 도서 표지를 패러디하고 '사람들이 나보고 관종이래.'라는 문구를 삽입하여 유머러스한 느낌을 강조하려 했다.

그러나 해당 광고는 즉각적인 논란을 불러일으켰다. 『82년생 김지영』은 한국 사회에서 여성의 삶과 차별 문제를 조명한 작품으로 단순한 유머 소재로 사용하기에 민감한 주제를 담고 있었다. 일부 소비자들은 이 광고가 여성의 삶을 다룬 중요한 서사를 희화화하고 사회적 의미를 가볍게 소비하는 방식으로 활용했다며 비판했다. 논란이 확산되자 롯데푸드는 공식 사과문을 발표하고 광고를 철회했

▶ 그림 7-13. 패러디를 잘못 활용한 사례

다. 이 사례는 패러디를 활용할 때 사회적 감수성과 공감대를 충분히 고려하지 않으면 브랜드 이미지에 부정적인 영향을 미칠 수 있음을 보여 준다.

6) 성적 소구

(1) 정의

성적 소구는 소비자의 관심을 끌고 구매 욕구를 자극하기 위해 성적 매력을 일으키는 이미지나 암시적인 표현을 활용하는 광고 전략이다. 이 기법은 제품이나 서비스가 소비자의 매력을 높이고 욕망을 충족시킬 수 있다는 메시지를 전달하며, 패션, 향수, 뷰티, 자동차, 주류 등의 카테고리에서 자주 사용된다. 성적 소구는 광고의 시각적 강렬함을 극대화하고 소비자가 브랜드를 보다 감각적이고 세련된 이미지로 인식하도록 유도하는 역할을 한다.

(2) 특징

성적 소구는 다음과 같은 특징이 있다.

첫째, 강렬한 시각적 요소를 활용하여 소비자의 주목을 끈다. 광고는 성적 이미지나 매력을 강조하여 시선을 사로잡고 제품에 대한 관심을 유도한다. 예를 들어, 향수 광고에서는 신체의 특정 부위를 부각하거나 감각적인 분위기를 조성하여 제품이 섹시한 매력을 더해 줄 것이라는 인식을 심어 준다.

둘째, 소비자의 욕망을 자극하여 제품이 자신감을 높이거나 매력을 증가시킬 수 있다는 암시를 전달한다. 성적 소구는 제품을 사용하는 것이 곧 더 매력적이고 자아를 만족시키는 경험이 될 것이라는 메시지를 담는 경우가 많다.

셋째, 직접적인 성적 표현과 암시적인 표현이 공존하며 상황과 맥락에 따라 다르게 활용된다. 노골적인 성적 이미지가 포함된 광고도 있지만 보다 은유적이고 세련된 방식으로 성적 매력을 전달하는 광고도 있다. 브랜드의 포지셔닝과 타깃 소비자의 성향에 따라 그 표현 방식이 달라진다.

(3) 장점

성적 소구는 다음과 같은 장점이 있다.

첫째, 소비자의 높은 주목도를 이끌어 낼 수 있다. 성적 이미지는 본능적인 관심을 유도하며 광고의 가시성을 극대화하는 효과가 있다.

둘째, 광고의 기억률을 증가시킨다. 강렬한 성적 메시지는 소비자의 감각을 자극하기 때문에 다른 유형의 광고보다 오랫동안 기억에 남을 가능성이 높다.

셋째, 브랜드의 이미지를 강화하는 데 기여한다. 섹시하고 감각적인 광고는 브랜드를 보다 매력적이고 세련된 이미지로 포지셔닝하는 데 효과적이며 특정 브랜드가 럭셔리하거나 트렌디한 감각을 지닌 것으로 인식되도록 돕는다.

넷째, 소비자의 구매 욕구를 자극할 수 있다. 제품을 사용하면 보다 매력적이거나 자신감이 생길 것이라는 기대감을 심어 주어 구매를 유도하는 역할을 한다.

(4) 단점

성적 소구는 다음과 같은 단점이 있다.

첫째, 과도한 성적 표현은 소비자의 거부감을 초래할 수 있다. 성적 소구가 지나치거나 불쾌감을 줄 경우 브랜드에 대한 부정적인 인식을 형성할 가능성이 있다.

둘째, 문화적 민감성을 고려해야 한다. 성적 표현은 문화와 사회적 맥락에 따라 다르게 해석되며 일부 국가나 소비자층에서는 거부감을 일으킬 수도 있다. 따라서 글로벌 브랜드는 각 시장의 문화적 특성을 고려하여 광고 전략을 수립해야 한다.

셋째, 광고 메시지가 모호해질 위험이 있다. 성적 이미지가 광고의 주요 요소로 작용할 경우 제품이나 브랜드가 전달하고자 하는 본래의 메시지가 소비자에게 명확하게 전달되지 않을 가능성이 있다.

(5) 성적 소구 사례

성적 소구는 소비자의 관심을 끌고 브랜드나 제품에 대한 강한 인상을 남기기 위해 신체 노출이나 남녀 간의 스킨십, 은유적인 성적 표현을 활용하는 기법이다. 이러한 기법은 패션이나 뷰티, 식품, 생활용품 등 다양한 산업에서 사용되며 소비자에게 강렬한 시각적 메시지를 전달하는 데 효과적이다.

구찌(GUCCI)의 향수 'Guilty' 광고는 남녀의 과감한 스킨십을 중심으로 향수의 매혹적인 이미지를 강조하고 있다. 욕조 속에서 남녀가 서로를 유혹하는 장면을 연출하며 관능적인 분위기를 극대화하였고 이를 통해 향수가 유혹과 도발적인 매력을 상징한다는 메시지를 전달한다. 이러한 광고 전략은 향수가 단순한 제품이 아니라 감각적 경험과 연관된 아이템임을 부각하는 데 초점을 맞추고 있다.

캘빈클라인(Calvin Klein)의 #mycalvins 캠페인은 젊고 자유로운 감성을 강조하며 속옷이 드러날 정도로 신체 노출이 포함된 연출을 통해 브랜드의 섹슈얼한 이미지를 강화한다. 캘빈클라인은 지속적으로 남여 모델들이 신체를 밀착시키고 도발적인 포즈를 취하며, 과감한 스타일링을 활용하는 광고 전략을 구사하면서 젊고 대담한 브랜드 정체성을 유지해 왔다.

니베아(NIVEA)의 남성용 샤워젤 광고는 남성이 샤워하는 장면에서 여성 모델이 등장해 거품을 씻겨 주는 모습으로 연출되었다. 제품의 기능(샤워, 샴푸, 면도)을 강조하면서도 "여성은 포함되지 않습니다(GIRL NOT INCLUDED)."라는 문구를 삽입하여 성적 뉘앙스를 가미했다. 이는 제품이 남성의 매력을 향상시킨다는 메시지를 전달하지만 여성의 성적 대상화를 조장할 수 있다는 비판을 받기도 했다. 특히 여성이 단순한 제품 사용의 보조적 역할로 묘사된다는 점에서 젠더 감수성 논란이 제기될 여지가 있다.

버거킹의 'Super Seven Incher' 광고는 햄버거를 여성의 입 앞에 배치하며, '당신의 정신을 날려 버릴 것입니다(IT'LL BLOW YOUR MIND AWAY).'라는 카피를 사용하여 성적 암시를 강화했다. 제품을 소비하는 경험을 과장된 성적 은유로 표현하며 시선을 끌었지만 선

그림 14. 성적 소구를 활용한 다양한 광고

정성이 강하다는 이유로 논란이 되기도 했다. 하지만 이러한 논란 역시 다분히 의도된 전략이라 볼 수 있다. 선정적인 광고는 대중의 이목을 집중시키는 효과가 있으며 논란 자체가 제품 홍보와 바이럴 마케팅 효과로 이어질 가능성이 크기 때문이다.

하지만 광고에서 아동을 성적으로 대상화하거나 과도한 성적 표현을 사용할 경우 소비자의 강한 반감을 사거나 법적 규제를 받을 가능성이 높다. 특히 미성년자가 등장하는 광고에서 성적 이미지가 사용될 경우 강한 사회적 비판과 법적 조치를 초래할 수 있다.

2011년, 마크 제이콥스(Marc Jacobs)의 향수 '오! 롤라(Oh, Lola)' 광고는 당시 미성년자인 16세 모델 다코타 패닝(Dakota Fanning)의 연출로 논란을 불러일으켰다. 광고에서 그녀는 향수병을 은밀한 부위에 갖다 대고 유혹적인 표정을 짓고 있으며 향수병의 붉은 장미꽃 뚜껑과 '롤라(Lola)'라는 광고 제목이 성적 뉘앙스를 암시한다는 비판을 받았다. 이 광고는 결국 아동 성애화 논란으로 인해 영국 광고자율심의기구(Advertising Standard Authority: ASA)에 의해 금지되었다.

같은 해, 호주의 남성복 브랜드 로저 데이비드(Roger David) 광고

그림 7-15. 성적 소구로 광고 금지를 받은 사례

도 유사한 이유로 금지 조치를 받았다. 광고에서는 10대 여성 모델이 영국 국기인 유니언 잭(Union Jack)이 새겨진 공을 입에 넣은 채 포즈를 취하고 있으며 어깨에는 바코드가 새겨져 있어 성적 학대와 노예를 연상시킨다는 비판이 제기되었다. 이에 따라 호주 광고표준국(Advertising Standards Bureau: ASB)은 해당 광고를 금지했다. 이 두 사례는 광고에서 성적 소구가 과도하거나 부적절할 경우 강한 사회적 반발과 법적 제재를 초래할 수 있음을 보여 주는 대표적인 사례이다.

7) 온정 소구

(1) 정의

온정 소구는 따뜻한 감정과 인간적인 연결을 강조하여 소비자의 감성을 자극하는 광고 전략이다. 이 광고 기법은 사랑이나 가족, 우정, 배려, 희망 등의 요소를 활용하여 정서적 공감을 유도하고 브랜드에 대한 친근한 이미지를 형성하는 데 초점을 맞춘다.

온정 소구는 특히 공익광고나 연말 시즌 광고나 가족 중심 브랜드, 사회적 책임(CSR) 캠페인에서 자주 사용되며 감동적인 이야기와 따뜻한 분위기를 조성하여 소비자들이 브랜드에 정서적으로 몰입하도록 유도한다. 이러한 광고는 단순한 제품 판매를 넘어 브랜드가 전하는 가치와 철학을 소비자에게 전달하는 데 효과적이다.

(2) 특징

온정 소구는 다음과 같은 특징이 있다.

첫째, 인간적인 감정과 관계를 중심으로 전개된다. 온정 소구 광고는 소비자가 공감할 수 있는 인간관계를 강조하며 부모와 자녀,

연인, 친구, 이웃 간의 정서적 유대를 중심으로 감동적인 스토리를 구성하는 경우가 많다.

둘째, 스토리텔링을 기반으로 한다. 온정 소구는 단순한 정보 전달이 아니라 감정을 전달하는 방식으로 설계되기 때문에 기승전결이 있는 내러티브 구조를 갖춘 경우가 많다. 이러한 접근은 소비자들이 광고 속 이야기에 몰입하도록 만들어 브랜드에 대한 감성적인 연결을 형성한다.

셋째, 부드러운 색감과 음악을 활용하여 따뜻한 분위기를 조성한다. 온정 소구는 시각적, 청각적 요소를 통해 따뜻하고 포근한 감성을 극대화한다. 부드러운 색감이나 감성적인 음악, 잔잔한 연출 등이 광고의 분위기를 형성하는 중요한 요소로 작용한다.

넷째, 사회적 가치를 강조하는 경우가 많다. 온정 소구는 단순히 제품을 홍보하는 것이 아니라 브랜드가 전하는 메시지와 사회적 가치(예: 가족의 중요성, 공동체 의식, 환경 보호 등)를 전달하는 데 초점을 맞춘다.

(3) 장점

온정 소구는 다음과 같은 장점이 있다.

첫째, 소비자의 정서적 공감을 유도할 수 있다. 온정 소구는 인간 본연의 감정을 자극하기 때문에 소비자들은 광고를 단순한 마케팅 활동이 아니라 하나의 감동적인 경험으로 받아들이게 된다. 이는 광고에 대한 몰입도를 높이고 브랜드에 대한 긍정적인 정서를 형성하는 데 도움을 준다.

둘째, 브랜드 충성도를 높일 수 있다. 소비자들은 감성적으로 연결된 브랜드에 대해 더 긍정적인 태도를 가지며 이는 장기적인 브랜드 충성도로 이어질 가능성이 크다. 또한 온정 소구는 브랜드가 단순한 상업적 이익을 추구하는 것이 아니라 사회적 가치나 윤리적 책임을 중요하게 여긴다는 메시지를 전달할 수 있어 소비자의 신뢰를 높이는 데 기여한다.

셋째, 광고 메시지가 오래 기억될 가능성이 높다. 감동적인 스토리는 소비자의 기억 속에 강하게 남으며 단순한 제품 정보보다 브랜드에 대한 인식을 지속적으로 유지할 수 있도록 한다.

넷째, 바이럴 효과를 기대할 수 있다. 온정 소구는 감동적인 요소가 많아 소비자들이 이를 자발적으로 공유하는 경향이 높다. 특히 소셜 미디어에서 많은 사람이 공감할 수 있는 감동적인 광고는 빠르게 확산될 가능성이 크다.

(4) 단점

온정 소구는 다음과 같은 단점이 있다.

첫째, 즉각적인 마케팅 성과를 기대하기 어렵다. 온정 소구 광고는 감성적 유대감을 형성하고 브랜드 이미지를 구축하는 데 초점을 맞추기 때문에 단기적인 매출 증대보다는 장기적인 브랜드 자산 형성에 기여하는 경우가 많아 즉각적인 소비자 반응을 유도하기 어려울 수 있다.

둘째, 브랜드와 제품의 중심 메시지가 약해질 위험이 있다. 감동적인 스토리나 메시지가 강조될 경우 브랜드나 제품이 광고의 부가적인 요소로 인식될 가능성이 있으며 소비자가 광고의 감성적인 부분만 기억하고 핵심적인 제품 정보는 상대적으로 덜 주목받을 수 있다.

셋째, 지나치게 감성적인 접근은 소비자의 거부감을 초래할 수 있다. 감동을 강요하거나 과장된 연출을 사용할 경우 소비자들이 이를 억지스럽거나 조작된 느낌으로 받아들일 가능성이 있다.

(5) 온정 소구 사례

기아는 2024년 슈퍼볼에서 대형 전기 SUV EV9의 광고를 통해 감동적인 스토리와 혁신 기술을 효과적으로 전달했다. '이제까지 본 적 없는 일렉트릭. 기아 EV9입니다(Kia EV9 is here. Electric like you've never seen).'라는 카피와 함께 광고는 피겨 스케이터를 꿈꾸는 소녀가 몸이 불편한 할아버지를 위해 집 앞 빙상에서 특별한 공연을 준비하는 내용을 담았다. 이 과정에서 EV9의 전원 공급 기능(V2L)이 활용되며 차량의 기술력이 자연스럽게 부각되었다. 이 광고는 USA 투데이 슈퍼볼 광고 선호도 조사 자동차 부문 1위, 전체 3위를 기록하며 호평을 받았으며, EV9 검색량 2,497% 증가, 기아 검색량 265% 증가 등 실질적인 마케팅 성과를 거두었다.

▶▶ 그림 7-16. 온정 소구를 활용한 광고

참고문헌

김병희, 오현숙, 류진한, 이희복, 최은섭, 박인성, 김정우, 윤일기, 최승희, 정상수, 전훈철, 변혜민, 전종우, 박하영, 김유나, 김신엽(2022). 디지털 시대의 광고 크리에이티브 신론. 학지사.

김운한, 정차숙(2016). 광고 크리에이티브. 서울경제경영출판사.

김혜성(2019). 인터랙티브 시대의 광고 창의성을 위한 미디어 크리에이티브. 학현사.

류진한(2023). BIG 아이디어 발상 31. 학지사비즈.

아주경제(2024. 9. 18.). "AI시대, 감성과 유머가 돌아왔다"…'칸라이언즈 서울' 축제 25일 개막. URL: https://www.ajunews.com/view/20240918092001189

이화자(2019). 크리에이티브 내비게이터. 한경사.

Caples, J. (1990). 광고, 이렇게 하면 성공한다(*Tested Advertising Methods*). (송도익 역). 서해문집. (원저는 1980년에 출판).

Dass, M., Kohli, C., Kumar, P., & Thomas, S. (2014). A study of the antecedents of slogan liking. *Journal of Business Research, 67*(12), 2504-2511.

Dupont, L. (2001). 1001가지 광고테크닉(*1001 trucs publicitaires*). (이영희, 정고운 역). 예경. (원저는 1990년에 출판).

NDTV (2020). Stop the beauty test: About last year's campaign. https://special.ndtv.com/stopthebeautytest-90/about-last-years-campaign

Shore, R. (2014). 좋은 광고의 10가지 원칙(*10 Principles of Good Advertising*). (강두필 역). 시공사. (원저는 2012년에 출판).

찾아보기

인명

ㄱ
김서형 316

ㄷ
다코타 패닝 322
데이비드 오길비 21, 161, 186, 207
도메니코 리베르티 244
돈 드레이퍼 223
디트리히 마테쉬츠 222

ㄹ
러셀 콜리 109
레오 버넷 17
레이 칼트 208
로서 리브스 157

리처드 본 127

ㅁ
마리아 칼라스 164
마하트마 간디 164

ㅂ
베른트 로르바흐 55
브램 스토커 255
빅 브라더 19

ㅅ
산타클로스 19
스티브 잡스 13
시에라 블레어 코일 299

ㅇ

알렉스 오스본 49
알 리스 166
알베르트 아인슈타인 164
앙리 마티스 14
어밀리아 이어하트 164
윌리엄 번벅 24
유진 슈워츠 202
이제석 261

ㅈ

장 클로드 반담 232
재니스 304
잭 트라우트 166
제임스 웹 영 80

조지 오웰 19, 231
존 케이플스 203, 209

ㅊ

찰레오 유위디아 222
찰스 프레이저 149

ㅍ

파블로 피카소 12, 164
펠릭스 바움가르트너 140, 223

ㅎ

허태원 293
헨델 209

내용

101명의 가장 영향력 있는 가상
　인물 19
1984 19, 231
360도 영상 272
3D 설치물 253

3H 콘텐츠 전략 140
3M 70
6-3-5 기법 57
82년생 김지영 317

찾아보기

A
A/B 테스트 117, 121
Adjust/Adapt 60
AI 챗봇 272
AR 272

C
Combine 60
CTA 189

D
DAGMAR 모델 109
DDB 37, 216
DHL 285

E
Eliminate 60

F
FCB 그리드 모델 127

G
GIF 248

I
IBM 231

K
KCC 315

L
LG전자 299

M
Modify/Magnify/Minify 60

P
PEST 분석 107
PTSD 66
Put to another use 60

R
Red Bull Music Festival 142
Red Bull Rampage 142
Red Bull TV 141
Red Bull 제품 라인업 비교 콘텐츠 142
Reverse/Rearrange 60

ROI(Relevance, Originality, Impact) 37
ROI(Return On Investment) 120

S
SCORE 35
SKY 캐슬 316
SNS 102
Substitute 60
Sunkist 237
SWOT 분석 106

T
TPO 254
TV 크리에이티브 229

U
UI 273
USP 105, 157
UX 272

V
VR 66, 272

X
X 246

ㄱ
가디언 92
간접적 비교 광고 283
감성 소구 300
감성적 전략 176
강점 106
강조 88
거리 배너 252
건축학개론 316
검색 엔진 최적화 139
결합 63
경쟁사 기준법 120
경쟁사 분석 104
경제적 107
공명 172
공명 전략 172
공익광고 178
공포 소구 301
과업 목표법 120
관심 경제 28
관여도 127

광고 도달률 120
광고 빌보드 252
광고 유니버스 315
광고, 이렇게 하면 성공한다 203
광고 전략 99
광고 카피 186
광고 콘셉트 47, 115
구매 동기 114
구매 빈도 114
구찌 131, 320
균형 87
기간 110
기술적 107
기아 326
기준 지표 110
기회 106
기획 팀 123

ㄴ

내재된 드라마 17
네스카페 240
넥스트 13
노면표시 246
노출 빈도 120

누텔라 133
뉴욕 시티 발레단 266
뉴욕 타임스 249
니베아 321

ㄷ

다논 152
다른 용도로 활용 71
다이슨 155
대비 88
대중교통 광고 252
대체 61
도브 164, 289
도이터 94
도입기 105
독일 도로 안전 기구 246
동작 87
듀렉스 290
드라큘라 255
드비어스 214
디스토피아 231
디지털 QR 코드 74
디지털 디스플레이 252
디지털 배너 광고 137

디지털 옥외광고 253

ㄹ

라이프스타일 113
라이프 앳 홈 175
락토프리 61
랜딩 페이지 187
레드불 62, 140
레드불 스트라토스 140
렌티큘러 78
로레알 197
로보락 155
로저 데이비드 322
롤스 로이스 23
롯데칠성음료 156
롯데푸드 317
리드카피 193
리마케팅 광고 137
리버스 PPL 225
리얼 힙합 263
리챔 288
리츠 135
리포지셔닝 18

ㅁ

마케팅 포지셔닝 166
마켓컬리 171
마크 제이콥스 322
말보로 맨 18
매너리즘 13
매드맨 223
매체 전략 118
매체 팀 124
매출 비율법 119
매킨토시 13, 231
맥도날드 285
메스 프로젝트 재단 305
멜버른 메트로 233
무작위 방식 57
문서화 111
미국유제품협의회 151
미션 중심 브랜드 171
미제레오르 274
미투 제품 154
밈 247, 311

ㅂ

바이럴 30

바이럴 마케팅 222
반복 88
반전(anti-war) 광고 262
반전(Reverse) 76
버거킹 285, 321
변화 87
복합기 63
본원적 전략 150
볼보 154
볼보 트럭 232
부메랑 효과 285
부분목록 단서 효과 283
부화 82
불량품 217
불복종에 관하여 93
브랜드 아이덴티티 86, 92, 155
브랜드 이미지 154
브랜드 이미지 전략 161
브랜드 인지도 47, 120
브랜드 충성도 114, 324
브레인라이팅 49, 55, 58, 59, 60
브레인라이팅 활용 52
브레인스토밍 49, 58, 59
블랙 프라이데이 221

비건 61
비교 광고 280
비례 88
비주얼 디자인 118
비주얼 아이디어 84
비틀 25, 215
빅 아이디어 47

ㅅ

사용자 생성 콘텐츠 247
사우스웨스트 항공 167
사치앤사치 121
사치앤사치 브리프 121
사회적 증거 효과 290
사회적 107
삼성 285
새로 156
샤넬 162
서브카피 193
서브헤드 193
선점 전략 153
섭취 80
성숙기 105
성장기 105

성적 소구 301, 318
세계보건기구 246
세계자연기금 304
센서 기반 인터랙티브 광고 253
소비자 반응 120
소비자 분석 104
소셜 미디어 크리에이티브 246
소호 257
소화 81
쇠퇴기 105
수정 68
숨은 시간 276
스낵랩 69
스니커즈 309
스마트 275
스우시 269
스캠퍼 49, 60, 79
스코마케리 프라마트 67
스탠리 166
스토리텔링 324
스팸 288
슬로건 196
시장 분석 104
시저 89

신한카드 316
실연 광고 280
실크프로 267
심리적 특성 105
십이야 65
쌤소나이트 159
써브웨이 27

ㅇ
아나재단 78
아리엘 133
아비뇽의 처녀들 14
아우디 93
아이디어 43
아이디어 발상법 48
아이디어 생산 기법 80
아포텍 273
안나루이사 295
알리익스프레스 172
알츠하이머 리그 243
암앤해머 72
애플 13, 163, 231
앰비언트 259
앰비언트 미디어 크리에이티브 259

찾아보기 337

야수파 14
약점 106
양질전화의 법칙 51
어느 광고인의 고백 21
업사이클링 71
에어비앤비 131, 199
에이비스 26, 218
에픽 스플릿 232
엠앤엠즈 211
역 U자형 효과 304
영국 광고자율심의기구 322
영국 국민건강서비스 306
영앤루비컴 34
예산 설정 119
오길비의 광고 21
오라토리오 209
오레오 250
옥외광고 252
온정 소구 301, 323
올드타이머 270
우버 74
원형 방식 57
웨어 아웃 308
위협 106

윈덱스 264
유니언 잭 323
유머 소구 301
유튜브 102
율동 87
이성 소구 279
이케아 31
이해 110
익스트림 스포츠 스폰서십 222
익스피디아 31
인구통계학적 특성 105
인쇄물 크리에이티브 235
인스타그램 246
인지 110
인지/감정 127
인지 부조화 307
인지적 부화 82
인터랙티브 미디어 크리에이티브 271

ㅈ

자산 코디네이터 316
재배열 76
전환율 120

점증 88
점화 82
정치적 107
제거 73
제너럴 밀스 248
제임스 웹 영의 5단계 발상 기법 49
제품 분석 105
제품 수명주기 105
제품 포지셔닝 105
조절/적용 65
조정 팀 124
조화 88
주목 경제 28
주의력 경제 28
증명 83
증언 광고 280
직접적 비교 광고 283
직접적인 행동 촉구 189
진부한 표현 36
집단사고 54, 58

ㅊ

창의성 11
축소 68

츄파춥스 32
측정 가능한 지표 110
침묵의 브레인스토밍 55

ㅋ

카멜 293
카카오택시 74
카피 185
카피 라이팅 118
칸 라이언즈 광고제 307
칼스버그 70
캐나다 퀘벡 자동차 보험 협회 245
캐논 210
캐치프레이즈 199
캘빈클라인 320
커먼 터치 17
커브 159
커티스 62
켈로그 17
크라팅 다엥 222
크레스트 133
크리스피 크림 219
크리에이티브 전략 100, 117, 147
크리에이티브 전략: 관리 관점 149

크리에이티브 콘셉트 116
크리에이티브 팀 123
클로락스 154
클리셰 36
키 카피 193
킷캣 268

ㅌ

타깃 오디언스 111
타이레놀 300
타이타닉 199
타이포그래피 240
타코벨 198
탐스 슈즈 162
태국 생명보험사 176
태그 74
태그라인 196
텀블러 248
테슬라 163
토니 18
토레타 134
톤 앤 매너 118, 186
통일 87
티스키에 267

티웨이 항공 311
틱톡 246

ㅍ

파레토 법칙 203
파싑 92
파타고니아 170
패러디 301, 312
페덱스 29, 285
페이스북 246
펩시 맥스 286
포르트아벤투라 공원 264
포비즘 14
포스타노 249
포지셔닝 맵 168
포지셔닝 전략 165
폭스바겐 215
표적 소비자의 정의 110
표현 기법 116
푸조 242
푸트, 콘 앤 벨딩 127
프라이탁 71
프록터 앤 갬블 132
프론트라인 265

플로슬렉 91
피쉬 프랑케 257
피아트 34
피트니스 퍼스트 257
필립 모리스 18

ㅎ

하이네켄 249
하인즈 케첩 133
한국방송광고진흥공사 75
핫식스 310
해시태그(#) 캠페인 247
해양조류보존재단 179
핵심 메시지 116
행동 110
행동적 특성 105

허브 137
허브 콘텐츠 138
허츠 26
허핑턴 포스트 252
헤드라인 193
헤드카피 193
헬프 137
헬프 콘텐츠 139
현대자동차 316
호주 광고표준국 323
호피 하리 266
확대 68, 69
확신 110
히어로 137
히어로 콘텐츠 138

저자 소개

이장석(Lee, Jang-suk)
가천대학교 미디어커뮤니케이션학과 교수이다. 국민대학교 광고학과를 졸업한 후 중앙대학교 광고홍보학과에서 석사 학위를, 중앙대학교 미디어커뮤니케이션학과에서 박사 학위를 취득하였다. 학문적 연구와 실무적 경험을 바탕으로 디지털 환경에서의 광고 및 PR 전략, 콘텐츠 산업의 변화, 미디어 수용 행태에 대한 연구를 지속적으로 진행하고 있다.
현재 한국문화산업학회, 한국출판학회 이사로 활동하고 있으며, 사이버커뮤니케이션학회 편집위원을 맡고 있다. 학계와 산업 현장을 연결하는 연구자로서 빠르게 변화하는 미디어 환경 속에서 새로운 커뮤니케이션 전략과 산업적 시사점을 도출하는 데 주력하고 있다.

광고 크리에이티브 101

크리에이티브 전략과 실행의 모든 것

Advertising Creative 101

2025년 10월 1일 1판 1쇄 인쇄
2025년 10월 10일 1판 1쇄 발행

지은이 • 이장석
펴낸이 • 김진환
펴낸곳 • **학지사비즈**
　　　　04031 서울특별시 마포구 양화로 15길 20 마인드월드빌딩
대표전화 • 02-330-5114　　팩스 • 02-324-2345
등록번호 • 제2023-000041호

홈페이지 • http://www.hakjisa.co.kr
인스타그램 • https://www.instagram.com/hakjisabook

ISBN 979-11-93667-14-9　03320

정가 20,000원

저자와의 협약으로 인지는 생략합니다.
파본은 구입처에서 교환해 드립니다.

이 책을 무단으로 전재하거나 복제할 경우 저작권법에 따라 처벌을 받게 됩니다.

출판미디어기업 **학지사**

간호보건의학출판 **학지사메디컬** www.hakjisamd.co.kr
심리검사연구소 **인싸이트** www.inpsyt.co.kr
학술논문서비스 **뉴논문** www.newnonmun.com
교육연수원 **카운피아** www.counpia.com
대학교재전자책플랫폼 **캠퍼스북** www.campusbook.co.kr